Merchandising

ENRIQUE CARLOS DÍEZ DE CASTRO
CATEDRÁTICO DE MARKETING DE LA UNIVERSIDAD DE SEVILLA

FRANCISCO JAVIER LANDA BERCEBAL
DECANO DE LA FACULTAD DE CIENCIAS ECONÓMICAS Y EMPRESARIALES DE LA UNIVERSIDAD DE SEVILLA

Con la colaboración de

FRANCISCO JOSÉ COSSÍO SILVA
UNIVERSIDAD DE SEVILLA

MARÍA PILAR ZORRILLA CALVO
UNIVERSIDAD DEL PAÍS VASCO

Merchandising

EDICIONES PIRÁMIDE

Diseño de cubierta: C. Carabina

Realización de cubierta: Anaí Miguel

Juan Ignacio Luca de Tena, 15. 28027 Madrid
Teléfono: 91 393 89 89. Fax: 91 742 36 61
Depósito legal: M. 33.867-1998
ISBN: 84-368-0951-3
Printed in Spain
Impreso en Gráficas Muriel, S. A.
Getafe (Madrid)

A Alicia y Victoria.

Índice

Prólogo 11

1. Introducción 17

1.1. Concepto de comercio 18
1.2. Comercio tradicional 19
1.3. Comercio en libre servicio 22
1.4. Comercio tradicional versus libre servicio 23
1.5. Tendencias en el comercio 25
Términos clave 36
Proyecto sugerido 36

2. El merchandising 39

2.1. Concepto 40
2.2. Tipos de compras 47
2.3. Evolución del merchandising 51
2.3.1. Primera clasificación: Córdoba y Torres 51
2.3.2. Segunda clasificación: Merchandising estratégico 53
2.3.3. Tercera clasificación: Salén 57
2.4. Merchandising de presentación 60
2.4.1. Funciones de las técnicas de merchandising desde el enfoque de presentación 62
2.4.2. Objetivos del merchandising de presentación 63
2.4.3. Técnicas del merchandising de presentación 64
2.5. Puntos de vista del merchandising 66
2.6. El personal de merchandising 69
2.6.1. Personal de merchandising del fabricante 69
2.6.2. Personal de merchandising del distribuidor 71
Términos clave 73
Proyecto sugerido 74

3. Disposición del punto de venta 75

3.1. Diseño del establecimiento 76
3.2. Situación de las secciones 78
3.3. La circulación 80
3.3.1. El itinerario 80
3.3.2. Velocidad de circulación 92
3.3.3. Tiempo de permanencia 95
3.4. El valor de los niveles 96
3.5. Presentación horizontal y vertical 102
3.5.1. Presentación vertical 102
3.5.2. Presentación horizontal 104
3.6. Situación preferente 105
3.7. Cambio en la distribución del punto de venta 107
3.7.1. Introducción 107
3.7.2. Fase I. Obtención de información 108
3.7.3. Fase II. Tratamiento de la información 114
3.7.4. Fase III. Toma de decisiones 114
3.8. La disposición exterior del establecimiento 116
3.8.1. Rótulos 116
3.8.2. Entrada al establecimiento 117
3.8.3. Escaparates 118
Anexo I 124
1. Consideraciones críticas sobre el valor de los niveles 124
2. Una experiencia 125
3. Conclusiones 132
Términos clave 135
Proyecto sugerido 136

4. La animación del punto de venta 137

4.1. La ambientación del punto de venta 138
4.2. Técnicas de animación 143
4.3. Publicidad 156
4.4. Los carteles 162
4.5. El mobiliario 165
Términos clave 179
Proyecto sugerido 180

5. Promoción de ventas 181

5.1. Clasificación 182
5.2. Promociones fabricante-consumidor 182
5.3. Tipos de promociones fabricante-consumidor 183

5.3.1. Descuento inmediato 184
5.3.2. El vale de descuento inmediato 186
5.3.3. El reembolso 190
5.3.4. El vale diferido 193
5.3.5. El producto adicional 194
5.3.6. Muestras 195
5.3.7. La prima de autoliquidación *(self-liquidating premium)* o prima autofinanciada 196
5.3.8. Regalo directo 199
5.3.9. Regalo diferido 199
5.3.10. Concursos 201
5.3.11. Juegos y loterías 206
5.4. Objetivos de las promociones en el punto de venta 210
5.5. Tipos de promociones en el punto de venta 211
5.5.1. Promociones de precio 211
5.5.2. Promociones sin precio 214
5.5.3. Promociones de aniversario o apertura 216
5.6. Promociones del fabricante versus promociones del punto de venta. 216
Términos clave 220
Proyecto sugerido 221

6. El surtido 223

6.1. Conceptos 224
6.2. La clasificación del surtido 226
6.3. Criterios de clasificación del surtido 239
6.4. Surtido y estilo comercial 243
6.5. Cualidades del surtido 247
6.5.1. Surtido coherente 247
6.5.2. Surtido rentable 248
6.5.3. Surtido dinámico y fiel 249
Términos clave 250
Proyecto sugerido 250

7. Gestión del surtido 251

7.1. Criterios de gestión del surtido 252
7.2. Métodos de determinación del surtido 276
7.2.1. Método del número mínimo y máximo de referencias 276
7.2.2. Método inspirado en la «regla 20/80» 280
7.2.3. Método de Saint-Cricq y Bruel 287
7.2.4. Método propuesto 291
7.3. Introducción de nuevas referencias 300
Términos clave 302
Proyecto sugerido 303

8. La codificación del surtido 305

8.1. Introducción 306
8.2. Codificación interna 309
8.2.1. Códigos numéricos 309
8.2.2. Códigos alfabéticos y alfanuméricos 311
8.3. El código de barras 311
8.3.1. Introducción 311
8.3.2. La codificación UPC 313
8.3.3. La codificación EAN 314
8.3.4. AECOC 320
8.4. Productos codificados en origen 322
8.4.1. Sistema EAN-13 322
8.4.2. EAN-128 328
8.5. Ventajas del código de barras 329
Términos clave 333
Proyecto sugerido 334

9. La gestión del espacio del lineal 335

9.1. Introducción 336
9.2. Método del período de reaprovisionamiento 338
9.3. Métodos en función de objetivos cuantitativos 341
9.3.1. Longitud del lineal en función de la cifra de ventas 341
9.3.2. Longitud del lineal en función del beneficio bruto 345
9.3.3. Consideraciones sobre los métodos de la cifra de ventas y beneficio bruto 347
9.4. El beneficio directo del producto (BDP) 349
9.5. Programación matemática 356
9.6. Programas informáticos de gestión de espacio 367
Términos clave 373
Proyecto sugerido 374

10. Gestión de colas 375

10.1. Introducción 376
10.2. Aspectos sobre la teoría de colas 380
10.3. El entorno y el sistema de colas 381
10.4. Análisis del modelo de colas con un punto de atención o servicio 385
10.5. Análisis del modelo de colas con varios puntos de atención o servicios 390
10.6. La simulación en los problemas de colas 395
Proyecto sugerido 399

Prólogo

Merchandising es un vocablo anglosajón que en los últimos años forma parte del lenguaje común utilizado en el ámbito de la empresa. El término merchandising, como sucede con otros términos comerciales y no comerciales (branding, zapping, briefing, leasing, factoring) que terminan en «ing», no tiene una traducción precisa en lengua española, ni nadie ha propuesto un vocablo alternativo que haya sido aceptado de forma importante.

Por otra parte, son innumerables las definiciones que este término ha producido y, sorprendentemente, con diferencias significativas entre ellas. Las disparidades en la conceptualización radican, fundamentalmente, en la delimitación del contenido del merchandising. Generalmente, los profesionales de la distribución y de la enseñanza americanos trabajan con un concepto de merchandising más amplio que los europeos.

El no estar delimitado claramente el contenido del merchandising provoca que, como todo vocablo de moda, sea utilizado muchas veces de forma incorrecta. Es decir, observamos con gran frecuencia que se utiliza este vocablo al hablar de aspectos comerciales que nunca pueden formar parte del merchandising aunque adoptáramos el contenido más amplio posible del término. Lo que sí parece evidente es que determinados aspectos de la gestión de un comercio puedan ser considerados o no como parte del merchandising en función del mayor o menor contenido del mismo.

Por tanto, uno de los mayores problemas que nos habíamos planteado en la realización del presente libro consistía en determinar el contenido del mismo. Nosotros somos partidarios de dotar al merchandising de un contenido amplio, y los capítulos de este libro recogen aspectos del merchandising que en una concepción más restringida no se incluirían dentro del merchandising. Igualmente, no hemos pretendido ser exhaustivos, sino selectivos a la hora de abordar los temas que desarrollamos en esta obra. Somos conscientes que algunos lectores especializados puedan considerar que en esta obra faltan algunos contenidos relevantes del merchandising.

El libro *Merchandising. Teoría y práctica* nace como consecuencia lógica de un trabajo que hemos realizado durante muchos años como docentes, fundamentalmente en la asignatura de Distribución Comercial en la Facultad de Ciencias Económicas y Empresariales de la Universidad de Sevilla. Dentro del programa de la asignatura anual de quinto curso de Distribución Comercial, las enseñanzas del merchandising siempre han dispuesto de un tiempo importante en el segundo semestre del curso. Todos los años hemos publicado para nuestros alumnos apuntes de merchandising que, con el paso del tiempo, hemos ido corrigiendo y actualizando en función de los nuevos desarrollos que han ido apareciendo en el mercado. Finalmente, creemos estar en condiciones de recoger nuestros conocimientos y experiencias en el libro que el lector tiene en sus manos.

No existe mucha bibliografía en español de merchandising y menos aún de autores españoles. No obstante, en los últimos años se han editado una serie de libros de autores españoles que tratan el merchandising con un enfoque, fundamentalmente, práctico. Ahora bien, entre los autores españoles, hemos echado en falta los profesionales de la Universidad.

Las enseñanzas de merchandising, en los últimos tiempos, se han incorporado de forma decidida a la Universidad española, bien a escala de licenciatura de Investigación y Técnicas de Mercados o de Administración de Empresas, bien de máster de Marketing, Distribución Comercial o Gestión de Empresas, bien de cursos de posgrado. Igualmente, la investigación en este campo ha sido tomada por un número amplio de profesores del área de Comercialización e Investigación de Mercados, dando sus frutos en tesis doctorales leídas o en elaboración, así como en numerosas ponencias presentadas a congresos nacionales e internacionales.

Por tanto, la oportunidad del libro *Merchandising. Teoría y práctica* es evidente; aunque existen manuales que explican el merchandising, nosotros pretendemos dar nuestra visión del merchandising, en lo que creemos es el primer libro de profesionales de la Universidad española, contribuyendo a enriquecer la bibliografía sobre el tema y suscitando el desarrollo de la investigación en este campo.

Los profesores universitarios que nos dedicamos a la enseñanza del mundo empresarial somos conscientes de la necesidad de dar a la sociedad libros formativos con nivel, pero que también sean comprensibles para muchos que tienen gran experiencia, pero no una gran formación. Este libro, a nuestro entender, combina un buen nivel técnico, que posibilita su uso para la enseñanza en la Universidad y otros centros, con un enfoque teórico y práctico que lo hace asequible en su totalidad o en su mayor parte para los profesionales integrantes del mundo comercial de las empresas.

Una breve sinopsis de los diez capítulos de que consta este libro es la siguiente:

Capítulo 1: Introducción. Como su nombre indica, es una introducción al comercio, en la que abordamos las diferencias entre comercio tradicional y comercio en libre servicio. Finalizamos esta introducción analizando algunas tendencias sobre el futuro del comercio.

El capítulo 2 lo dedicamos a conceptualizar el merchandising y su contenido. Estudiamos su evolución y el concepto de merchandising estratégico. Diferenciamos entre merchandising de presentación y de gestión. Igualmente, hacemos hincapié en los puntos de vista del fabricante y distribuidor sobre el merchandising.

El capítulo 3 trata de la disposición del punto de venta. Estudiamos tanto el diseño interior (situación de secciones, circulación, niveles de presentación, etc.) como el diseño exterior (entrada, rótulos, escaparates). En este capítulo se describe un modelo para cambiar la distribución del punto de venta.

El capítulo 4 describe cómo debe ser la ambientación del punto de venta. Las técnicas de animación, la publicidad, los carteles, el mobiliario, etc., son algunos de los puntos contenidos en este capítulo.

El capítulo 5 se centra en las técnicas de promoción en el punto de venta. Dividimos estas promociones en dos apartados: las que emanan del fabricante y las originarias del punto de venta.

Los capítulos 6, 7 y 8 se dedican a la gestión del surtido. En el capítulo 6 abordamos el concepto, la clasificación y las cualidades del surtido. En el capítulo 7, los criterios de gestión del surtido y métodos para su determinación. Por último, en el capítulo 8, la codificación del surtido tanto interna como estándar (códigos de barras).

El capítulo 9 tiene por objetivo estudiar la gestión del espacio del lineal. Consideramos cinco métodos: método del período de reaprovisionamiento, métodos en función de objetivos cuantitativos, el beneficio directo del producto (BDP), la programación matemática y los programas informáticos de gestión de espacio.

El capítulo 10 analiza la gestión de colas en el comercio. Somos conscientes de que este tema no se trata en la mayoría de los libros de merchandising. No obstante, creemos que las colas son uno de los problemas fundamentales del merchandising y su importancia crece día a día. Por ello, hemos considerado conveniente dedicar un capítulo a la gestión de colas.

Para terminar, queremos manifestar nuestro agradecimiento a las personas y empresas que han posibilitado la realización de este trabajo en las condiciones que lo recibe el lector.

En primer lugar, a las dos personas que han colaborado de forma importante en la realización de este libro:

María Pilar Zorrilla Calvo, profesora de la Facultad de Ciencias Económicas y Empresariales de la Universidad del País Vasco, que es autora de diversos epígrafes de diferentes capítulos que están indicados en el interior del libro. Esta profesora se ha doctorado en julio de 1994 con la tesis «Merchandising: Instrumento estratégico y operativo de la gestión detallista», que ha recibido la máxima calificación. Su colaboración, además del aspecto reseñado anteriormente, ha sido decisiva para el enriquecimiento de esta obra para diversos aspectos como, por ejemplo, el bibliográfico. Las innumerables citas que se hacen de esta profesora en el texto dan fe de esta aseveración.

Francisco José Cossío Silva, profesor compañero en la Facultad de Ciencias Económicas y Empresariales de la Universidad de Sevilla, ha colaborado en diversos aspectos, especialmente en el gráfico. Es el autor de todas las ilustraciones que aparecen en el libro, excepto las fotos y folletos que aparecen en los capítulos 4 y 5. Estamos convencidos de que ha sabido plasmar de forma extraordinaria el contenido del texto en una serie de ilustraciones representativas que contribuyen a mejorar y hacer menos árida la lectura de este trabajo.

En segundo lugar, a las empresas que nos han proporcionado material que está incluido en nuestro trabajo: los grandes Almacenes Andorra 2000 y la Cadena de Supermercados Lluimar del País Vasco.

Finalmente, agradecer a Ediciones Pirámide el interés mostrado para la publicación de la presente obra y la cuidada elaboración y presentación de la misma.

Sevilla, febrero de 1996.

1 Introducción

1.1. Concepto de comercio
1.2. Comercio tradicional
1.3. Comercio en libre servicio
1.4. Comercio tradicional versus libre servicio
1.5. Tendencias en el comercio

1.1. CONCEPTO DE COMERCIO

Podemos definir el comercio como «la transmisión de bienes y servicios con un fin lucrativo»[1].

Tres notas conviene precisar de este concepto: en primer lugar, el comercio *transmite,* no produce. El comercio realiza una labor de intermediario en el canal de distribución. Aproximar, repartir, distribuir, etcétera, son funciones a ejecutar. En segundo lugar, el objeto de transmisión son bienes y servicios. En tercer lugar, el comercio se configura con fin lucrativo; el obtener beneficios constituye el eje básico para la supervivencia del mismo.

La historia de la humanidad nos deja constancia de la existencia del comercio. La forma más antigua del mismo es el «trueque» o «intercambio». El ganadero intercambiaba productos con el agricultor. Posteriormente, surge el artesano y, también, las «ferias».

La mercancía se presentaba al aire libre, bien sobre el suelo o sobre caballetes. En las ferias se reunían ganaderos, agricultores y artesanos. Existía el comercio, pero no los comerciantes. Cada uno de los participantes ofrecía sus excedentes y buscaba el trueque para satisfacer sus necesidades. Los comerciantes (profesionales del intercambio) irrumpirían posteriormente con la especialización.

Para cubrir las necesidades de aquellos que se quedan desprovistos

---

[1] Ortiz de Zárate, A.: *Cómo dirigir un negocio minorista,* Deusto, Bilbao, 1986, pág. 9.

de mercancías entre feria y feria, que no pueden acudir a las mismas o que por comodidad no van a ellas, nace el almacén o pequeño depósito, donde un comerciante vende los artículos básicos; de esta forma aparece el comercio detallista[2].

El comercio al detalle o comercio al por menor[3] es «la actividad consistente en la venta de bienes y servicios en pequeñas cantidades realizada principalmente al consumidor final».

La persona que lleva a cabo la actividad recibe diferentes nombres: minorista, comerciante, tendero, detallista, etc. El lugar donde se lleva a cabo esta actividad ha recibido y recibe en la actualidad los siguientes nombres: abacería, abarrote, almacén, colmado, tienda, establecimiento, punto de venta y, por supuesto, comercio.

1.2. COMERCIO TRADICIONAL

El término de comercio tradicional se utiliza en la actualidad en contraposición al comercio moderno y las nuevas formas comerciales. El concepto de comercio tradicional se asimila en muchas ocasiones a un comercio primitivo y anticuado que sigue subsistiendo profusamente en la actualidad y cuyas características más relevantes consistían en la imposibilidad del acceso directo a la mercancía por parte del comprador.

El cliente que accedía a un punto de venta tradicional se encontraba con una serie de barreras que le impedían entrar en contacto con el producto[4]:

1. El mostrador. Que, en muchos casos, en vez de realizar su función y hacer honor a su nombre, se convertía, paradójicamente, en ocultador de los productos.
2. El vendedor. Elemento humano cuya misión de intermediación entre el almacén y el cliente posibilitaba a este último entrar en contacto con el surtido ofertado.
3. El almacén. Lugar donde se guardaban los productos en el que no podía introducirse el comprador de forma física y tampoco de forma visual. Por tanto, los productos depositados en los

[2] Ortiz de Zárate, A.: Ob. cit., pág. 10.

[3] «Vademécum de la distribución comercial», *Iresco*, Colección Manuales, núm. 22, Madrid, 1982, pág. 49.

[4] «Técnicas de implantación y merchandising», *Iresco*, Colección Manuales, núm 2, Madrid, 1976, págs. 52-54.

mismos eran invisibles para los consumidores. Este almacén siempre representaba una parte importante de la superficie total del establecimiento.

La evolución del comercio desde el nacimiento de un comercio tradicional similar al descrito anteriormente hasta la actualidad, ha tenido unos hitos que, a nuestro entender, conviene resaltar: en primer lugar, la aparición de los «grandes almacenes», que datan de 1858 cuando Arístides Boucicaut[5] abre en París el Bon Marché, y, en segundo lugar, el nacimiento del libre servicio en Estados Unidos en 1916.

Los grandes almacenes posibilitan por primera vez el acceso directo del cliente al producto manteniendo la presencia, el consejo y el asesoramiento del vendedor; el libre servicio supone la desaparición del vendedor y la comunicación directa entre producto y comprador. No es de extrañar que el libre servicio haya sido considerado unánimemente como el avance más importante en el desarrollo del comercio a través de toda su historia. Los sistemas de explotación comercial se resumen, por consiguiente, en dos tipos: tradicional y libre servicio. Estos dos sistemas constituyen los polos opuestos que permiten diversas combinaciones y la aparición de sistemas mixtos con polarizaciones más cercanas al tradicional o al libre servicio o, incluso, la utilización conjunta de estos dos sistemas en un mismo establecimiento.

El comercio tradicional ha sido considerado en muchos casos, a nuestro entender de forma errónea, como sinónimo de comercio independiente y anticuado. La persistencia manifiesta y relevante en nuestro país de un comercio tradicional anticuado e independiente no se puede generalizar, ya que una parte del comercio tradicional se ha modernizado adoptando las técnicas más innovadoras de venta, y también la pertenencia a cadenas o el franchising es una forma corriente del comercio tradicional en la actualidad.

Por ello, creemos conveniente diferenciar dentro del comercio dos tipos: el primitivo o anticuado y el moderno o actual.

El *comercio tradicional primitivo* presentaba las siguientes características:

1. La existencia, como hemos dicho anteriormente, del mostrador, que constituía un elemento separador entre el cliente y la mercancía.

[5] Casares, J., y otros: *La economía de la distribución comercial,* Ariel, Barcelona, 1987, página 219.

2. La distribución en planta constaba de tres apartados: *a*) la trastienda o almacén propiamente dicho, que ocupaba, aproximadamente, el 50 % de la superficie del establecimiento; *b*) espacio de ventas ocupado por mercancías, vendedores y mostrador, que representaba un 25 % de la totalidad del punto de venta, y *c*) la denominada «sala de espera», donde los clientes esperaban a que les tocase el turno para ser atendidos. Esta sala, con una extensión del 25 % del total del establecimiento, podíamos calificarla desde el punto de vista comercial de aburrida, ya que el comprador no tenía una visualización del surtido ofertado por el punto de venta que le hiciera interesarse por adquirir productos no previstos antes de llegar al mismo. Por todo ello, no es extraño que el consumidor se limitase a reponer sus necesidades y acudía al establecimiento con su lista de compras, para no olvidarse de ningún producto, que recitaba en orden apresurado cuando le correspondía su turno. Es fácil colegir que las compras por impulso eran muy reducidas.
3. La abundancia de cajas es otra de las características de este tipo de comercio tradicional. Las cajas, indudablemente, son muy útiles para la distribución física (carga, transporte, etc.), pero nefastas para el comercio moderno, ya que impiden que la mercancía sea vista por los clientes.
4. La mayoría de los productos se vendían a granel (aceite, garbanzos, azúcar, etc.) y, por tanto, debían ser pesados, medidos, cortados, empaquetados, etc., lo que suponía ventas de larga duración y, consecuentemente, menores ingresos.
5. El escaparate no era elemento fundamental del establecimiento. En muchos casos no existía, y en otros era reducido y con barrotes de hierro que impedían la visión. El dueño del establecimiento oficiaba de escaparatista sin más conocimiento que su experiencia, no dedicando mucho tiempo a su diseño y amontonando productos que llenaban la totalidad de la superficie del mismo.
6. Los comercios eran familiares, estando al frente del mismo el empresario y parte de su familia y, según el tamaño, uno o varios dependientes. Normalmente, la formación en gestión del comercio del empresario era nula e, igualmente, el personal dedicado a la venta no solía tener ninguna formación en técnicas de venta.

1.3. COMERCIO EN LIBRE SERVICIO

Libre servicio y autoservicio son términos que se utilizan indistintamente. El término autoservicio tiene dos acepciones[6]: la primera identifica el autoservicio como una técnica de venta con unas características específicas, y la segunda acepción considera al autoservicio como uno de los tipos en que se dividen los establecimientos en régimen de libre servicio[7]. Cuando nos referimos a comercio en libre servicio siempre nos estamos refiriendo a la técnica de venta y no al comercio que la adopta. Para evitar confusiones vamos a utilizar preferentemente el término libre servicio al de autoservicio.

El comercio en libre servicio presenta, frente al comercio tradicional, una serie de ventajas que, según Ortiz de Zárate[8], pueden ser consideradas desde el punto de vista del comercio y desde el punto de vista del cliente.

1. Para el comercio:

— La venta en libre servicio admite, y en muchos casos es aconsejable, la existencia de secciones de venta tradicional que fomentan el atractivo del comercio. Las más frecuentes son: carnicería, pescadería, frutas y hortalizas, charcutería, etc.
— Ventas por impulso importantes.
— Rotación y rentabilidad superior al comercio tradicional.
— Menores costes de personal.

2. Para el cliente:

— El consumidor entra en contacto directo con el producto.
— Información perfecta de los precios que están marcados en las estanterías junto a los productos correspondientes.
— Rapidez en la compra.

---

[6] Díez, E. C., y Fernández, J. C.: *Distribución comercial,* McGraw-Hill, 1993, pág. 138.

[7] Los establecimientos adscritos al régimen de libre servicio suelen clasificarse según la extensión de la superficie de venta. La Organización Internacional de Autoservicios establece los siguientes tipos: autoservicios, superservicios y supermercados. El autoservicio es un establecimiento cuya superficie de venta oscila entre 40 y 120 metros cuadrados, el superservicio tiene una superficie de venta comprendida entre 120 y 400 y el supermercado varía entre 400 y 2.500 metros cuadrados. Supermercados con superficies superiores pasan a denominarse hipermercados (véase *Anuario del Mercado Español,* Banesto, Madrid, 1978, pág. 130).

[8] Ortiz de Zárate, A.: Ob. cit., págs. 30-31.

— Libre elección de los productos y marcas a adquirir.
— Adecuada presentación de los productos y limpieza del establecimiento.
— Factura de compra mecanizada y pormenorizada que sirve al comprador de información y que permite la revisión y comprobación.

Para finalizar este epígrafe conviene recordar que todo comercio tradicional puede ser transformado en libre servicio aumentando la superficie de exposición comercial y disminuyendo la superficie dedicada al almacenamiento. El almacén en ningún caso debería sobrepasar una extensión superior al 20 % total del punto de venta; por ejemplo, en alimentación se recomienda entre un 15 y un 20 %.

1.4. COMERCIO TRADICIONAL VERSUS LIBRE SERVICIO

Comercio tradicional y comercio en libre servicio son los dos sistemas de explotación comercial existentes que constituyen polos opuestos pero no excluyentes entre sí.

Las principales características diferenciadoras de estos dos sistemas pueden ser contempladas desde tres ángulos: el producto, el comprador y el vendedor.

En la venta tradicional el producto es ofrecido al consumidor por intermedio del vendedor; no hay posibilidad de acceso directo por parte del cliente. En la venta en libre servicio el producto se comunica con el cliente en las góndolas[9], anaqueles o estanterías del establecimiento. La venta de un producto está en función del lugar y dimensión que ocupa, de su atractivo y, por supuesto, de la decisión de adquisición por parte del comprador.

En la venta en libre servicio el comprador elige libremente su compra entre los productos ubicados en las estanterías. En la venta tradicional, por contra, entre los productos mostrados por el vendedor.

El vendedor en la venta tradicional se convierte en el elemento clave de la venta. De la mayor o menor habilidad, conocimiento de técnicas de venta, etc., dependerá la venta. Efectúa una elección de los pro-

[9] Góndola: Mueble de venta utilizado en los establecimientos en libre servicio. Las dimensiones son variables. Las más corrientes son: anchura, 100, 120, 130, 133; altura, 120, 140, 170, 200, 210, 220; profundidad, 60, 50, 40 cm.

ductos y marcas ofertadas al cliente, aconseja y orienta la compra del mismo, etc. En la venta en libre servicio el vendedor no existe; es el producto el que se comunica con el cliente y se vende por él mismo.

El *comercio moderno* tiene unas características muy distintas del comercio tradicional que hemos calificado de primitivo. La tendencia al libre servicio y la desaparición de barreras entre la mercancía y el cliente son notas de no retorno que marcan el comercio moderno actual y futuro. El comercio tradicional adaptado a esta filosofía es un comercio que tiene garantizada su supervivencia y un futuro equiparable a otras formas comerciales modernas.

A continuación vamos a exponer las características más relevantes del comercio moderno con independencia de que sea tradicional, libre servicio o mixto. Concretamos las mismas en «10 puntos valorativos» o centros de atención[10]:

1. Superficie de exposición. El primer mandamiento del comercio moderno es la exposición de los productos: hay que conseguir el máximo de superficie de exposición. El binomio Exposición = Vender y Ventas = Exposición es sinónimo de éxito comercial.

   Los mostradores desaparecen o se reducen a la mínima expresión como soporte de las cajas registradoras y zonas de empaquetado.
2. Distribución del local. El trazado del establecimiento se hará de forma que los clientes recorran la mayor parte y, de esta forma, visualicen el máximo de productos, fomentando, por otra parte, las ventas impulsivas.
3. Secciones. La colocación de las secciones en un establecimiento moderno debe ayudar a conseguir que las personas hagan el máximo recorrido en el interior del mismo. Para ello, las secciones básicas deben estar ubicadas estratégicamente en polos opuestos y distantes unos de otros.
4. Selección del surtido. El surtido ofertado a los clientes es una de las claves del éxito comercial. La imagen de un punto de venta se forma a través de los surtidos ofertados. La elección de productos, marcas, amplitud y profundidad del surtido constituye una de las labores fundamentales de la gestión del comercio.

[10] *Técnicas de implantación,* Iresco, Colección Manuales, núm. 2, 1976, págs. 57 y ss.

5. Puerta de entrada. El número de puertas depende de las dimensiones del punto de venta. Generalmente es preferible que exista una sola puerta; ahora bien, debe ser amplia para facilitar la entrada y salida del público. Las puertas deben estar permanentemente abiertas y sin ningún tipo de obstáculo en las entradas, como, por ejemplo, escalones de subida/bajada.
6. Circulación. En un establecimiento los clientes deben circular de forma fácil y natural. Se debe evitar especialmente la existencia de estrangulamientos, cuellos de botella y pasillos sin salida. La anchura de los pasillos depende de las dimensiones del local, variando la longitud entre 1,40 y 2,40 metros.
7. Cajas. Puede haber una o varias cajas de cobro a clientes. En todo caso una de ellas se debe localizar en las proximidades de la puerta de salida del establecimiento y llevar a cabo misiones de control, además del cobro a los clientes.
8. Iluminación. La luz de un establecimiento debe ser la técnicamente correcta. Si es tenue puede producir en los clientes sensaciones negativas: pobreza, suciedad, antigüedad, etc. Por contra, si es excesiva puede molestar a la vista y producir costes innecesarios.
9. Techos. Los techos no deben ser excesivamente altos de forma que se pueda crear una intimidad. En general, no precisan de grandes inversiones.
10. Suelos. Este décimo punto valorativo del comercio es muy importante, ya que los clientes lo ven y pisan sobre el mismo. Comodidad y seguridad son requisitos imprescindibles, a los que habría que añadir facilidad de conservación y limpieza.

1.5. TENDENCIAS EN EL COMERCIO

Intentar ver el futuro del comercio es difícil, ya que su evolución depende de la coyuntura económica, de los cambios en los consumidores, etc., y además es diferente según sectores (alimentación, droguería, etc.).

No obstante, es posible, aunque con el riesgo que ello conlleva, tratar de identificar algunas tendencias que en la actualidad y en un futuro próximo puedan estar en la vanguardia del desarrollo comercial.

Salén[11] establece cinco tendencias actuales en el comercio: sofisticación, especialización, simplificación, descentralización y personificación. Las tres primeras tendencias son, a nuestro entender, las que presentan mayores probabilidades de éxito y que pasamos a describir brevemente.

La *sofisticación* es una consecuencia del cambio del consumidor: del consumo de *cantidad* al de *calidad*. Ir de compras se convierte en una fiesta, en una diversión, la gente quiere comprar con comodidad. En estas circunstancias el precio es un factor que queda relegado a un segundo plano, aunque siga siendo importante.

La vía de sofisticación la ponen o puede ser puesta en práctica, básicamente, por algunos grandes centros comerciales y grandes almacenes.

La *especialización* es otra de las alternativas del comercio. Existen diversos criterios de especialización: *a*) por producto; ejemplos: tiendas de muebles, bricolaje, etc.; *b*) por el tipo de cliente; ejemplos: tiendas para niños, tiendas de deporte, tiendas de productos vegetarianos, etc.; *c*) por la relación calidad-precio favorable, y *d*) por sus precios bajos.

La especialización es una de las alternativas de futuro del pequeño comercio tradicional. Muchas franquicias adoptan esta vía: Prenatal, Benetton, Rodier, Bata, Pronovias, etc.

Algunas cadenas de supermercados, e incluso hipermercados, podrían ser consideradas desde la óptica de la especialización en precios bajos.

La *simplificación* es una vía que, en muchas ocasiones, va pareja a la especialización por precios bajos. La presentación de un surtido corto seleccionado, la utilización del «descuento» y marcas de distribución es una de las formas de simplificación, en este caso, del surtido. Otra forma es la simplificación de los canales de distribución como, por ejemplo, con la implantación de puntos de venta del fabricante.

Otro aspecto relevante en desarrollo del comercio es la pérdida de cuota de participación en la cifra de negocios del comercio tradicional frente a las restantes formas comerciales. Los países con mayor participación del comercio tradicional están condenados a ver rebajada esta cuota en un porcentaje más importante que los países en los que el comercio tradicional tiene un peso más débil (véase cuadro 1.1[12]).

---

[11] Salén, H.: *Distribución y Merchandising,* Distribución Consulting, Madrid, 1987, páginas, 52-55.

[12] García, J. A.: «La evolución de las grandes superficies en España», *Información Comercial Española,* abril 1987, págs. 31-36.

CUADRO 1.1

Participación del comercio tradicional en el volumen de ventas totales (1990)	
Países	**Porcentaje**
Francia	11
Alemania	2
Dinamarca	5
Reino Unido	5
Bélgica	12
Holanda	2
España	40
Italia	40
Grecia	50
Portugal	70

FUENTE: García (1993).

En el sector de la alimentación estas tendencias son más relevantes. En siete años (1987-1993) el comercio tradicional[13] ha perdido un 17,4 % de participación. El comercio tradicional en alimentación tenía una cuota del 32 % que se ve rebajada al 14,6 % en 1993 (véanse cuadros 1.2 y 1.3). En enero de 1988 existían 92.484 establecimientos tra-

CUADRO 1.2

Evolución de ventas estimadas de productos de alimentación							
	1987	**1988**	**1989**	**1990**	**1991**	**1992**	**1993**
Tradicionales	32%	27%	24%	20%	18%	16%	14,6%
Autoservicios	16%	16%	15%	15%	14%	13%	12,5%
Supermercados pequeños	25%	27%	29%	30%	30%	30%	30,6%
Supermercados grandes	12%	12%	12%	12%	12%	12%	11,9%
Hipermercados	15%	18%	20%	23%	26%	29%	30,5%

[13] *Anuario Nielsen 1992,* págs. 44-45.

CUADRO 1.3

Evolución del número de establecimientos de alimentación							
	Enero 1988	**Enero 1989**	**Enero 1990**	**Enero 1991**	**Enero 1992**	**Enero 1993**	**Enero 1994**
Tradicionales	92.484	86.251	77.097	71.734	67.898	63.580	60.250
Autoservicios	17.893	18.410	18.371	18.072	17.814	17.436	17.131
Supermercados pequeños	4.689	5.217	5.647	5.941	6.150	6.378	6.514
Supermercados grandes	603	691	725	746	776	885	934
Hipermercados	99	108	128	151	160	181	200
Total	**115.768**	**110.677**	**101.908**	**96.644**	**92.798**	**88.430**	**85.029**

dicionales en alimentación, es decir, el 79,9 % del total. En enero de 1994 el número se había rebajado a 60.250, o lo que es lo mismo, al 70,9 % del total. Únicamente se había producido una disminución del número de establecimientos en el 9 %, mientras que la disminución de ventas era del 17,4 %.

Creemos interesante, para finalizar este epígrafe, analizar el comportamiento del consumidor con respecto a la elección del comercio donde llevar a efecto sus compras.

Los criterios que el consumidor sigue para la elección de los puntos de venta se pueden sintetizar en nueve apartados[14]; son los siguientes:

1. Precios, ofertas, descuentos.
2. Variedad de productos.
3. Calidad de productos.
4. Cercanía al domicilio.
5. Entrar en contacto con el producto.
6. Trato y atención.
7. Últimas novedades, moda.

[14] *El comprador español. Hábitos de compra,* vol. I, Colección Estudios, núm. 34, Ministerio de Economía y Hacienda, Madrid, 1987.

8. Amistad con el dueño.
9. Mayor horario de apertura.

Con base en estas variables recogemos a continuación la imagen que tienen los consumidores de las distintas formas de comercio. Esta imagen consta de una selección de los aspectos positivos y negativos más relevantes. Indudablemente, la acción normativa para cada forma de comercio consistiría en potenciar los aspectos positivos y atenuar, en lo posible, los negativos.

Tienda tradicional

Aspectos positivos:

— Cercanía al domicilio.
— Trato y atención. Confianza.

Aspectos negativos:

— Precios altos.
— Poca variedad de artículos.

Boutique

Aspectos positivos:

— Últimas novedades, moda.
— Calidad de los artículos.

Aspectos negativos:

— Precios altos.

Mercados de abastos

Aspectos positivos:

— Variedad de productos.
— Calidad de productos.
— Precios.

Aspectos negativos:

— Falta de higiene.
— Falta de atención al cliente.

Autoservicios/supermercados

Aspectos positivos:

— Precio.
— Variedad de productos.

Aspectos negativos:

— Falta de atención al cliente.

Establecimientos de descuento

Aspectos positivos:

— Precio, ofertas.

Aspectos negativos:

— Baja calidad.
— Falta de atención al cliente.

Economato/cooperativas

Aspectos positivos:

— Precio, ofertas.

Aspectos negativos:

— Mala comunicación.
— Lejanía al domicilio.

Hipermercado

Aspectos positivos:

— Precios, ofertas.
— Variedad de productos.

Aspectos negativos:

— Mala comunicación.
— Lejanía al domicilio.
— Falta de atención al cliente.

Centro comercial

Aspectos positivos:

— Variedad de productos.
— Precios, ofertas.

Aspectos negativos:

— Precios altos.
— Falta de atención al cliente.
— Mala comunicación/lejanía.

Almacén popular

Aspectos positivos:

— Precios, ofertas.
— Variedad de productos.

Aspectos negativos:

— Falta de atención al cliente.
— Baja calidad de los productos.

Gran almacén

Aspectos positivos:

— Variedad de productos.
— Precios, ofertas.

Aspectos negativos:

— Precios altos.
— Falta de atención al cliente.

Tiendas de fabricante

Aspectos positivos:

— Precios.

Aspectos negativos:

— Mala comunicación.
— Lejanía al domicilio.

Mercadillos/venta ambulante

Aspectos positivos:

— Precios, ofertas.

Aspectos negativos:

— Baja calidad de los productos.
— Falta de higiene.
— Desconfianza.

Gil y Mollá[15], en un trabajo realizado en establecimientos en libre servicio de la Comunidad Valenciana, llegan a fijar 14 ítems que representan atributos de calidad de servicio y que son importantes para el consumidor a la hora de elegir y encontrar diferencias significativas entre los distintos puntos de venta.

La batería de ítems la denominan «Calserdis» y son los siguientes:

— Encontrar fácilmente lugar de aparcamiento.
— El cuidado de la carnicería.
— La facilidad de acceso.
— La atención personal.
— El buen abastecimiento de los productos promocionados.
— La frescura de los productos en los departamentos de frutas y verduras.
— La buena disposición y amabilidad del personal.

[15] Gil, I., y Mollá, A.: «La evolución de la calidad de servicio en distribución comercial minorista», *Investigación y Marketing,* núm. 46, diciembre 1994, pág. 67.

— La amplitud del surtido que ofrecen.
— La limpieza y buen mantenimiento de la tienda.
— El tiempo limitado de espera en cajas de salida.
— El ofrecimiento de productos con buena relación calidad-precio.
— El correcto abastecimiento de los productos en general.
— Que la atmósfera de la tienda sea agradable.
— Que la mercancía comprada tenga un buen nivel de calidad.

Jallais, Orsoni y Fady[16] afirman que las investigaciones realizadas sobre la imagen del punto de venta han permitido identificar los atributos utilizados por los compradores para valorar la imagen de un establecimiento.

Mostramos a continuación algunos tipos de establecimiento con la lista de atributos que configuran la imagen.

	Establecimiento de alimentación
1.	Amabilidad y cortesía del personal.
2.	Proximidad al domicilio.
3.	Numerosas promociones.
4.	Surtido (gran elección de productos o marcas).
5.	Seriedad y honestidad.
6.	Servicios a los clientes (facilidades de pago, entrega).
7.	Buena accesibilidad, aparcamiento.
8.	Disposición agradable y práctica.
9.	Limpieza.
10.	Precios bajos.
11.	Animación (juegos y concursos).
12.	Horario de apertura.
13.	Rapidez en las compras.
14.	Agrupamiento de compras (frutas, carnes, ultramarinos).
15.	Calidad de productos.

[16] Jallais, J.; Orsoni, J., y Fady, A.: *Le marketing de la distribution. Application au point de vente,* Vuibert, París, 1987, págs. 154-155.

Establecimiento textil	
1.	Elección.
2.	Fama de seriedad.
3.	Relación precio-calidad.
4.	Arreglos.
5.	Competencia de los vendedores.
6.	Ambiente.
7.	Acogida.
8.	Calidad.
9.	Artículos de moda.
10.	Rebajas.
11.	Precios moderados.
12.	Escaparates atractivos.

Establecimiento de electrodomésticos	
1.	Embalaje bonito.
2.	Escaparates.
3.	Amabilidad del personal.
4.	Buenos servicios.
5.	Rapidez en las compras.
6.	Gran surtido.
7.	Disposición clara.
8.	Tienda muy conocida.
9.	Precios bajos.
10.	Precios elevados.
11.	Consejo de los vendedores.

Establecimiento de muebles
1. Calidad de los productos.
2. Diversidad de elección.
3. Precios.
4. Relación diseño-precio.
5. Relación calidad-precio.
6. Presentación del punto de venta.
7. Colocación de los muebles.
8. Atmósfera-acogida.
9. Amabilidad del personal de venta.
10. Rapidez en la compra.
11. Disponibilidad o plazo de entrega.

TÉRMINOS CLAVE

Almacén. Lugar del establecimiento donde se guardan los productos no expuestos al público.

Comerciantes. Profesionales del intercambio.

Comercio. La transmisión de bienes y servicios con fines lucrativos.

Comercio en libre servicio. Es el punto de venta en el que el comprador elige los productos directamente (sin intervención del vendedor) y paga la compra en las cajas situadas a la salida del establecimiento.

Comercio minorista, al detalle o al por menor. Actividad consistente en la venta de bienes o servicios en pequeñas cantidades orientada principalmente al consumidor final.

Comercio tradicional. Es un establecimiento en el que la venta a los clientes se realiza a través de un vendedor.

Franchising o franquicia. Sistema de cooperación entre empresas diferentes, pero ligadas por un contrato, en virtud del cual una de ellas (franquiciadora) concede a otra u otras, denominadas franquiciadas, mediante el pago de un canon, el derecho a explotar una marca o una fórmula comercial materializada en un emblema, asegurándole al mismo tiempo la ayuda técnica y los servicios regulares necesarios destinados a facilitar dicha explotación.

Góndolas. Mueble de venta utilizado en los establecimientos en libre servicio.

Selección del surtido. Consiste en la elección de los productos, marcas, amplitud y profundidad del surtido que ofrece un establecimiento.

Sofisticación. Tendencia en el comercio como consecuencia del cambio del consumidor: de la cantidad a la calidad.

PROYECTO SUGERIDO

Seleccione las distintas variables o criterios que considere más importantes para los consumidores a la hora de formarse la imagen de cualquier punto de venta.

Realice una investigación consistente en valorar la imagen de las distintas formas comerciales (grandes almacenes, tienda tradicional, supermercado, etc.) de la siguiente manera:

1. Valoración de distintos establecimientos dedicados a la misma actividad y bajo la misma fórmula comercial. Establezca las diferencias más significativas entre los puntos de venta investigados.
2. Valoración de distintos establecimientos dedicados a la misma actividad pero bajo distinta fórmula comercial.
3. Valoración de las distintas fórmulas comerciales y comparación de los atributos más significativos entre las mismas.

2 El merchandising

2.1. Concepto
2.2. Tipos de compras
2.3. Evolución del merchandising
2.4. Merchandising de presentación
2.5. Puntos de vista del merchandising
2.6. El personal de merchandising

2.1. CONCEPTO

Hablar de merchandising, desde nuestro punto de vista, plantea una serie de problemas:

En primer lugar, merchandising es un vocablo anglosajón de reciente incorporación al lenguaje comercial que no tiene una palabra equivalente en castellano. Esto no es una novedad, ya que sucede con muchos términos similares terminados en «ing» usados en nuestro lenguaje con procedencia anglosajona y que son aplicados a la gestión empresarial como, por ejemplo, leasing y factoring. Pero es en el campo del marketing donde la abundancia de estos términos es mayor: franchising, zapping, briefing, branding, bartering, etc., son ampliamente conocidos en el lenguaje comercial.

Estos términos de profusa utilización en el ámbito empresarial, cuando han sido traducidos, como, por ejemplo, franchising por franquicia, no han encontrado hueco en el *Diccionario* de la Real Academia Española.

En segundo lugar, se plantea el problema de que no hay acuerdo sobre el concepto ni el contenido del merchandising. Esto se demuestra efectuando un repaso a algunas de las definiciones más conocidas. Llama la atención[1] que, aunque existe poca literatura sobre merchandising, en cambio, hemos encontrado abundancia de definiciones.

---

[1] Díez, E.: «El valor de los niveles: Consideraciones críticas y experiencias», *Revista de Economía y Empresa,* núm. 23, enero-abril 1989, pág. 8.

Recogemos a continuación un conjunto de ellas extraídas del libro de J. E. Masson y A. Wellhoff *El merchandising. Rentabilidad y gestión del punto de venta*[2] y del de J. L. Córdoba y J. M. Torres *Teoría y aplicaciones del marketing*[3]. Para centrar la atención del lector en los aspectos fundamentales, a nuestro entender, del concepto de merchandising, hemos ido resaltando en cursiva una serie de partes de la definición. Es evidente que cuando se repite el mismo concepto en una definición posterior no aparece nuevamente resaltado.

La Academia Francesa de Ciencias Comerciales define el merchandising como una parte del marketing que engloba las técnicas comerciales que permiten *presentar* al posible comprador el producto o servicio en las *mejores condiciones materiales y psicológicas.*

Para el Instituto Francés de Merchandising es el conjunto de *estudios y técnicas* de aplicación puestas en *práctica,* de forma separada o conjunta, por *distribuidores y fabricantes,* con miras a acrecentar la *rentabilidad del punto de venta* y la introducción de productos, mediante una adaptación permanente del surtido a las necesidades del mercado y mediante la presentación apropiada de las mercancías.

Masson[4] define al merchandising como el conjunto de métodos y técnicas conducentes a *dar al producto un activo papel de venta* por su presentación y entorno, para optimizar su rentabilidad.

Una definición muy difundida y que goza de gran aceptación[5] es la de la American Marketing Association[6]. Salas[7] la traduce de la forma siguiente: Merchandising es un conjunto de técnicas basadas principalmente en la presentación, la rotación y la rentabilidad, comprendiendo un conjunto de acciones llevadas a cabo en el punto de venta destinadas a aumentar la rentabilidad, colocando el producto en el lugar durante el tiempo, en la forma, al precio y en la cantidad más conveniente.

Kepner[8] señala que el merchandising es la aplicación de las cinco *right.* Tener el producto adecuado, en la cantidad adecuada, al precio

---

[2] Masson, J. E., y Wellhoff, A.: *El merchandising. Rentabilidad y gestión del punto de venta,* Deusto, Bilbao, 1984.

[3] Córdoba, J. L., y Torres, J. M.: *Teoría y aplicaciones del marketing,* Deusto, Bilbao, 1977.

[4] Masson, J. E., y Wellhoff, A.: Ob. cit., pág. 25.

[5] Zorrilla, M.ª P.: *El merchandising: Instrumento estratégico y operativo de la gestión del detallista,* Universidad del País Vasco, tesis doctoral no publicada, pág. 11.

[6] American Marketing Association: *Marketing: A Glossary of Marketing Terms, Committee on Definitions,* Chicago, AMA, 1960.

[7] Salas, A. Z.: «Merchandising», *Alta Dirección*, vol. 136, 1987, pág. 441.

[8] Cros, V.: *Merchandiseur a vos marques,* Presses du Management, Noisiel, 1992, páginas 14-15.

adecuado, en el momento adecuado y en el lugar adecuado (véase figura 2.1).

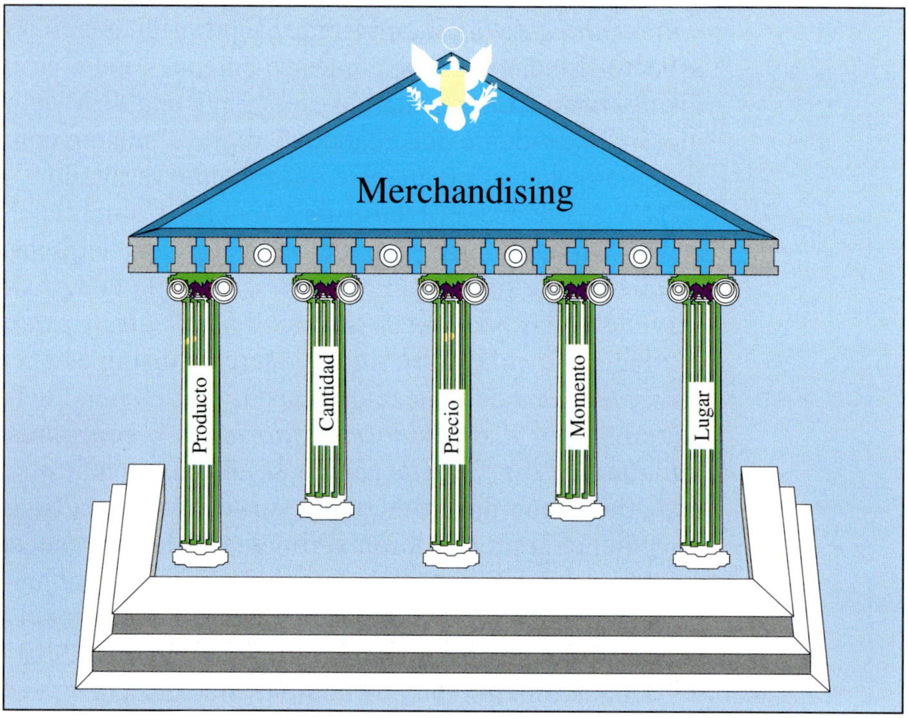

Figura 2.1.

El *producto* adecuado se corresponde con el surtido adecuado. Es fundamental en el merchandising una buena selección de la calidad y el número de los productos.

La *cantidad* adecuada hace referencia a la imperiosa necesidad de una buena gestión de stocks.

El *precio* adecuado indica que hay que buscar el precio idóneo teniendo en cuenta factores como rentabilidad, coherencia, clientes, etc.

El *momento* adecuado lleva a tener en cuenta la elección del momento en que se ofrece el producto (en el caso de productos estacionales) y, también, el momento en que normalmente se decide la compra de un producto (paraguas cuando llueve, viajes antes de vacaciones, etc.).

El *lugar* adecuado está estrechamente relacionado con la implantación de los productos en el punto de venta.

Otras definiciones son las siguientes:

— Función comercial que tiene por objeto transformar las *compras potenciales en compras reales* en un establecimiento.
— Conjunto de acciones llevadas a cabo por la empresa en el punto de venta, que le permiten aumentar la *rotación* de sus productos.
— Técnica basada en buscar la máxima *rentabilidad* del producto en el punto de venta.

Una de las definiciones no académica pero muy divulgada en la práctica y que, a nuestro entender, comunica muy bien lo que es el merchandising, es la siguiente: «Poner al producto en peligro de ser adquirido por el consumidor».

Un estudio detenido de las definiciones transcritas nos conduce a las siguientes consideraciones:

1. La *disparidad* de definiciones existentes pone en evidencia que no hay acuerdo acerca de qué es el merchandising.

2. *Contenido* del merchandising. Generalmente la diversidad de definiciones se deriva de la falta de consenso en los límites del merchandising.

¿Cuál es el contenido del merchandising? ¿Qué abarca el merchandising? Son interrogantes difíciles de despejar. Algunas definiciones de merchandising muestran un amplio contenido; otras, por el contrario, nos muestran el merchandising de forma escueta y concreta. Desgraciadamente, estas divergencias han provocado un problema añadido, que es la incorrecta utilización de este vocablo por pseudoprofesionales. Como este vocablo está de moda, todo cabe y para muchos cualquier cosa es merchandising.

McGoldrick[9] indica que la consideración de un contenido más o menos amplio del merchandising es una característica que diferencia a profesionales de la distribución y de la enseñanza americanos y europeos. Para este autor, los americanos se posicionan con una conceptualización amplia frente al europeo, que maneja un concepto más restringido.

Según Zorrilla[10], algunas conceptualizaciones americanas representativas son las siguientes:

---

[9] McGoldrick, P. J.: *Retail Marketing,* McGraw-Hill, 1990, pág. 293.

[10] Zorrilla, M.ª P.: Ob. cit., págs. 9-11.

[11] Bolen, W. H.: *Contemporary Retailing,* Prentice-Hall, Englewood Cliffs, Nueva Jersey, 1988.

Para Bolen[11] el merchandising abarca las áreas de planificación de la mercancía, recursos, negociación, distribución y control de la mercancía.

Larson, Weigand y Wright[12] indican que su definición de merchandising afirma «la necesidad de aprovisionar la mercancía adecuada. Por tanto, la primera tarea que conlleva el merchandising es predecir lo que el consumidor querrá y, entonces, comprar y tener en stock los bienes adecuados».

Frente a esta concepción de ciertos autores americanos, la mayor parte de las definiciones descritas anteriormente siguen la vía europea (incluida la de la American Marketing Association) con un contenido del merchandising más limitado. Así, por ejemplo, Rogers[13] describe el alcance del merchandising haciendo referencia a la adecuada combinación de productos y a la localización y situación de los mismos en el espacio de venta.

3. *Punto de venta.* Todos los conceptos reseñados anteriormente incluyen y centran su atención en el punto de venta como elemento base del merchandising y el *lineal* como elemento clave del comercio y, por tanto, del merchandising.

El lineal es «la longitud de exposición de los productos en el establecimiento». En el plano del lineal es donde se realiza el acto de compra y donde se concretan los esfuerzos del hombre de merchandising. Puede decirse que el lineal representa la herramienta básica. La gestión del lineal del establecimiento representa una gran parte del merchandising[14].

Podemos afirmar que el merchandising como espíritu es tan antiguo como el comercio mismo. Ahora bien, como técnica cabe situar su nacimiento en la aparición de los establecimientos en régimen de libre servicio.

En 1930 nace en Estados Unidos el supermercado y es al final de la década de los cincuenta cuando se produce su introducción en nuestro país. Los supermercados traen consigo una innovación que va a

---

[12] Larson, C. M.; Weigand, R. E., y Wright, J. S.: *Basic Retailing,* Prentice-Hall, Nueva Jersey, 1976, pág. 188.

[13] Rogers, D.: «Research tools for better Merchandising», *Retail and Distribution Management*, vol. 13, núm. 6, 1985, págs. 42-44.

[14] Saint-Cricq, J., y Bruel, O.: *Merchandising,* Pirámide, Madrid, 1975, págs. 179-180.

revolucionar el comercio: la instauración del régimen de «libre servicio».

Los establecimientos que adoptan esta forma de venta presentan la característica de que el cliente entra en contacto directo con la mercancía, es decir, sin la intervención del vendedor. Los procedimientos y métodos de venta del comercio tradicional se revelan como inadecuados, se precisan nuevas técnicas de venta que se adapten y propicien el desarrollo de esta innovación, es el surgimiento del merchandising.

Llegados a este punto resulta conveniente hacer las siguientes reflexiones:

Primera reflexión. Un supermercado mediano que posea 2.400 artículos o referencias y con una estancia media por persona dentro del mismo de 20 minutos (1.200 segundos) tiene una correspondencia de artículo por persona de medio segundo.

Los clientes únicamente entran en contacto con una parte muy reducida de las referencias ofertadas por el comercio, y es muy importante para la venta la ubicación preferente de un artículo junto a su poder de atracción o de llamar la atención al público.

Segunda reflexión. Anualmente los establecimientos dejan de vender una serie de productos (hay estimaciones que hablan de entre un 5 y un 10 %) que dejan espacio para la incorporación de otros nuevos. Los productos nuevos duplican, generalmente, a los eliminados.

Dos son los aspectos a resaltar. En primer lugar, un producto debe luchar por la supervivencia, es decir, para mantenerse en los lineales y no ser eliminado, la competencia con los restantes productos que aspiran a lo mismo es dura y únicamente los más fuertes sobreviven. En segundo lugar, un producto nuevo, para entrar en un establecimiento, debe competir con otros productos que tienen las mismas aspiraciones.

Tercera reflexión. Un alto índice de compras se deciden en el punto de venta (se habla de porcentajes superiores al 50 %). Si sucede este hecho, el establecimiento se convierte en un aspecto fundamental de la venta.

Hemos afirmado anteriormente que cuando una persona entra en un libre servicio se enfrenta una serie de productos que compiten entre sí por ganarse sus favores, es decir, para que sean adquiridos por el comprador. Los productos buscan atraer al cliente y éste efectúa su elección de forma libre en las estanterías del punto de venta.

Cabría preguntarse si la elección que ejecuta una persona en un libre servicio es realmente libre. La contestación, a nuestro entender, es afirmativa pero con reservas. Realmente, el comprador se encuentra condicionado cuando acude a un establecimiento y, por consiguiente, su elección no es totalmente libre.

Los factores condicionantes pueden ser agrupados en cinco apartados:

1. *Información.* El grado de conocimiento que presenta sobre el producto: ¿cómo se utiliza?, ¿cuándo se consume?, ¿cuál es su calidad?, etc., son factores que condicionan la elección. Esta información se hace más imprescindible en función de la novedad de los productos.
2. *Notoriedad e imagen.* La notoriedad o grado de conocimiento del producto y la imagen percibida del mismo por los consumidores tienen una influencia importante en la elección del producto. La publicidad, la promoción y la calidad del producto de una empresa configuran la imagen de una marca por parte de los clientes.
3. *Identificación.* Otro factor que influye para que un producto o marca sea más atractivo para una persona es la identificación. Se conjugan en este factor el envase, el diseño, los colores, etc.
4. *Motivación.* El establecimiento tiene un papel decisivo, como estamos viendo, en la elección del consumidor. Otro factor a tener en cuenta son las motivaciones añadidas por el propio comercio. Entrarían en esta categoría las ofertas, los descuentos, la colocación complementaria de artículos, la relación precio-calidad, etc.
5. *Ubicación.* Un último factor muy importante para la venta de un producto es su colocación dentro del establecimiento.

En definitiva, y a modo de resumen, podemos afirmar que el consumidor no lleva a cabo la elección de artículos en un libre servicio de forma totalmente autónoma, ya que se encuentra condicionado antes de entrar en el establecimiento (publicidad, imagen) y después de entrar por las acciones comerciales del punto de venta (merchandising).

2.2. TIPOS DE COMPRAS

Hemos analizado en epígrafes anteriores la importancia del punto de venta y su influencia en las decisiones del consumidor. El objetivo de este apartado es efectuar una cuantificación de dicha importancia.

Vamos a exponer, a continuación, un estudio muy conocido en el ámbito del merchandising que llevó a cabo la multinacional Du Pont en establecimientos en libre servicio. En este estudio (véase figura 2.2) el comportamiento de compra se dividió en dos categorías: racional e irracional. El comportamiento de compra racional se identifica con las compras previstas, mientras que el comportamiento de compra irracional lo hace con las compras impulsivas, es decir, no previstas.

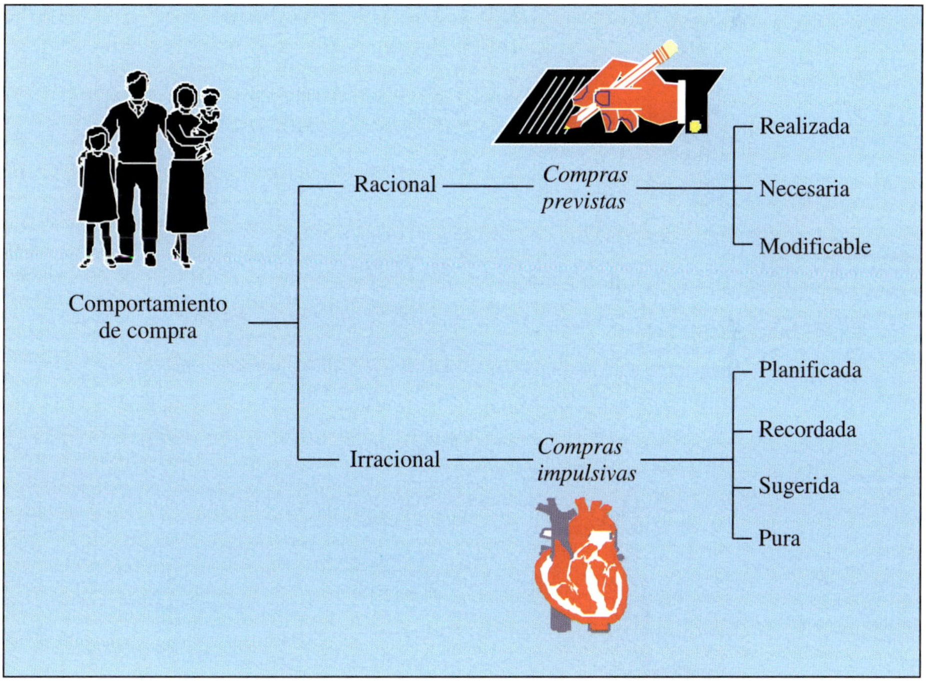

Figura 2.2. Comportamiento de compra.

Las compras previstas (figura 2.3) se dividen en tres apartados: realizadas, necesarias y modificadas.

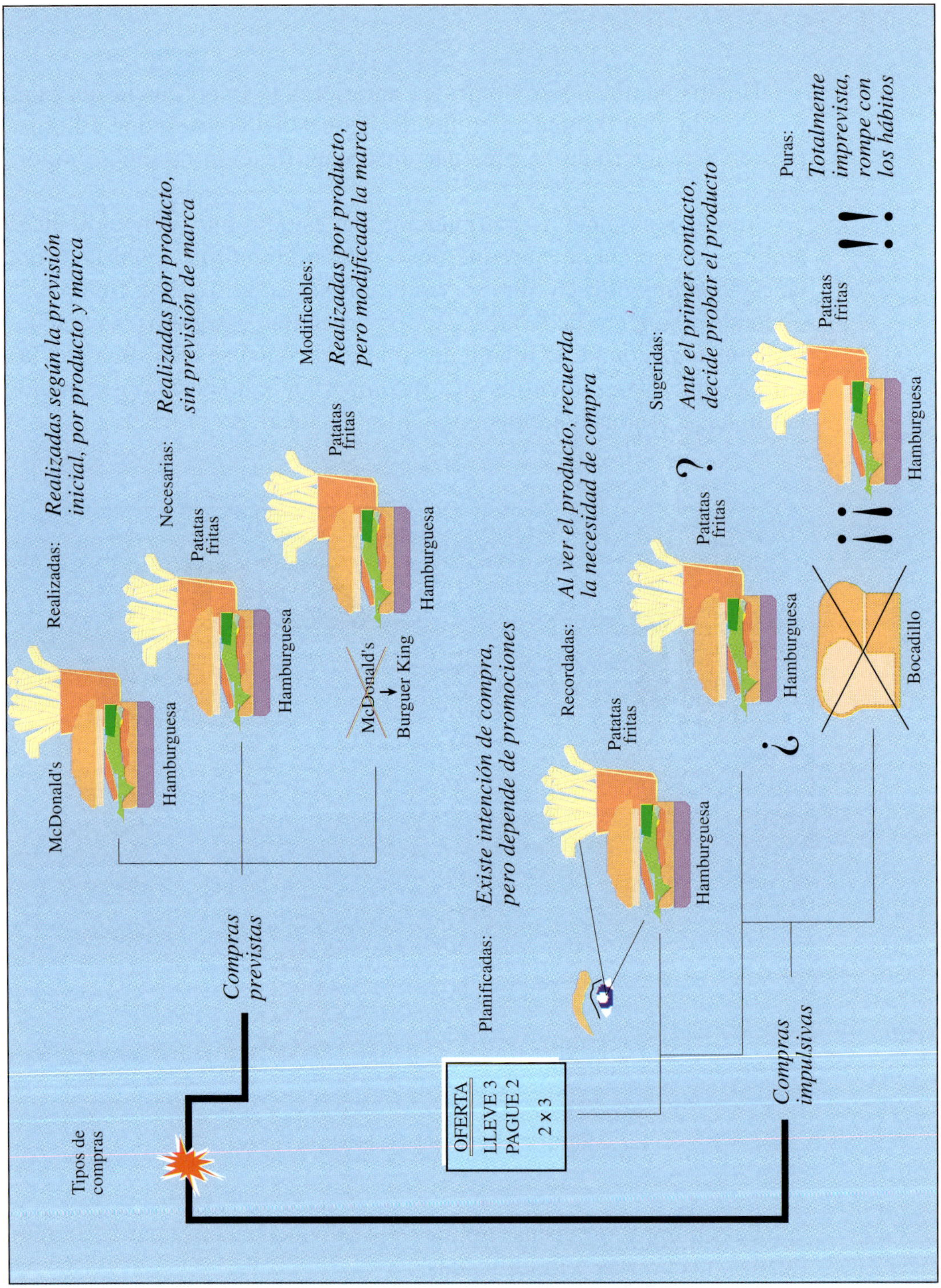

Figura 2.3. Tipos de compras.

Compras realizadas. Son las efectuadas según la previsión inicial por producto y marca. Cuando una persona entra en un libre servicio con la intención de comprar un producto de una marca determinada y sale con dicho producto estaríamos frente a una compra realizada.

Compras necesarias. Son las realizadas por producto sin previsión de marca. Este tipo de compra se ajusta al caso de un cliente que entra en un establecimiento a comprar un producto pero no ha decidido de antemano la marca a adquirir. Ésta será seleccionada entre las que oferta el punto de venta.

Compras modificadas. Son las realizadas por producto pero modificada la marca. La variación de este tipo de compra frente a las realizadas es que lo que realmente compra el consumidor es una marca distinta a la prevista inicialmente, siendo la influencia del punto de venta en este caso manifiesta.

Las compras impulsivas se clasifican en cuatro categorías: planificadas, recordadas, sugeridas y puras.

Compras planificadas. Se produce cuando por el consumidor existe intención de compra, pero ésta se condiciona a promociones, rebajas, etc. Es decir, el comprador ha decidido una compra pero espera el momento adecuado para su realización. Creemos que la ubicación de las compras planificadas dentro de las impulsivas no es la más idónea, ya que impulsividad y planificación son términos con sentidos totalmente opuestos. Por otra parte, la denominación de compra planificada a este tipo de compra tampoco es muy afortunada.

Compras recordadas. El cliente no ha previsto su compra, pero, al ver el producto, recuerda que lo precisa.

Compras sugeridas. Es la que se produce cuando un cliente, visualizando un producto en una estantería, decide probarlo.

Compras puras. Es la compra que rompe los hábitos, o lo que es lo mismo, la totalmente imprevista.

Como vemos, estas siete categorías de compras (tres previstas y cuatro impulsivas) están perfectamente ordenadas desde la más imprevis-

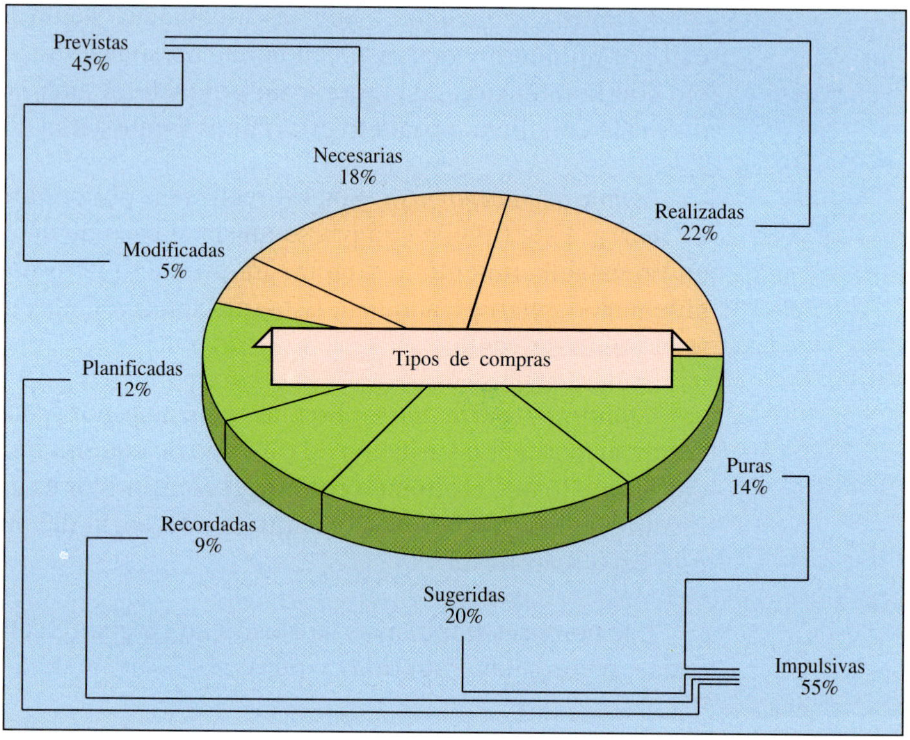

Figura 2.4. Tipos de compras.

ta, que sería la compra pura, a la más planificada, que es la compra realizada.

La figura 2.4 pone de manifiesto que las compras previstas representan el 45 %, frente a las impulsivas, que suponen un 55 %. Por consiguiente, si admitimos estos resultados, tenemos que de cada 100 unidades monetarias que nos gastamos cuando entramos en un establecimiento en libre servicio, únicamente pensábamos gastar 45. El punto de venta hace que nuestras compras se multipliquen, aproximadamente, por dos. Aunque admitamos variaciones en estos porcentajes, la importancia del punto de venta queda totalmente corroborada.

Finalmente, analizando las definiciones de los tipos de compras y sus porcentajes (véase figura 2.5) es fácil concluir que salvo en las compras realizadas, en todas las demás la influencia del punto de venta es fundamental. Por tanto, podemos cifrar la importancia del punto de venta en un 78 % del total de ventas.

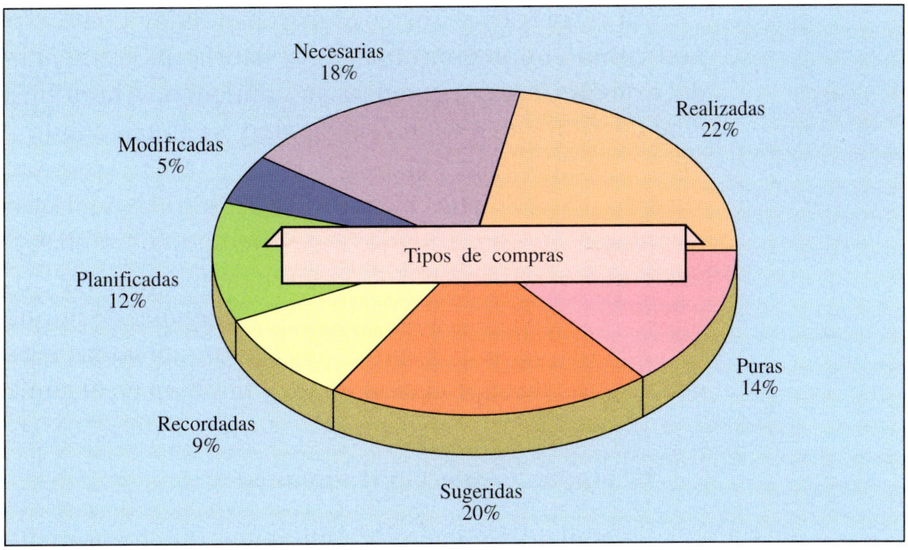

Figura 2.5. Tipos de compras.

2.3. EVOLUCIÓN DEL MERCHANDISING

El merchandising, a pesar de su juventud, ha evolucionado desde su nacimiento. Vamos a presentar en este epígrafe tres versiones o clasificaciones de las etapas o fases del merchandising.

A nuestro entender, esta exposición es muy ilustrativa y va a clarificar las dudas que se puedan plantear acerca de qué es el merchandising, cómo opera y cuál es su contenido.

Conviene repetir que sin considerar el punto de venta no podemos hablar de merchandising. El establecimiento es el punto de encuentro entre el comerciante y el consumidor; no resulta, por tanto, extraño que el análisis de la evolución del merchandising tenga un paralelismo a los cambios del consumidor.

2.3.1. Primera clasificación: Córdoba y Torres[15]

Estos autores distinguen tres etapas en el merchandising que se corresponden con el denominado comercio tradicional, el comercio en evolución y el comercio evolucionado.

---

[15] Córdoba y Torres: *Teoría y Aplicaciones del Marketing,* Deusto, Bilbao, pág. 19.

Para Córdoba y Torres el merchandising como *espíritu* es tan antiguo como el comercio mismo, y habría que remontarse en la historia del comercio para encontrar su comienzo. Ahora bien, el merchandising como técnica es muy reciente y se inicia con la aparición del comercio en libre servicio.

Es indudable que el desarrollo del libre servicio y el merchandising están perfectamente unidos en el tiempo; sin embargo, esto no quiere decir que la utilización del merchandising quede circunscrita únicamente al comercio en libre servicio. Hay que decir que las técnicas del merchandising se pueden aplicar y son aplicadas en establecimientos con sistema de explotación mixto y también en el comercio tradicional.

1.ª etapa. Comercio tradicional

La etapa del comercio tradicional, que hemos calificado de primitivo, se caracteriza por la preponderancia del comercio independiente y con un desarrollo muy tenue. El merchandising, bajo estas condiciones, no existe o, como mucho, podemos decir que es un merchandising de tipo intuitivo o basado en la experiencia.

Atisbos sobre el nacimiento del merchandising se encuentran en algunas acciones de los puntos de venta de tipo visual, como, por ejemplo, el diseño de escaparates atractivos, carteles de precios o el apilamiento de artículos en el mostrador u otro lugar.

Las acciones del fabricante sobre el punto de venta no encuentran obstáculos de ningún tipo y la colocación de expositores, presentadores o *displays* son aceptados y, a veces, solicitados por el comerciante. En definitiva, en esta etapa de comercio tradicional no existe el merchandising, aunque se van colocando las bases para su nacimiento.

2.ª etapa. Comercio en evolución

Esta etapa se corresponde, para estos autores, con el momento actual del comercio. Nos enfrentamos a una situación en la que las estructuras comerciales se modernizan. El desarrollo del comercio presenta tres frentes visibles: en primer lugar, la implantación de las nuevas formas comerciales (centrales de compras, cadenas voluntarias, franchising, hipermercados, etc.); en segundo lugar, la fuerza alcanzada por los intermediarios en la distribución, que les proporciona el poder en los canales de distribución, y, en tercer lugar, el incremento de profesionalidad en el ámbito de la distribución, que se refleja en los conocimientos de los integrantes y en la gestión de empresas distribuidoras.

Con estas premisas parece evidente que el desarrollo de las grandes superficies (especialmente hipermercados y grandes almacenes) y supermercados ha sido campo abonado para el avance espectacular del merchandising. La toma de poder en los canales por las grandes cadenas de distribución y su continuo reforzamiento a través de las marcas de distribución, y la venta de espacio en sus establecimientos, han conducido a una situación de confrontación entre fabricantes y distribuidores. Los fabricantes han visto que su poder de negociación frente a las grandes centrales se hace cada vez más débil y, en cambio, el distribuidor explota su posición de dominio, exigiendo condiciones que en algunos momentos son tachadas por los productores como de gran dureza. Por tanto, no es de extrañar que la etapa del comercio en evolución sea una etapa caracterizada por los enfrentamientos entre fabricantes y distribuidores.

3.ª etapa. Comercio evolucionado

Esta etapa se corresponde con los próximos tiempos. El comercio evolucionado marcará una nueva etapa, una vez superada la del comercio en evolución. Esta etapa se caracterizará por la desaparición de enfrentamientos entre productores y distribuidores.

El negocio de un fabricante es la venta de sus productos, y el del comerciante la venta de su surtido; es evidente que ambos tienen el mismo objetivo. Parece imprescindible que entre ambos desaparezcan los enfrentamientos y que colaboren de forma eficaz en el logro de sus objetivos. Desde este punto de vista, para Córdoba y Torres el merchandising será el punto de unión entre las dos partes.

2.3.2. Segunda clasificación: Merchandising estratégico[16]

Para Mouton, la historia del consumidor europeo desde la posguerra hasta nuestros días puede dividirse en cuatro eras.

[16] Mouton, D.: *Merchandising estratégico,* Gestió 2.000, Barcelona, 1989, págs. 13-17.

Era primaria

Abarca desde la posguerra hasta la aparición del primer supermercado. Las notas más representativas son las siguientes:

- Comercio tradicional.
- El consumidor compra en su barrio.
- La confianza con el comerciante.
- Ninguno o escasos servicios prestados por el comercio.
- Los precios de venta al público son fijados por fabricantes y mayoristas.

Podemos afirmar que en esta situación no existe merchandising.

Era secundaria

Comprende desde 1963, aproximadamente, a la primera crisis del petróleo. Aspectos relevantes son los descritos a continuación:

- Es una época de prosperidad.
- Desarrollo de supermercados e hipermercados.
- Desarrollo de las técnicas de venta.
- Utilización de la publicidad.
- Hiperconsumo.
- Poca importancia de los servicios.
- Importancia del precio.

Según Mouton, en este marco el merchandising no tiene razón de ser y, lógicamente, sigue siendo inexistente.

Era terciaria

Ubicada entre la primera crisis del petróleo y 1985. En esta etapa cabe resaltar los siguientes aspectos:

- Aparecen la inflación y el paro.
- El consumidor pierde poder adquisitivo.
- Aparecen las primeras organizaciones de consumidores.
- Se inician los movimientos ecologistas.

— El consumidor comienza a exigir, se vuelve selectivo.
— Se demandan algunos servicios.
— Aparece la noción calidad-precio.

En esta etapa se desarrolla un merchandising adaptado a las necesidades o exigencias del consumidor.

Era cuaternaria

Desde 1985 hasta nuestros días. Las notas distintivas son las siguientes:

— La aparición de los nuevos consumidores.
— Surge el concepto de «voluntad de compra».
— Comprar se convierte en una fiesta.
— Se demandan abundantes servicios.
— Las compras cambian de días y horarios.

Se considera esta etapa como la del desarrollo del merchandising. Para su avance se hace imprescindible la información que debe ser obtenida a través de la utilización de medios informáticos (programas de gestión, escáneres, lectores ópticos, etc.).

El despegue del merchandising conduce, en palabras de Mouton[17], a la implantación del «merchandising estratégico».

Diez son las fases del merchandising estratégico:

Fase I. *Estudio del mercado*

Supone el análisis de los consumidores (poder adquisitivo, estructura familiar, etc.), estudio de la competencia, etc.

Fase II. *Distribución de la superficie total del punto de venta en las distintas secciones*

Implica adjudicar qué parte o proporción del establecimiento va a ser ocupada por las secciones que formarán parte del mismo. Este paso se suele hacer, inicialmente, reproduciendo la división efectuada por es-

[17] Mouton, D.: Ob. cit., págs. 33-37.

tablecimientos similares en funcionamiento y, posteriormente, se modifica adaptándolo a su zona de mercado y clientela.

Fase III. *Disposición del establecimiento*

La disposición tiene como misión despejar las siguientes interrogantes: ¿dónde colocar cada una de las secciones?, ¿cómo ubicarlas unas con respecto a las restantes? La implantación de las secciones debe realizarse bajo las premisas de que se consiga una orientación adecuada de los consumidores dentro del comercio.

Fase IV. *Determinación del COS*

El COS (coeficiente de ocupación del suelo) se obtiene a través de la siguiente fórmula:

$$\text{COS} = \frac{\text{Metros de lineal a ras de suelo}}{\text{Metros de superficie del comercio}}\ 100$$

Ejemplo. Supongamos que un supermercado tiene una superficie total de 1.000 metros cuadrados (20 metros de ancho por 50 de largo). Posee 15 góndolas de 10 módulos de 1,33 metros. Como las góndolas tienen una doble cara, tenemos 399 metros de lineal ($15 \times 10 \times 2 \times 1{,}33$). Por consiguiente, el COS es:

$$\text{COS} = \frac{399}{1.000}\ 100 = 39{,}9\ \%$$

El coeficiente de ocupación del suelo es una medida de la densidad del establecimiento. Cuando el valor del COS es bajo, generalmente el consumidor se encuentra más cómodo debido a la amplitud de pasillos. En cambio, el punto de venta reduce los metros de lineal de exposición de artículos. Cuando el COS es alto los efectos son contrarios a los expuestos anteriormente; el consumidor se siente agobiado e incómodo, pero para el comercio hay más metros de lineal y, por tanto, un incremento de los artículos expuestos.

Las tendencias del comercio moderno se orientan hacia un COS bajo, que podría oscilar entre el 25 y el 40 %. Su valor dependerá del tipo de comercio (tienda tradicional, supermercado, hipermercado, etc.), de cómo se realiza la compra (con carro, cesta o manual) y de la sección (alimentación, electrodomésticos).

Fase V. *Asignación de los metros de lineal a los grupos o familias componentes de una sección*

Los criterios para proceder a esta asignación suelen ser económicos: cifra de negocios, rotación, beneficio bruto, etc.

Fase VI. *Colocación de los grupos o familias de productos*

La situación concreta de los productos se hace teniendo en cuenta una serie de criterios como poder de atracción, complementariedad, imagen y puntos calientes y fríos.

Fase VII. *Gestión del surtido*

Esta fase implica la selección del surtido fundamentándose en variables de imagen, estilo, *target* (población objetivo), rentabilidad, etc. Al término de esta fase debemos tener concretadas cuántas referencias vamos a exponer y cuáles son las mismas (marcas y tamaños).

Fase VIII. *Políticas de precios*

Fases IX y X. *Asignación de espacio a cada artículo y ubicación dentro de una estantería*

2.3.3. Tercera clasificación: Salén[18]

Salén distingue tres épocas en el merchandising: merchandising visual, de gestión y de seducción.

1. Merchandising visual

Esta etapa comprende hasta la década de los ochenta. El merchandising visual o de presentación (véase figura 2.6) tiene como objetivo aumentar los clientes y, consecuentemente, la participación en el mer-

[18] Salén, H.: *Distribución y Merchandising,* Distribución Consulting, Madrid, 1987, páginas 106 y ss.

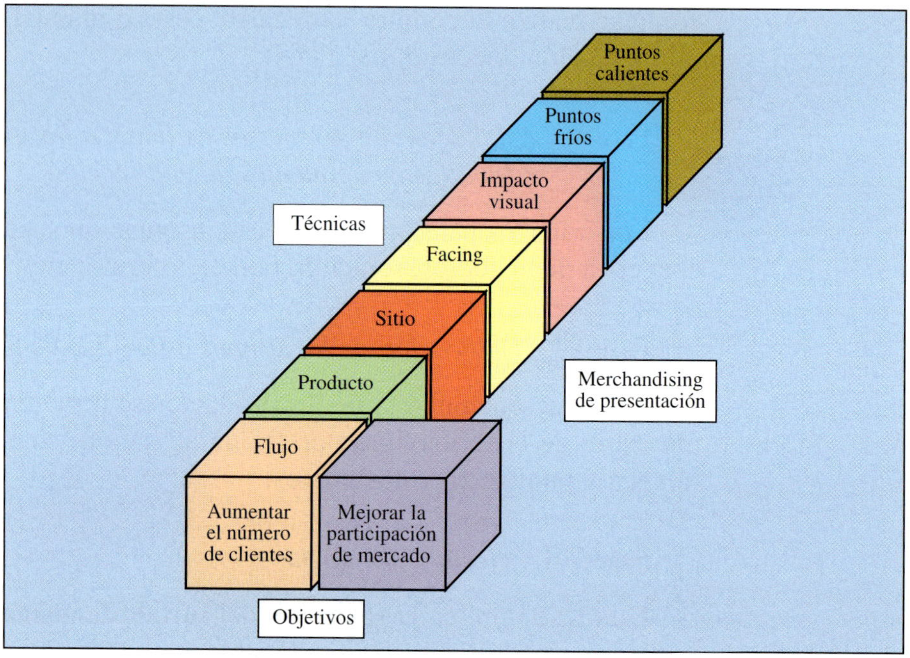

Figura 2.6. Merchandising visual o de presentación.

cado. Las técnicas utilizadas tienen por fin conseguir que los productos cobren vida en las estanterías y atraigan a los compradores incrementando las ventas del establecimiento. La utilización de puntos calientes y fríos, el impacto visual, *facing* (número de caras necesarias para que un producto sea visualizado), ubicación de un producto en una estantería, etc., son las armas del merchandising de presentación.

2. Merchandising de segunda generación o de gestión

Esta etapa se corresponde con el momento actual. El merchandising no acaba con la presentación del producto. Los avances actuales conforman el denominado merchandising de gestión o de segunda generación; de éste, el merchandising visual es una parte importante.

El merchandising de gestión apoya sus decisiones en la información y, fundamentalmente, en la generada en el punto de venta. Se hace imprescindible recoger toda la información que genera el punto de venta y para ello es imprescindible la utilización de medios mecánicos (ordenadores, escáneres, programas diversos, etc.).

El merchandising de gestión puede compararse a una estrella (véase figura 2.7) con cuatro puntas que simbolizan los ejes en los que se apoya: gestión del lineal, estudio del mercado, gestión del surtido y animación del punto de venta.

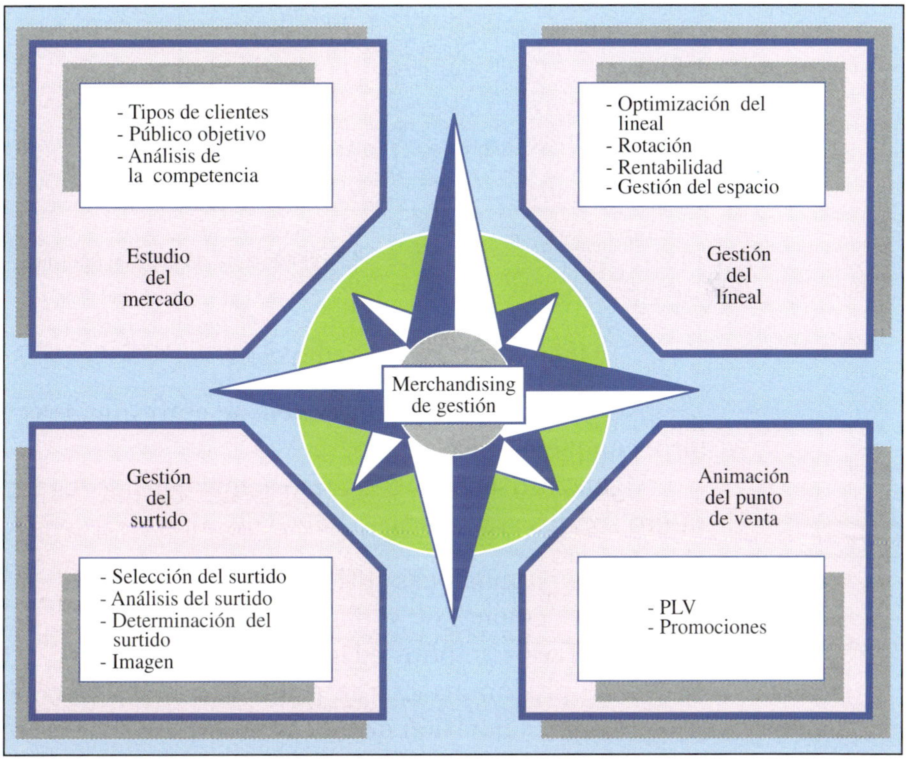

Figura 2.7. Merchandising de gestión.

Una parte básica del merchandising de gestión es la que se encarga de la gestión del lineal. El merchandising de gestión del lineal (véase figura 2.8) tiene como objetivo optimizar el rendimiento del lineal y la gestión del espacio. Las técnicas utilizadas (rotación, rentabilidad, beneficio) tienen como misión permitir establecer comparaciones entre secciones, familias de productos, marcas, etc.

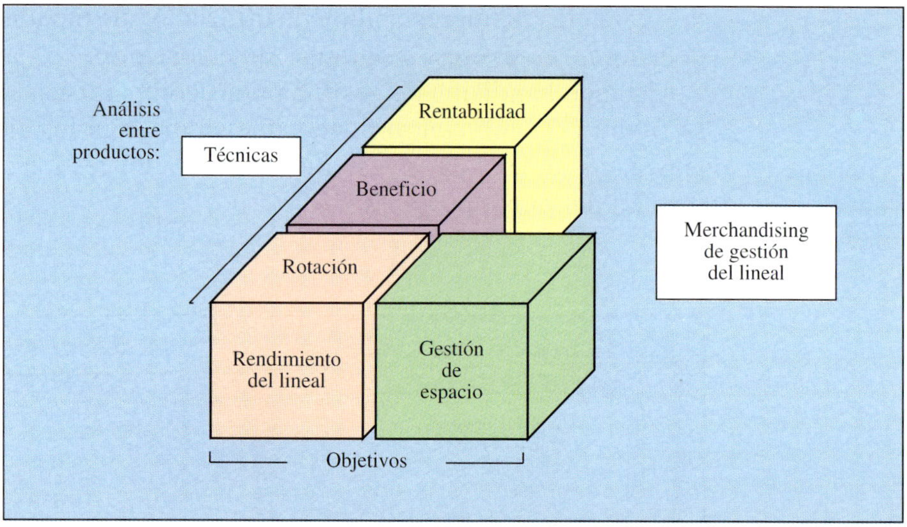

Figura 2.8. Merchandising de gestión del lineal.

3. Merchandising de seducción

Esta última etapa, según Salén, se corresponde con un período futuro, aunque no muy lejano.

Algunos atisbos del comercio actual que pueden formar parte de ese futuro son los siguientes:

— Las promociones sofisticadas.
— Las acciones de venta no directa.
— Horarios amplios adaptados a la clientela.
— La predominancia de productos vivos (productos ecológicos, *lights,* televisión de alta definición) frente a productos muertos (televisión en blanco y negro, chocolates tradicionales).
— La especialización.

2.4. MERCHANDISING DE PRESENTACIÓN[19]

El diseño de la política de merchandising[20] debe construirse de acuerdo con los instrumentos que representamos en el cuadro 2.1.

[19] El presente epígrafe está redactado por María Pilar Zorrilla.
[20] Zorrilla, M.ª P.: Ob. cit., pág. 161.

CUADRO 2.1

Elementos del merchandising de presentación	
Merchandising de presentación	1. Ambiente de la tienda.
	2. Trazados y disposición interna del establecimiento.
	3. Distribución o reparto del espacio.
	4. Selección, disposición y presentación del surtido.

De acuerdo con esta primera clasificación general, varios autores, entre los que sobresalen Cook, Harris y Walters[21], coinciden en englobar bajo la denominación *merchandising visual* a los tres primeros elementos, es decir, ambiente, disposición interna y reparto del espacio en el establecimiento. Sin embargo, tal y como ellos mismos coinciden en reconocer, no es posible adecuar la presentación del entorno de venta sin tener en cuenta las características de la mercancía que va a ser ofrecida en el establecimiento.

Por esta razón, un cuarto elemento debe ser considerado: la mercancía. Es decir, el merchandising debe contemplar tanto el diseño/ambiente del establecimiento como la selección y presentación del surtido para lograr el máximo efecto.

De hecho, como señalan Mills y Paul[22], «la selección de la mercancía es el elemento que determina la razón de ser de la presentación y, en último término, el valor final de la presentación está en consonancia con el objetivo del merchandising».

Según estos autores, el merchandising visual se definiría como «la presentación de la tienda y su mercancía al cliente [...] para vender los bienes y servicios ofrecidos por la tienda».

Sin embargo, partiendo del contenido de esta definición la utilización de la expresión merchandising visual puede no ser adecuada, en cuanto que restringe el ámbito de la presentación al campo de la visión.

Aunque los aspectos visuales son muy importantes en términos de presentación, estímulos dirigidos a otros sentidos contribuyen también

[21] Cook, D., y Walters, D.: *Retail Marketing: Theory and practice,* Prentice-Hall International, 1991, pág. 216, y Harris, D., y Walters, D.: *Retail Operations Management. A Strategic Approach,* Prentice-Hall, 1992, pág. 110.

[22] Mills, K. H., y Paul, J. E.: *Applied Visual Merchandising,* Prentice-Hall, Nueva Jersey, 1988, pág. 11.

a crear un determinado ambiente y entorno de venta que influye en las percepciones de los clientes y, consecuentemente, en su comportamiento, como posteriormente veremos.

En este sentido consideramos que la utilización de la expresión merchandising de presentación se adecua en mayor medida al concepto propuesto por Mills y Paul, y resulta en definitiva más correcta para hacer referencia a aquellas técnicas cuyas funciones describiremos posteriormente.

No obstante, ello no quiere decir que la expresión de merchandising visual no pueda ser empleada para expresar el efecto de percepción visual de la tienda creado por la coordinación de aquellos factores que la afecten.

2.4.1. Funciones de las técnicas de merchandising desde el enfoque de presentación

Dadas las puntualizaciones realizadas, las funciones básicas del merchandising visual planteadas por Cook, Harris y Walters[23] no son otra cosa que las funciones básicas del merchandising cuando éste es analizado desde el punto de vista de la presentación, y que, como ya hemos manifestado, debe incluir aquellos aspectos relacionados con la selección y presentación de la mercancía para ser plenamente efectivo.

Tales funciones básicas son:

1. Reforzar el posicionamiento de la empresa en su entorno competitivo

En los últimos años el diseño de la tienda y todos aquellos elementos que contribuyen a crear un determinado ambiente de venta, han sido considerados, y utilizados en algunos casos, como una poderosa arma con la que lograr una diferenciación de imagen.

Y es que aquellas formas comerciales que son percibidas como semejantes acaban compitiendo en precios, lo que afecta negativamente a los beneficios y a la rentabilidad[24].

---

[23] Cook, D., y Walters, D.: Ob. cit., pág. 216, y Harris, D., y Walters, D., ob. cit., pág. 123.

[24] Muñoz, P.: «Estrategias de posicionamiento en las empresas de distribución comercial», *Distribución y Consumo,* año 3, núm. 10, junio-julio, 1993, págs. 46-57.

Como afirma Davis[25], es importante que el minorista se diferencie de sus competidores creando una personalidad e imagen que le sea propia. En este sentido, el merchandising puede actuar como un arma fundamental, partiendo del conocimiento de las percepciones, actitudes y expectativas de los clientes, a través de la presentación más adecuada de los productos y de su entorno (la tienda), para tratar de satisfacerlas.

2. Provocar el interés, fomentar la comparación y mover al cliente hacia un compromiso de compra

El merchandising debe ocuparse específicamente del acto de compra. Es decir, a nivel operativo supone un conjunto de acciones diseñadas para desencadenar un comportamiento de compra por parte de los clientes cuando éstos ya se encuentran en el punto de venta.

3. Coordinar y comunicar la estrategia global del surtido al grupo objetivo de clientes asegurándose de que el mensaje final presentado sea compatible con las expectativas de éstos

El merchandising actúa de soporte entre los distintos elementos del posicionamiento del punto de venta. Así pues, coordina la toma de decisiones de distintas variables simultáneamente para obtener el efecto conjunto deseado, es decir, presentando una oferta global que satisfaga las expectativas de los clientes y contribuya a favorecer sus compras.

2.4.2. Objetivos del merchandising de presentación

En la línea de las consideraciones precedentes, podemos concretar como objetivos del merchandising de presentación los dos siguientes:

1. El merchandising actúa como estrategia de atracción de los clientes al punto de venta, en cuanto a que contribuye a la creación de imagen de los establecimientos. Por tanto, su objetivo será *favorecer la elección de los establecimientos* por parte de los clientes.

[25] Davis, P.: «The sape of retain trading policies», *Retail and Distribution Management,* volumen 10, núm. 5, 1982, págs. 8-13.

2. A nivel operativo, se trata de un conjunto de técnicas que permiten *favorecer el acto de compra* respondiendo a las expectativas y necesidades de los clientes cuando éstos se encuentran en el establecimiento, a través de una adecuada presentación tanto de los productos como de su entorno. Se trata de técnicas de diseño y trazado interior de la tienda, de reparto de espacio y de la adecuada selección, ubicación y presentación del surtido, entre otras.

A modo de resumen, el merchandising debe considerar paralela e íntimamente los procesos de selección de tienda y de decisión de compra. Así, influirá en el proceso de selección del establecimiento en cuanto que contribuye a la creación de imagen del mismo y, por tanto, a su posicionamiento. Por otra parte, y una vez que el cliente se encuentre en el punto de venta, el merchandising debe actuar a través de la adecuada presentación de los productos y de su entorno para responder a las expectativas del cliente y favorecer, de este modo, la realización de las compras.

2.4.3. Técnicas del merchandising de presentación

En el cuadro 2.1 exponíamos de forma muy amplia, los instrumentos a través de los cuales puede ejecutarse una política de merchandising en términos de presentación.

Es ahora nuestra intención determinar las herramientas concretas que para ello pueden emplearse. No obstante, *debemos indicar que las herramientas que señalaremos son a su vez herramientas de gestión.*

En este sentido, como ya hemos indicado, con las técnicas de merchandising el detallista pretende satisfacer a su clientela a través de una determinada presentación que paralelamente le reporte una óptima rentabilidad de la inversión realizada.

Los instrumentos que pueden intervenir en el diseño de la política de merchandising son ciertamente muy numerosos. No es nuestra intención elaborar un listado exhaustivo que incluya todos y cada uno de ellos, ya que, de acuerdo con Buttle[26], consideramos que tal listado se-

[26] Buttle, F.: «Merchandising», *European Journal of Marketing*, vol. 18, núm. 6/7, 1984, páginas 104-123, pág. 106.

ría tan ilimitado como la imaginación. Sin embargo, pretendemos ofrecer una clasificación de aquellas herramientas en nuestra opinión más relevantes, de modo que permita una visión lo más completa posible del ámbito de actuación del merchandising.

En este sentido, hemos podido comprobar en la revisión efectuada de la literatura al respecto que no existe un criterio común de clasificación.

Así, McGoldrick[27] propone agrupar las distintas herramientas en tres categorías:

1. Técnicas de diseño y atmósfera de la tienda.
2. Trazado y disposición interna del establecimiento.
3. Reparto del espacio.

Por su parte, Buttle[28] se limita a ofrecer una lista con las treinta herramientas, en su opinión, más comunes como desencadenantes del comportamiento del cliente en los establecimientos, señalando detalladamente cinco de ellas por considerarlas especialmente poderosas:

1. Manipulación del flujo de tráfico en la tienda.
2. Posición de la estantería.
3. Reparto de espacio.
4. Material del punto de venta.
5. Ubicaciones especiales.

Ahora bien, no lleva a cabo la agrupación de las mismas bajo ningún criterio de clasificación.

En relación con el merchandising de presentación, Management Horizons[29] propuso una clasificación del proceso de presentación agrupando las herramientas en cuatro áreas:

1. Diseño del entorno de venta.
2. Presentación de la mercancía.
3. Comunicaciones con el cliente en el interior de la tienda.
4. Atracción de los sentidos del cliente.

---

[27] McGoldrick, P. J.: Ob. cit., págs. 294-312.

[28] Buttle, F.: Ob. cit., págs. 106 y 111.

[29] Management Horizons: *Generic Merchandising in Europe and the Impact on North America,* Richmond, 1979.

Dada la diversidad de opiniones existentes y las interrelaciones entre merchandising de presentación y de gestión, abordaremos las herramientas del merchandising sin distinguir su pertenencia a una u otra categoría.

2.5. PUNTOS DE VISTA DEL MERCHANDISING

El merchandising tiene repercusiones sobre dos colectivos estrechamente vinculados: fabricantes y distribuidores. Se ha llegado a afirmar que el fabricante hace marketing y el distribuidor, merchandising, como queriendo separar estos dos conceptos. Nosotros discrepamos, totalmente, de esta versión; el merchandising es una parte importante del marketing y no algo ajeno al mismo. Lo que sí es evidente es que los aspectos y puntos de vista del merchandising pueden no ser coincidentes para fabricantes y distribuidores.

Para el comerciante el merchandising consiste en la aplicación de un conjunto de técnicas con el objetivo de optimizar la rentabilidad o beneficio de la superficie de su establecimiento. La disposición del establecimiento, división en secciones, selección del surtido, colocación de los productos, gestión del lineal, etc., son las labores de merchandising del distribuidor.

El fabricante identifica el merchandising con las técnicas de comunicación y promoción efectuadas sobre el minorista con el objetivo de conseguir una adecuada presencia de sus productos en el punto de venta.

Una vez determinada la estrategia de distribución (intensiva, selectiva o exclusiva) considerada como más idónea, el fabricante centra sus esfuerzos de merchandising en conseguir estar presente en los puntos de venta seleccionados. Una vez superada esta primera barrera, los esfuerzos negociadores frente al minorista se basan en conseguir un determinado espacio para sus productos en las estanterías del comercio y, por supuesto, que el lugar adjudicado sea considerado como bueno desde la óptica del merchandising.

Cuando un distribuidor selecciona una determinada marca para ser expuesta en su lineal en unas condiciones acordadas con el productor, la concordancia del merchandising del distribuidor y del fabricante es total. Ahora bien, hay que precisar que en muchas ocasiones las negociaciones, para llegar a un acuerdo, pueden haber adquirido ribetes de una dureza que dejen latentes para el futuro, pese al acuerdo, unas relaciones tensas entre las partes.

Pero lo verdaderamente dramático para un fabricante es que, una vez elegida su estrategia de distribución, no pueda estar presente en una parte importante de dichos puntos de venta, generalmente por dos razones: no coinciden sus productos con los seleccionados por el comerciante o las condiciones impuestas, cosa muy frecuente, por las grandes cadenas de distribución o centrales de compras no pueden ser aceptadas por las compañías productoras. En este caso, los diferentes puntos de vista del merchandising para fabricantes y distribuidores son evidentes.

Hay unanimidad en considerar que los enfrentamientos entre fabricante y distribuidor deben dejar paso a una estrecha colaboración entre ambos. Si tanto fabricantes como distribuidores tienen, al menos desde el punto de vista teórico, como objetivo la venta para conseguir resultados, parece claro que se impone una colaboración estrecha entre ambos, para, utilizando las técnicas de merchandising de forma conjunta, obtener las mejores metas. Siguiendo esta línea conocemos programas conjuntos desarrollados en nuestro país entre compañías de fabricación y distribuidoras líderes en el mercado.

Los programas de colaboración[30] se pueden centrar en aspectos igualmente importantes para fabricantes y distribuidores como los siguientes:

1. Formas que una empresa minorista dispone para una mejor utilización del espacio de venta por los productos.
2. Optimización de las herramientas de venta en el lineal.
3. Adaptar la política de precios del fabricante a la del punto de venta.
4. Hacer coincidir los requerimientos de acondicionamiento (tamaño, color, cantidad, envase, etc.) del fabricante y distribuidor.

Sin embargo, como hemos dicho anteriormente, somos conscientes de que estos desarrollos están en sus inicios y que hoy en día los puntos de venta buscan su rentabilidad no únicamente según la venta de sus productos, sino también, de forma importante, en la venta de sus espacios y en la negociación de las compras.

[30] Dayan, A.; Troadec, A., y Troadec, L.: *Le Merchandising,* Presses Universitaires de France, París, 1990, pág. 115.

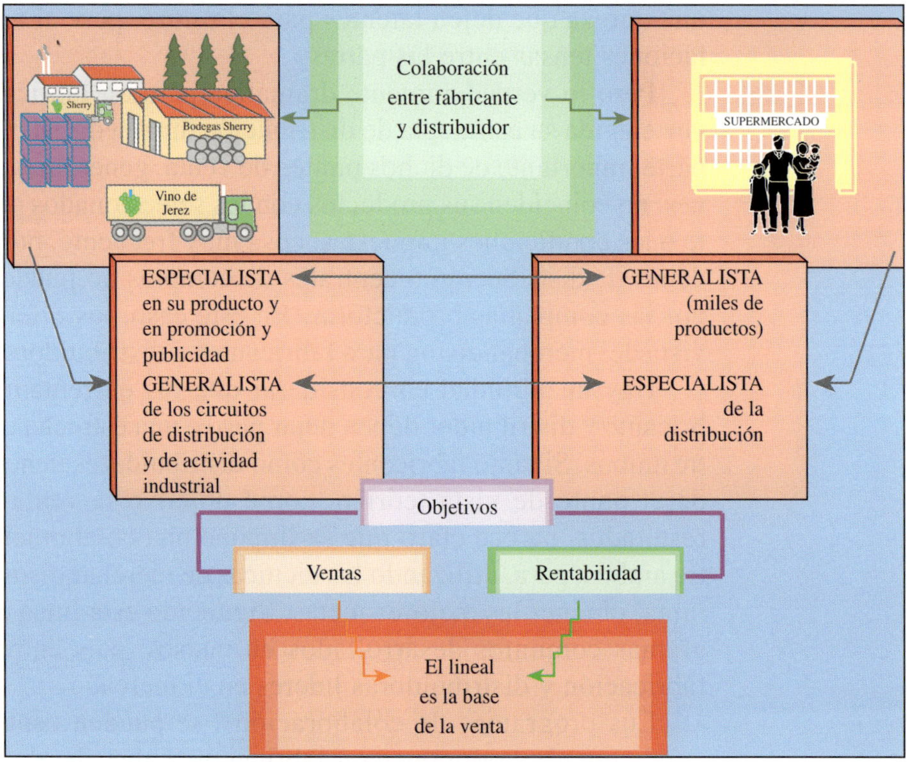

Figura 2.9. Puntos de vista del merchandising.

No obstante, como se pone de manifiesto en la figura 2.9, las diferentes ópticas de fabricante y distribuidor quedan reflejadas en dos aspectos relevantes:

1. El fabricante vende un producto o un conjunto reducido de productos; en cambio, el distribuidor comercializa miles de referencias de cientos o miles de distribuidores. El fabricante está especializado en sus productos, mientras que el distribuidor es un generalista de dichos productos.
2. El fabricante prepara unos productos que va a vender en un país o región, es decir, en un mercado amplio. El distribuidor, por el contrario, centra su negocio en una clientela concreta o, lo que es lo mismo, en un mercado más reducido.

Estos dos aspectos referidos ponen de relieve, nuevamente, la imprescindible colaboración entre fabricante y comerciante. Desde esta perspectiva, Saint-Cricq y Bruel conceptualizan el merchandising como «conjunto de técnicas que facilitan la comunicación entre el fabricante, el distribuidor y el consumidor en el punto de venta y a la vez potencian la vida del producto».

2.6. EL PERSONAL DE MERCHANDISING

La aparición y el desarrollo del merchandising, según Salén[31], ha hecho necesario dotar a las empresas fabricantes y distribuidoras del personal responsable de llevar a cabo dichas tareas.

2.6.1. Personal de merchandising del fabricante

Las funciones o tareas de merchandising del fabricante pueden dividirse en dos grandes grupos: planificadoras y operacionales.

La función de planificación del merchandising lleva consigo establecer las políticas y estrategias que va a seguir la empresa fabricante. Esta función corresponde a la dirección de marketing o comercial de la firma productora. Las funciones de negociación englobadas en el merchandising (espacio, promoción, etc.) son realizadas por el personal de estos departamentos. El personal dedicado exclusivamente al merchandising (si existe) suele tener dos niveles: el de mando, formado por el jefe o director de merchandising, y los «merchan» o «reponedores» de los puntos de venta. Estas personas se encuadran, generalmente, dentro de la denominada fuerza de ventas.

Los «merchan» o «reponedores», como su nombre indica, son personas que trabajan en los puntos de venta cuya misión fundamental es reponer los productos en las estanterías de los establecimientos en libre servicio. Cumplen una triple misión: impedir la rotura de stocks de los productos que le están encomendados, misiones de gestión de stocks y llevar a cabo la política de merchandising de la empresa a la que pertenecen en el punto de venta.

Normalmente, este personal ha sido denominado reponedor. No obstante, el desarrollo del merchandising y la popularización de su

[31] Salén, H.: *Distribución y Merchandising,* ob. cit., págs. 188 y ss.

vocablo han producido cambios; uno de ellos es que los reponedores han sido rebautizados con el nombre de «merchan». Esta palabra se está imponiendo de forma clara en los últimos tiempos. Hay que precisar que la palabra «merchan» figura en el *Diccionario de la lengua española* de la Real Academia Española, que la define como una abreviatura de merchante, es decir, la persona que compra o vende sin tener un establecimiento fijo. Por tanto, el sentido recogido en el *Diccionario* no coincide con el que se emplea en merchandising. Ahora bien, esto mismo sucede con multitud de vocablos que utilizamos en marketing, como, por ejemplo, franquicia.

Los merchan dependen, generalmente, de un jefe de merchandising, cuya labor consiste en formar y controlar a estas personas para que puedan llevar a cabo su trabajo de forma eficaz. Las firmas más importantes pueden llegar a disponer de un equipo amplio de merchan, ya que las tareas a realizar en una gran superficie puedan precisar uno de sus componentes de forma exclusiva. Otras veces un merchan puede tener encomendadas labores en más de un establecimiento (por ejemplo, varios supermercados) que atienden de forma rotatoria. Y, también, puede darse el caso de que las tareas a realizar sean más reducidas y recomienden la utilización de un merchan de forma conjunta para varias empresas en un punto de venta.

Las principales tareas que incumben al merchandising del fabricante son las siguientes:

1. Definir claramente las políticas de merchandising de la firma.
2. Elaborar el manual de merchandising de la firma donde se explicitan por escrito las políticas definidas anteriormente.
3. Negociación con los puntos de venta (lineal, lugar de colocación de productos, promociones, etc.).
4. Conocimiento de los sistemas de distribución, procurando adecuar sus productos a los condicionamientos del sistema comercial.
5. Implantar un sistema de información que le permita aplicar el merchandising y aumentar el poder negociador con los puntos de venta.
6. Colocar los productos en las estanterías de los puntos de venta.

2.6.2. Personal de merchandising del distribuidor

Las funciones del merchandising del distribuidor se pueden dividir, igualmente, en dos niveles[32]: planificación y operacional.

La función de planificación del merchandising se lleva a cabo en los órganos centrales o centrales de compra de las empresas distribuidoras. Éstas son las encargadas de estudiar las implantaciones, disposiciones, etc., de los puntos de venta asociados o integrados en la cadena.

El objetivo final es conseguir disponer el punto de venta de forma que se consiga optimizar los resultados (ventas, beneficio, rentabilidad) y siempre con la orientación de atender a la clientela.

Las tareas operacionales se desarrollan en el punto de venta y son responsabilidad, normalmente, del jefe de sección. Generalmente, se le encomiendan tareas de colocación de productos en el lineal de la sección, modificaciones, rentabilidad del lineal, etc.

Las principales tareas de merchandising del distribuidor son las siguientes:

1. Estudio de su mercado (clientes).
2. Perfecto conocimiento del merchandising y sus avances.
3. Definir las políticas de merchandising del establecimiento.
4. Puesta en práctica del merchandising, especialmente la gestión del lineal.
5. Conocimiento de los fabricantes, sus productos y sus políticas.
6. Elaboración de los manuales de formación que recogen las políticas de merchandising.

Coincidimos con Salén en que el papel del comercial es cada vez más importante en las empresas y se requiere cada vez mayor número de conocimientos. El comercial de los noventa necesita dominar (véase figura 2.10), además de las técnicas de venta y de los productos que vende, la negociación de la venta, conocimientos económicos, el mercado y la competencia y, en mayor o menor medida, el merchandising y el marketing.

[32] Dayan, A.; Troadec, A., y Troadec, L.: *Le Merchandising,* Presses Universitaires de France, París, 1990, pág. 119.

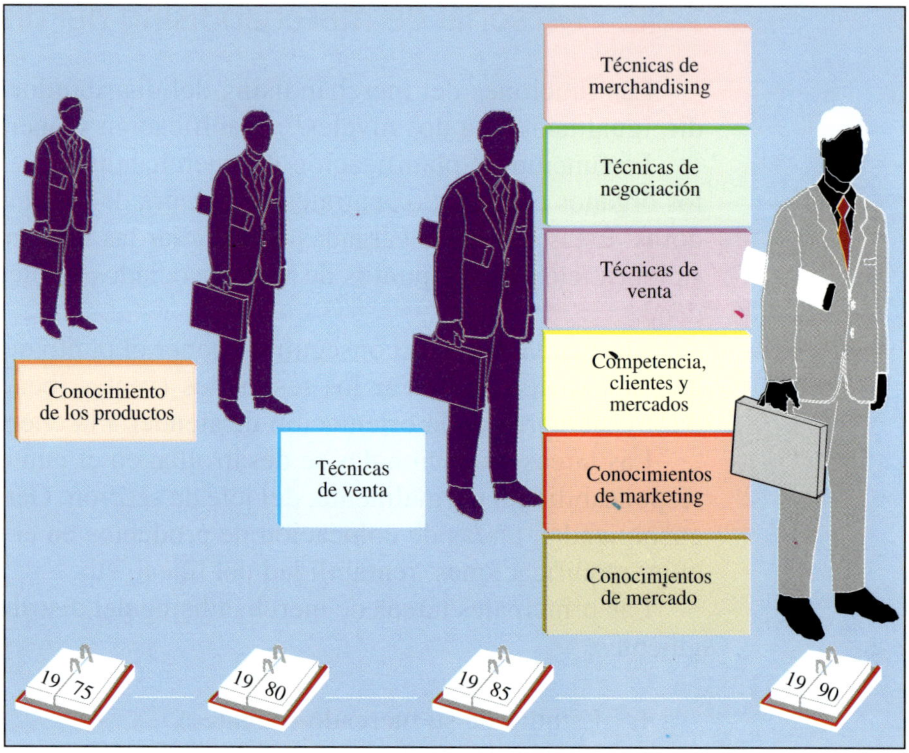

Figura 2.10. La evolución del vendedor.

TÉRMINOS CLAVE

Compras modificadas. Son las realizadas por producto pero modificada la marca.

Compras necesarias. Son las realizadas por producto sin previsión de marca.

Compras planificadas. Se producen cuando existe intención de compra por parte del consumidor, pero ésta se condiciona a promociones, rebajas, etc.

Compras puras. Son las compras que rompen los hábitos, las totalmente imprevistas.

Compras realizadas. Las efectuadas según la previsión inicial por producto y marca.

Compras recordadas. El consumidor no ha previsto su compra pero al ver el producto recuerda que lo precisa.

Compras sugeridas. Se producen cuando un cliente las realiza como consecuencia de la visualización del producto en la estantería.

Identificación. Son los elementos que permiten a un consumidor reconocer o recordar un producto (envase, diseño, colores, etc.).

Lineal. Longitud de exposición de los productos de un establecimiento.

Merchan o reponedores. Personal que trabaja en los puntos de venta y cuya misión fundamental es reponer los productos en las estanterías de los establecimientos en libre servicio.

Merchandising. Conjunto de técnicas basadas principalmente en la presentación, la rotación y la rentabilidad, comprendiendo un conjunto de acciones llevadas a cabo en el punto de venta destinadas a aumentar la rentabilidad, colocando el producto en el lugar, durante el tiempo, en la forma, al precio y en la cantidad más conveniente.

Merchandising del distribuidor. Es la aplicación, por parte del distribuidor, de un conjunto de técnicas con el objetivo de optimizar la rentabilidad o beneficio de la superficie de su establecimiento.

Merchandising estratégico. Las diez fases de implantación del merchandising, según Mouton, son: estudio del mercado, distribución de la superficie total del punto de venta en las distintas secciones, disposición del establecimiento, determinación del COS, asignación de los metros del lineal a grupos o familias componentes de una sección, colocación de las familias de productos, gestión del surtido, política de precios, asignación de espacio a cada artículo y su ubicación dentro de una estantería.

Merchandising de gestión. Comprende, según Salén: estudio del mercado, gestión del surtido, gestión del lineal y animación del punto de venta.

Merchandising de presentación. Consta de los siguientes elementos: ambiente de la tienda, trazados y disposición interna del establecimiento, distribución o reparto del espacio, y selección, disposición y presentación del surtido.

Merchandising del fabricante. Técnicas de comunicación y promoción efectuadas sobre el minorista con el objetivo de conseguir una adecuada presencia de sus productos en el punto de venta.

Merchandising visual. Se define como la presentación de la tienda y su mercancía al cliente, para vender los bienes y servicios ofrecidos.

Notoriedad. Grado de conocimiento de un producto o marca por parte de una población.

PROYECTO SUGERIDO

Mediante una encuesta antes-después, es decir, realizada antes de la entrada de un cliente en un establecimiento comercial y comprobadas sus compras en la salida, determine, con arreglo a los tipos de compras establecidos en el epígrafe 2.2, los porcentajes que obtienen cada uno de estos tipos en diferentes tipos de establecimientos (supermercado, hipermercados, descuentos, grandes almacenes, tineda tradicional, etc.).

3 Disposición del punto de venta

3.1. Diseño del establecimiento
3.2. Situación de las secciones
3.3. La circulación
3.4. El valor de los niveles
3.5. Presentación horizontal y vertical
3.6. Situación preferente
3.7. Cambio en la distribución del punto de venta
3.8. La disposición exterior del establecimiento
Anexo I

3.1. DISEÑO DEL ESTABLECIMIENTO

El merchandising visual centra su atención en la distribución interior y exterior del establecimiento. La figura 3.1 representa de for-

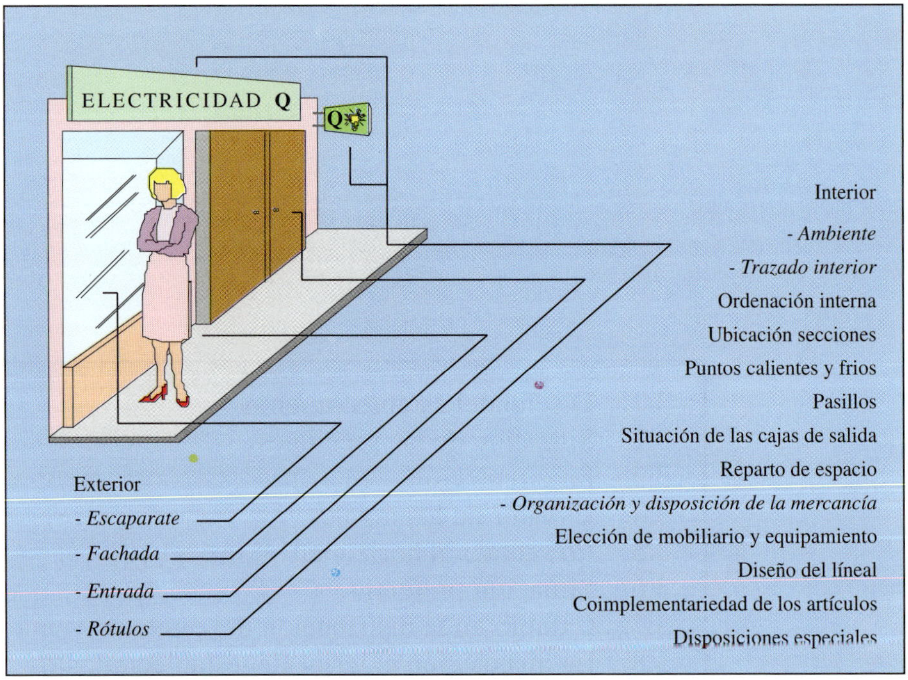

Figura 3.1. Diseño del punto de venta.

ma esquemática los aspectos más relevantes que debemos considerar, desde una orientación de merchandising, en el diseño del punto de venta.

En este capítulo vamos a tratar, fundamentalmente, la disposición interior del punto de venta, es decir, cómo se deben ubicar en un establecimiento en libre servicio la entrada, las cajas de salida, los muebles, los pasillos, las secciones, orientar la circulación, etc. (figura 3.2).

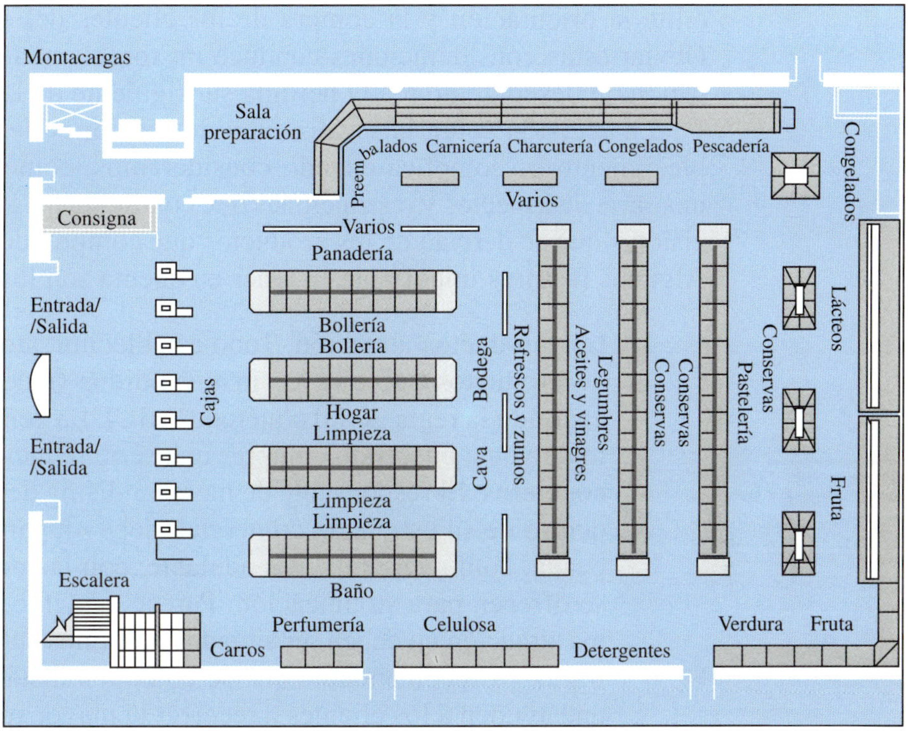

Figura 3.2. Disposición interior de un punto de venta.

La disposición del establecimiento es un aspecto muy importante en la gestión comercial de todo tipo de establecimiento, pero cobra especial relevancia en los puntos de venta en régimen de autoservicio. La disposición configura de forma decisiva la imagen que reciben los clientes del punto de venta.

3.2. SITUACIÓN DE LAS SECCIONES

Una de las primeras decisiones que debe realizar el responsable del punto de venta consiste en la repartición del espacio de venta en las diferentes divisiones o secciones que va a tener el mismo. Sin embargo, la decisión del lugar donde se van a ubicar cada una de las secciones no puede desligarse de la siguiente consideración: ¿cómo se deben situar las secciones entre sí? Es decir, que el problema no es solamente buscar dónde colocar cada una de las secciones, sino también que estas secciones entre sí deben guardar un orden lógico y racional que facilite la orientación y la compra de los clientes del establecimiento. Obviar estas consideraciones conduce inexorablemente a la desorientación, al descontento y a la pérdida subsiguiente de la clientela.

La decisión sobre la localización de secciones dentro de un establecimiento se complica cuando consideramos, como es obligatorio, una serie de aspectos y restricciones que condicionan la mencionada decisión y que se derivan de los productos que comprenden las secciones. Algunos factores importantes a tener en cuenta son los siguientes:

1. Los productos atracción. Todo establecimiento tiene una serie de productos que son los más vendidos (recordamos en este apartado la regla 20/80 o método ABC). La gente acude al punto de venta buscando comprar una serie reducida de productos concretos. El responsable de merchandising debe conocerlos y, dentro de su estrategia comercial, debe «jugar» de forma adecuada, como veremos más adelante, con las posibilidades que se ofrecen para su ubicación. Parece evidente que los productos atracción no deben ser situados próximos entre sí: por el contrario, es recomendable que se coloquen distantes y de forma que ayuden a los clientes a recorrer la mayor superficie posible del establecimiento.
2. Productos de compra racional o impulsiva. Es indudable que otro de los factores que influye en la ubicación es el comportamiento de compra de los consumidores con respecto a los distintos tipos de productos.

   Si pensamos que a un hipermercado los clientes acuden, fundamentalmente, a comprar productos alimenticios, hasta que no concluyan la lista de compras es difícil que el punto de venta pueda lograr desviar su atención hacia otro tipo de productos. Por tanto, una correcta ubicación de los productos de compra impulsiva puede ser, por ejemplo, en las cajas de salida.

Sin embargo, para los productos de compra reflexiva, por ejemplo un electrodoméstico (televisión, lavadora, frigorífico), precisan una zona amplia que favorezca la reflexión del comprador, donde no existan agobios de circulación.

3. La complementariedad. Una distribución de las secciones fundamentada en la complementariedad entre las secciones (pescadería, carnicería, frutas y verduras) contribuye, como hemos dicho anteriormente, de forma positiva en la imagen del establecimiento. La complementariedad se da, también, entre productos (por ejemplo: leche y café, fresas y nata, tomate y pastas, etc.). Consideraciones de este tipo puede llevar a situarlos de forma contigua.

4. Manipulación de los productos. En este apartado hacemos referencia al peso, volumen y fragilidad de los productos que suponen nuevos condicionamientos que se deben tener en cuenta a la hora de la implantación de las secciones. La manipulación de los productos abarca una doble perspectiva: comprador y establecimiento.

   Así, la sección de bebidas envasadas en vidrio (por ejemplo, vinos, refrescos, cervezas, etc.), si se sitúa al final del recorrido natural de compras, puede tener menores ventas como consecuencia de que los compradores no disponen de lugar en el carrito y/o temen que puedan, por su peso, romper otros productos (por ejemplo, huevos) que han sido comprados anteriormente. En cambio, si esta sección se coloca al principio, predispone a unas menores ventas de las secciones siguientes, ya que el peso del carro puede influir para recorrer menos espacio en el punto de venta.

   Desde la perspectiva del establecimiento, las secciones de productos muy pesados (muebles, electrodomésticos) aconsejan una localización en las proximidades de los almacenes, para no tener que efectuar grandes desplazamientos desde el almacén al punto de ubicación de los productos, que sería difícil y esforzada.

5. Conservación de productos. Productos congelados precisan un mobiliario y unas condiciones específicas para su conservación

que obliga a considerar su idónea ubicación. Ciertas secciones de productos frescos (carnicería, pescadería) deben estar situadas en las proximidades de la sala (no visible para el público) de despiece y limpieza de estos productos.

3.3. LA CIRCULACIÓN

Un aspecto de gran importancia para el establecimiento y que es parte fundamental del merchandising es el referente a la circulación de los clientes dentro de un punto de venta.

El estudio sobre este apartado descansa sobre tres ejes: el *itinerario* seguido por el cliente, la *velocidad* de circulación y su *duración*.

3.3.1. El itinerario

El camino recorrido por un cliente en el interior de un comercio depende de los siguientes factores[1]:

— Las cajas y la puerta de entrada.
— La disposición del mobiliario.
— La colocación de los productos.
— Elementos de información.

1. Cajas y puerta de entrada

La influencia de la posición y orientación de la puerta de entrada ha sido puesta de manifiesto por Saint-Cricq y Bruel mediante un estudio cuyas conclusiones se reflejan en la figura 3.3.

Esta figura pone de relieve que el itinerario de un individuo en un punto de venta será distinto dependiendo de la situación de la puerta de entrada. Igualmente, se pone de manifiesto por estos autores que también influye en la rentabilidad del establecimiento.

La situación de las cajas en un autoservicio viene impuesta por la ubicación de la puerta de entrada. Si ésta se coloca a la derecha del es-

[1] Saint-Cricq, J., y Bruel, O.: *Merchandising,* Pirámide, Madrid, 1975, págs. 141 y ss.

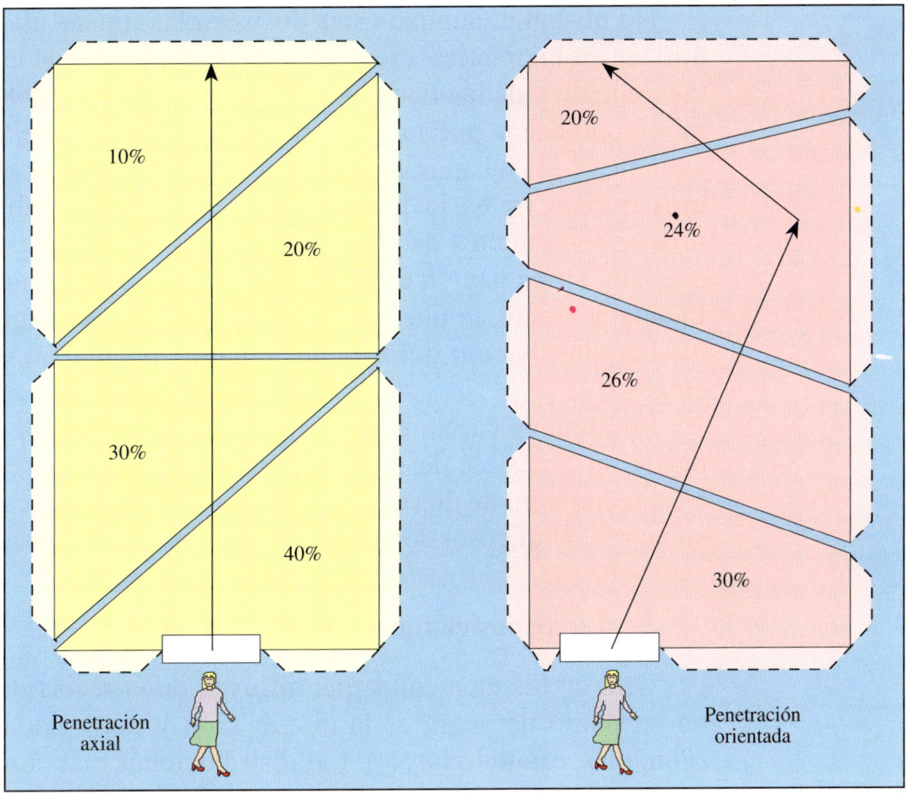

Figura 3.3.

tablecimiento, las cajas irán a la izquierda, y si, por el contrario, la puerta se pone en la parte izquierda, las cajas irán a la derecha.

La entrada a la derecha y las cajas a la izquierda es la ubicación más utilizada en la práctica y la más recomendable. Las razones de esta recomendación están influenciadas por las investigaciones sobre la tendencia del ser humano de ir hacia el fondo-derecha. Igualmente, parece probado que las personas llevan el carro de compra con la mano izquierda y cogen los productos con la derecha. Estas consideraciones se traducen en aconsejar que la puerta de entrada se localice en la parte derecha del punto de venta dejando un 25 % de su superficie a la derecha de la misma. La circulación periférica de las personas en sentido contrario al de las agujas de un reloj, también propicia esta colocación de la puerta de entrada si deseamos un itinerario más amplio del cliente por el punto de venta.

No obstante, aunque estas dos sean las únicas ubicaciones que se utilizan en la práctica, creemos que, dependiendo de la oferta del establecimiento y de la clientela, existe una tercera posibilidad: nos referimos a colocar la puerta de entrada entre las cajas dejando un número variable de las mismas a la derecha y a la izquierda. La idea que queremos transmitir es la posibilidad de algunos establecimientos de separar los clientes de secciones y tipos de compras diferentes, por ejemplo, alimentación diaria y electrodomésticos o agencias de viajes. Indudablemente, la puesta en marcha de esta estrategia lleva apareja-da una distribución del establecimiento adecuada a estas consideraciones.

En algunos casos, como, por ejemplo, cuando el establecimiento puede ser accesible desde calles diferentes, pudiera ser conveniente el establecimiento de dos entradas y sus cajas de salida correspondientes, siempre que el coste de esta medida no sea muy elevado.

2. La disposición del mobiliario

Otro de los elementos que influyen en el recorrido de la clientela en un punto de venta es la distribución y colocación del mobiliario (góndolas, estanterías, etc). Las distribuciones más comunes son las siguientes:

. *Colocación recta en parrilla*

Esta forma de distribución, como su nombre indica, consiste en colocar los muebles de forma recta con respecto a la circulación de los clientes (figura 3.4). Esta colocación se caracteriza, fundamentalmente, porque deja gran libertad a los clientes para que seleccionen el circuito que consideren oportuno. Por tanto, es fácil colegir que el circuito efectuado no será de gran longitud, quedando partes del comercio sin ser visitadas.

Con este tipo de disposición el uso del espacio de venta es más eficiente en comparación con otros trazados, ya que éste se aprovecha al máximo. Además, su instalación y mantenimiento son, normalmente, económicos[2].

---

[2] Lusch, R. F.: *The management of retail entreprises,* Kent Publishing, Boston, 1982, en McGoldricks, P. J.: *Retail Marketing,* McGraw-Hill, 1990, pág. 301.

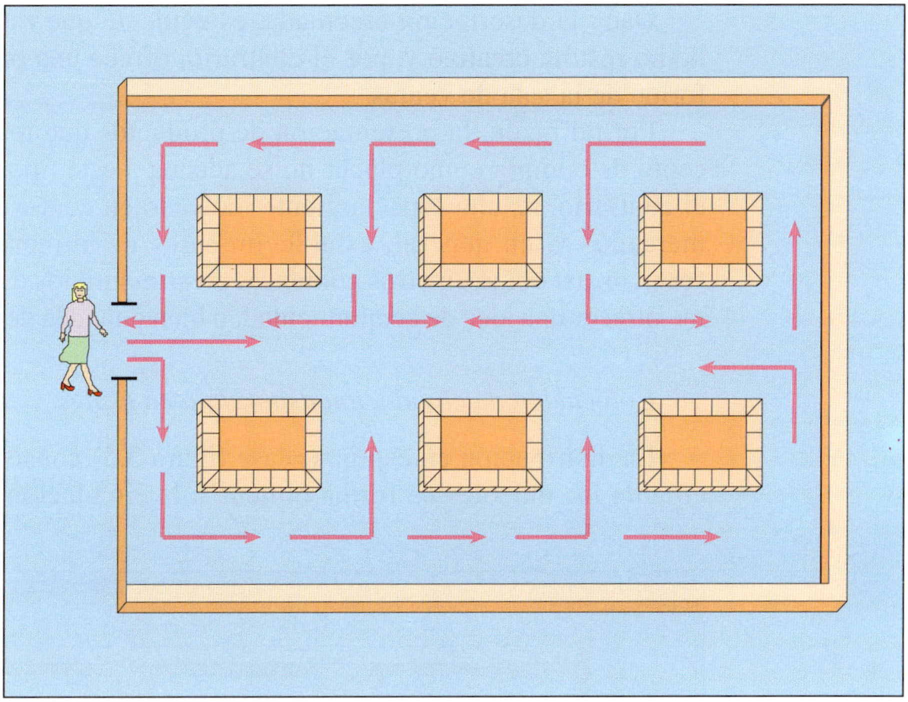

Figura 3.4. Disposición recta en parrilla.

Por otra parte, facilita las compras de los clientes, ya que éstos, dada la organización del establecimiento, y tras varias visitas, llegan a conocer la ubicación exacta de cada sección o grupo de productos.

Si la descripción de este trazado se lleva al extremo, es decir, los pasillos existentes entre las filas del mobiliario no se encuentran en ningún momento interrumpidos por pasillos transversales, se imprime un determinado sentido a la circulación y el cliente se ve obligado a recorrer la longitud de todo el mobiliario, con lo que la exposición a productos es máxima.

Sin embargo, tal y como apuntábamos al analizar el trazado en términos de presentación, ello puede provocar un clima de frustración en el cliente al impedirle localizar rápidamente los artículos que desea.

En este sentido, creemos necesario considerar la conveniencia y agrado en la experiencia de compra para el cliente, de modo que exista un equilibrio entre este factor y la manipulación del tráfico en beneficio del detallista. Ello se traduce, en los términos que estamos considerando, en la implantación racional de pasillos transversales.

Dada la descripción efectuada, es evidente que este tipo de trazado no resulta creativo y, por el contrario, ofrece una presentación uniforme de la sala de ventas.

Por tal razón, la presentación de productos que responden al concepto de compra como placer no se adecua a este tipo de trazado. Por el contrario, resulta especialmente indicado en contextos como supermercados y, en general, establecimientos de alimentación en autoservicio, así como en otros contextos no alimenticios donde, o bien prime ofrecer una idea de economicidad, o bien una idea de conveniencia.»[3]

Colocación de circulación aspirada o en espiga

La distribución en espiga (véase figura 3.5) consiste en la colocación de los muebles de forma oblicua a la circulación de los clientes.

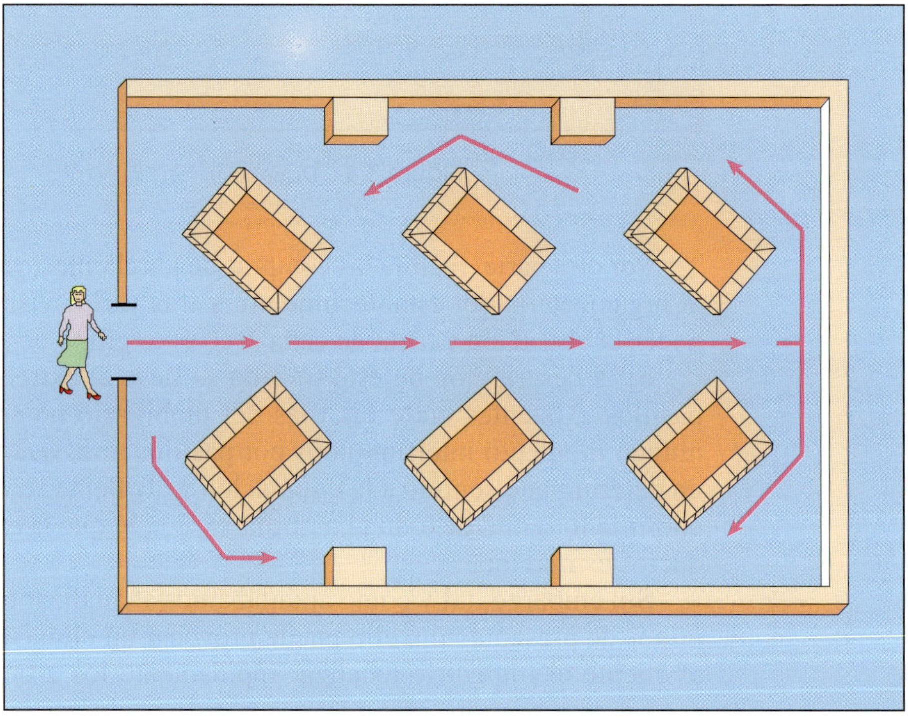

Figura 3.5. Disposición de circulación aspirada o en espiga.

[3] Zorrilla, M.ª P.: *El merchandising: instrumento estratégico y operativo de la gestión detallistas,* tesis doctoral no publicada, Universidad del País Vasco, 1994, págs. 318-319.

Sus principales ventajas se concretan en los siguientes puntos: En primer lugar, y a diferencia de la colocación recta, la colocación aspirada guía el recorrido de la clientela por el punto de venta. En segundo lugar, el cliente visualiza varias góndolas de forma simultánea y, por consiguiente, fomenta las ventas por impulso.

Zorrilla[4] y Gist[5] hablan de disposición angular o inclinada. Esta disposición se caracteriza (véase figura 3.6) por la existencia de un pasillo central y una serie de pasillos secundarios y terciarios que no son perpendiculares al principal. Este trazado, según Buttle[6], posibilita que los clientes puedan acceder, desde cualquier punto del establecimiento, al pasillo principal y estar expuestos a una mayor cantidad de productos.

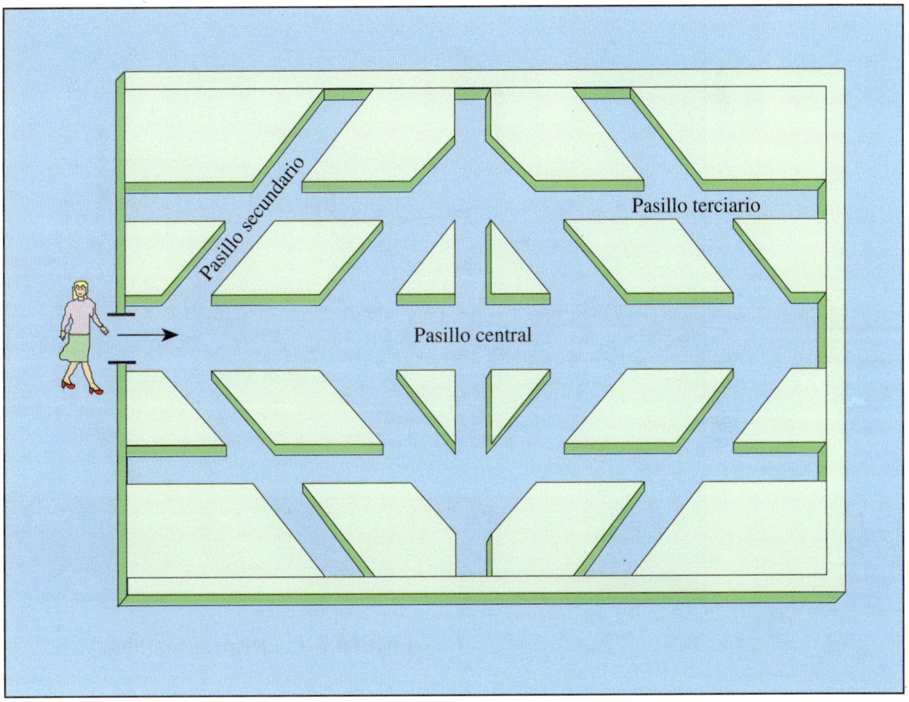

Figura 3.6. Disposición angular.

[4] Zorrilla, M.ª P.: Ob. cit., págs. 320-321.

[5] Gist, R. R.: *La pequeña y mediana empresa: la venta al detalle,* Hispano Europea, Barcelona, 1981, pág. 231.

[6] Buttle, F.: «Merchandising», *European Journal of Marketing,* vol. 18, núm. 6-7, 1984, página 114.

La principal desventaja frente a la colocación rectangular radica en el desaprovechamiento de espacio.

Colocación libre

Este tipo de colocación consiste en la colocación del mobiliario no siguiendo ninguna forma regular (figura 3.7). Su principal ventaja radica en que permite dotar al punto de venta de un estilo peculiar y transmitir a los clientes una imagen de calidad diferencial.

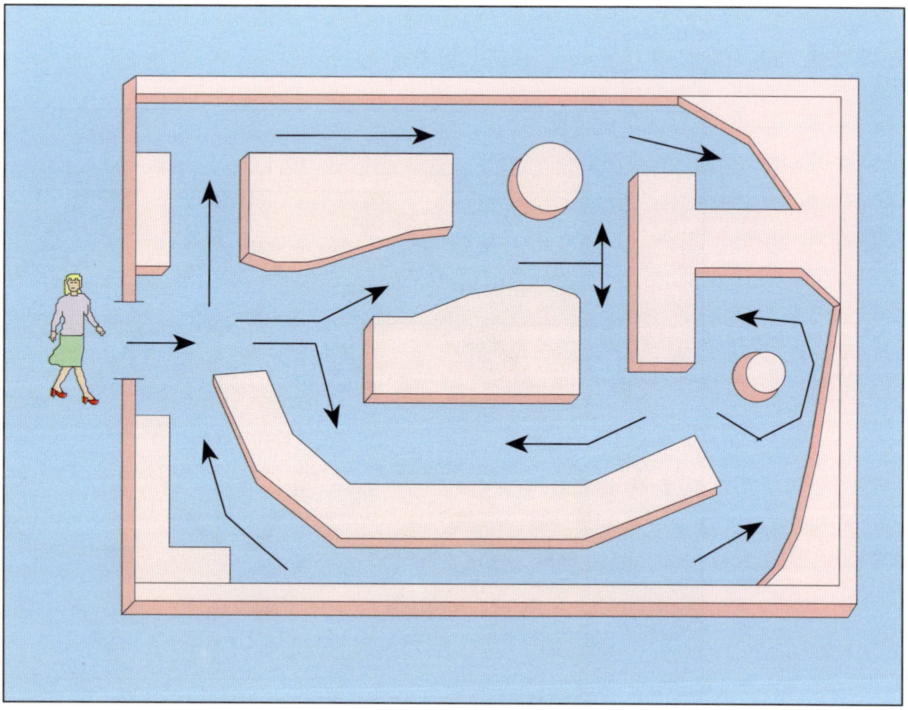

Figura 3.7. Disposición libre.

La colocación libre es la forma que goza de mayor creatividad y, por ello, resulta especialmente indicada para comprar de forma agradable y placentera.

El mayor inconveniente que encontramos es que, generalmente, este tipo de disposición precisa de muebles no normalizados y, por tanto, su diseño y fabricación por encargo. Es fácil deducir que esta disposición supone costes adicionales a la utilización de muebles estándar y más si tenemos en cuenta que en la modificación de la disposición es muy probable que muchos de estos muebles no puedan ser reutilizados.

Distribución abierta y cerrada

Harrys[7] diferencia entre distribución abierta y cerrada. Dentro de esta última matiza la distribución de zona y grupo.

La distribución abierta (figura 3.8) crea un espacio de ventas completamente abierto, rodeado únicamente por paredes exteriores. Es decir, la totalidad de la sala de ventas se puede visualizar desde cualquier punto de la misma, no existen obstáculos que dificulten su visión.

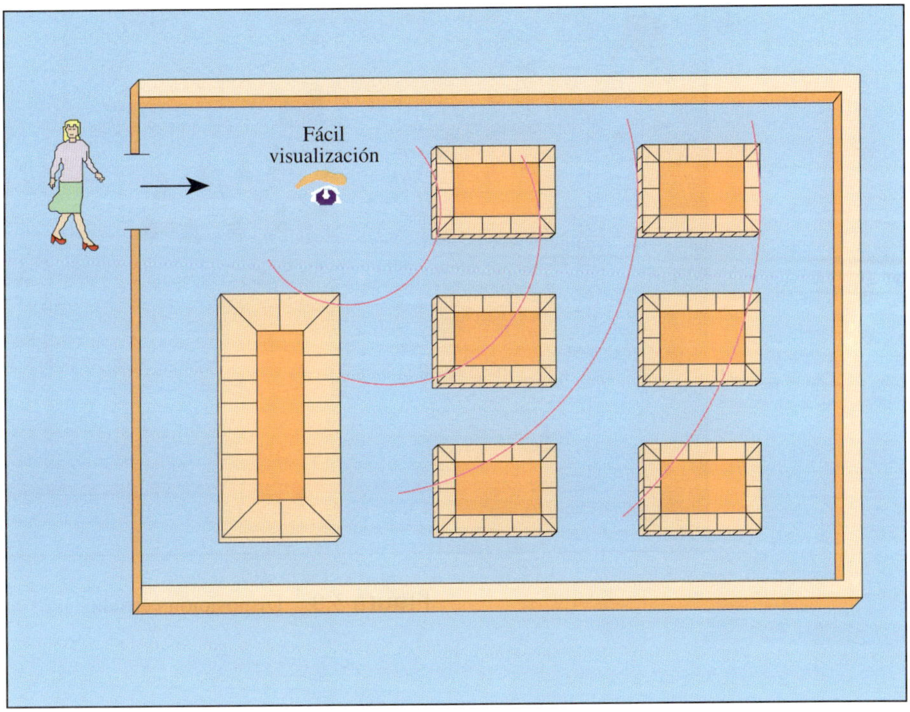

Figura 3.8. Disposición abierta.

[7] Harrys, W., y otros: *Marketing. Ventas al por menor,* McGraw-Hill, Santafé de Bogotá, 1992, págs. 528-530.

La distribución abierta implica que no exista separación entre las distintas divisiones del punto de venta, lo que puede crear cierta confusión al cliente. Se utiliza esta distribución, con preferencia, en tiendas de descuento y droguerías.

La distribución cerrada (encerrada) (figura 3.9) divide a la sala de ventas por sectores o secciones dando a cada una de ellas una cierta identidad por su estilo, color y ambiente. Implica separaciones entre las divisiones fijadas que se llevan a cabo mediante paredes, mobiliario y expositores. Esto supone, lógicamente, mayores costes que la división abierta.

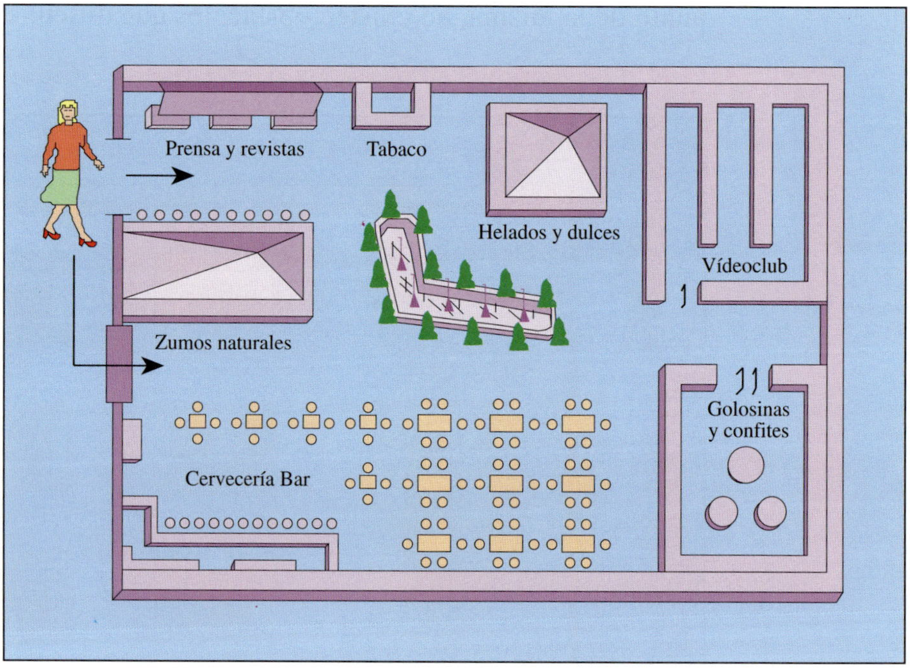

Figura 3.9. Disposición cerrada.

La distribución por zonas y grupos conduce, primeramente, a que la sala de ventas se divida en grandes zonas mediante paredes o estanterías altas. Posteriormente, las zonas se subdividen en grupos o secciones más pequeños con elementos de separación que diferencian estas partes.

Saint-Cricq y Bruel[8] enuncian una serie de normas que se deben tener en cuenta para seleccionar los muebles de un punto de venta:

1. Los muebles seleccionados deben tener una capacidad de *adaptación* para cualquier tipo y modificación de la presentación elegida.
2. El *mobiliario y los productos* deben estar en perfecta sintonía. Hay que seleccionar los muebles considerando los productos que se van a ubicar en los mismos.
3. El *tamaño y número de muebles* estarán en función del tamaño del establecimiento.

3. La colocación de los productos

La colocación de los productos dentro de un punto de venta es otro de los instrumentos de que dispone el responsable comercial para orientar y guiar el camino de los clientes en la forma que se haya diseñado en su estrategia.

Cook y Walters[9] señalan que los individuos afrontan las compras de dos formas diferentes: Compras como tarea *(Task-oriented shopping)* y compras como placer *(Leisure-oriented shopping).* Aunque como dice Stone[10] cabe la posibilidad de que una persona, cuando acude a un punto de venta, pueda tener ambas orientaciones. Parece evidente que hay una estrecha relación entre los productos a adquirir y la orientación del cliente[11].

La *compra como tarea* es la denominada compra de conveniencia en la que los clientes conceden gran valor al tiempo invertido en la misma. Según Anderson[12], esta compra presenta dos características: satisfacer las necesidades y liberar tiempo y/o energía para utilizarla en otros fines.

Por tanto, el minorista debe facilitar las compras de los clientes de manera que sean rápidas y efectivas. La orientación de la compra como

[8] Saint-Cricq, J., y Bruel, O.: Ob. cit., págs. 152 y ss.

[9] Zorrilla, M.ª P.: Ob. cit., págs. 183-188.

[10] Stone, G. P.: «City shoppers and urban identification: Observations on the social psychology of city life», *The American Journal of Sociology,* vol. 60, julio 1954, págs. 36-45.

[11] Darden, W. R., y Reynolds, F. D.: «Shopping orientations and product usage rates», *Journal of Marketing Reserach,* vol. VIII, nov. 1971, pág. 508.

[12] Anderson, W. T.: «Identifiying the convenience oriented consumer», *Journal of Marketing Research,* vol. VIII, mayo 1971, págs. 179-183.

tarea suele asociarse a productos de compra corriente como alimentación, droguería, limpieza, etc. Para este tipo de productos los clientes no están dispuestos a dedicar mucho tiempo y, por tanto, el punto de venta debe facilitar la labor de comprarlos.

Es evidente que, en estos casos, el merchandising tiene como tarea «decidir la ubicación idónea de cada producto del surtido para su inmediata percepción por el público, señalando las distintas familias para un rápido descubrimiento, favoreciendo la presentación conjunta de productos complementarios de acuerdo a su uso, adoptando la colocación más conveniente de las secciones, etc.[13]».

La *compra como placer* es una compra orientada al entorno o atmósfera. En este caso el detallista deberá ocuparse de crear el ambiente más adecuado y confortable para sus clientes, de modo que éstos permanezcan más tiempo en la tienda y, consecuentemente, tengan más probabilidades de adquirir productos.

En este sentido, tal y como manifiesta McFayden, la gente no desea perder su tiempo de ocio realizando compras aburridas. Por el contrario, en la compra orientada al placer, ésta debe ser divertida y provocar el interés[14].

El minorista deberá considerar el hecho de que, en realidad, tiene que atraer a los clientes, de modo que éstos empleen su tiempo y su dinero en su establecimiento, frente a otras ofertas de ocio con las que compite[15].

El merchandising deberá ocuparse de crear el ambiente adecuado para que el cliente se encuentre a gusto y traduzca ese estado de ánimo en compras.

Las dos orientaciones hacia la compra tienen correspondencia con dos teorías contrapuestas sobre la circulación de los clientes en un punto de venta. Una primera teoría (circulación de destino) dice que los consumidores, cuando van a un punto de venta, acuden con unos objetivos de compras claros y precisos; dentro del establecimiento hacen un itinerario que les lleve a conseguir estos objetivos siguiendo criterios de lógica y racionalidad. Una segunda teoría (circulación de impulso), más sintonizada con personas para las que las compras son un placer y una

---

[13] Zorrilla, M.ª P.: Ob. cit., pág. 185.

[14] McFayden, E.: «How good merchandising has transformed the retail scene. New directions in Merchandising», *Retail and Distribution Management,* julio/agosto 1985, págs. 16–21.

[15] Zorrilla, M. P.: Ob. cit., págs. 187-188.

diversión más que una necesidad, afirma que el recorrido de un consumidor no es racional ni lógico, sino que viene orientado por la ubicación de muebles y productos.

Parece evidente que más que teorías diferentes, nos encontramos con personas diferentes y ante situaciones de compras distintas, tipos de comercios diferentes con productos cuyas motivaciones de compra por parte de los compradores son distintas.

La colocación estratégica de los productos en un establecimiento es una de las formas que obliga a los clientes a recorrer más superficie del establecimiento, fomentando las ventas por impulso y acrecentando las ventas.

4. Informaciones

Otro conjunto de elementos que influyen en el itinerario en un punto de venta es el formado por las distintas informaciones que pueden guiar a los clientes en el interior del mismo (figura 3.10).

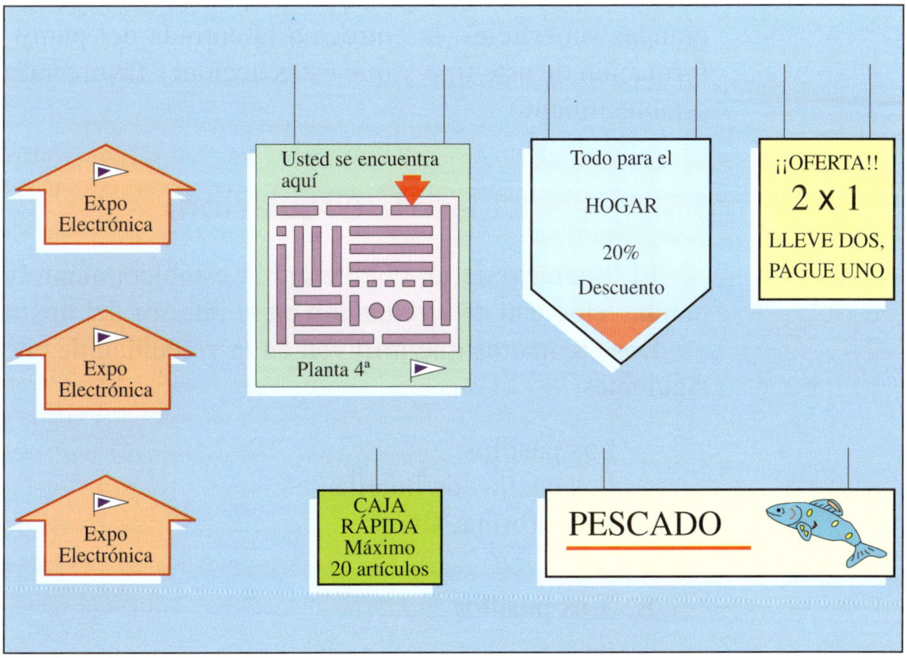

Figura 3.10. Información en el punto de venta.

Cabe destacar, en este punto, rótulos, carteles, planos del punto de venta, paneles, flechas y publicidad en el lugar de venta.

Cuando acudimos a un museo o monumento, generalmente queremos visitar la totalidad o, en su defecto, una parte específica del mismo, nos encontramos que disponemos de un tiempo limitado que queremos aprovechar al máximo. Por estas razones, agradecemos todas las informaciones que nos permitan una orientación fácil y rápida (planos, libros, folletos, flechas en el suelo, informaciones, etc.).

Esta situación se reproduce cuando entramos en un punto de venta: queremos aprovechar el tiempo del que disponemos. Entonces, los elementos de información que permiten una clara orientación de los clientes dentro de un establecimiento gozan de gran importancia desde el punto de vista de la imagen que transmite el punto de venta.

Hay que destacar la mínima utilización del suelo del establecimiento como instrumento para guiar el recorrido de los clientes. Los dibujos o flechas en el suelo son muy útiles para dirigir a los clientes de forma que recorran la totalidad o encuentren fácilmente las secciones deseadas.

También son mínimamente utilizados en nuestro país los planos del establecimiento con información sobre ubicación de secciones, productos, cajas, etc. Creemos que sería de gran utilidad, sobre todo en las grandes superficies, la entrega a la entrada del punto de venta de información de este tipo y que estas acciones favorecerían la imagen del establecimiento.

3.3.2. Velocidad de circulación

El itinerario de un cliente en un establecimiento está relacionado con la velocidad de circulación en el interior del mismo.

Los elementos que influyen en la velocidad de circulación son los siguientes:

— Los pasillos.
— Los cuellos de botella.
— Las informaciones.

1. Los pasillos

Con los esfuerzos enfocados en favorecer la circulación de los clientes dentro de un establecimiento, los pasillos deben estar diseñados para conseguir este fin. Además, los pasillos deben permitir un fácil acceso a las distintas secciones del punto de venta.

Siguiendo este razonamiento, podría creerse que lo mejor para un comercio es disponer de pasillos amplios. Sin embargo, éstos presentan dos grandes inconvenientes: en primer lugar, disminuyen los metros de lineal y, en segundo lugar, imposibilitan la visión total de los productos que contienen las góndolas entre las que camina el consumidor.

Por el contrario, pasillos estrechos producen molestias para la circulación de clientes y la compra se torna incómoda, especialmente en los momentos de mayor afluencia de público al establecimiento.

Vistos los inconvenientes de pasillos amplios y estrechos, parece evidente que entre ambos extremos nos encontraremos con una anchura de los mismos que pueda ser considerada óptima. Este óptimo, sin embargo, depende del tamaño del establecimiento, la sección o el tipo de producto (alimentación, muebles, etc.) y de cómo se realiza la compra por parte del cliente (sin llevar nada, cesta, carro de compra). A título de ejemplo, se afirma que un libre servicio cuyas compras se hacen con carrito la amplitud idónea del pasillo debería acercarse a la suma de la anchura de tres carritos[16].

A este respecto Zorrilla[17] afirma que para establecimientos en libre servicio la anchura de los pasillos debería oscilar entre 1,80 y 2,40 metros (figura 3.11), es decir, entre el mínimo necesario para realizar el cruce de carritos con holgura y el máximo a partir del cual la atención del cliente sobre la mercancía en uno de los lados del pasillo se perdería. Las grandes superficies, sin embargo, llegan a tener pasillos de hasta 3,10 metros y no por ello se deterioran la cifra de ventas. Por su parte, el Departamento de Agricultura de Estados Unidos recomienda una anchura de pasillos de 2,3 a 3,5 metros.

Otro aspecto a considerar de los pasillos hace referencia a la longitud de los mismos. Estudios empíricos han puesto de relieve que existe una relación positiva entre una mayor longitud del pasillo y la percepción de los productos expuestos en las estanterías por parte del comprador. Por otra parte, los pasillos más largos tienen como ventaja el que obligan al cliente a hacer un itinerario mayor. No obs-

---

[16] Masson, J. E., y Wellhof, A.: *El merchandising. Rentabilidad y gestión del punto de venta,* Deusto, Bilbao, 1984, pág. 50.

[17] Zorrilla, M.ª P.: Ob. cit., págs. 310-311.

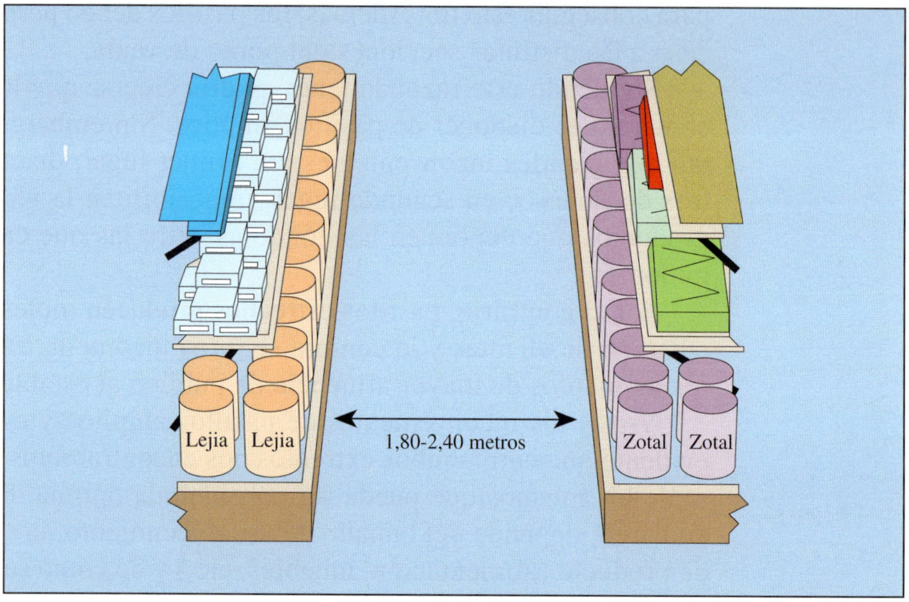

Figura 3.11. Anchura del pasillo.

tante, presentan el inconveniente de que hacen más difícil el acceso a las diferentes secciones y complican la circulación en el establecimiento.

Por tanto, podemos decir que es difícil precisar la conveniencia o no de que lo pasillos dentro de un comercio sean más largos. Mientras que en la sección de alimentación de un supermercado o hipermercado puede ser recomendable una mayor longitud de los pasillos, no lo creemos conveniente para una sección textil.

2. Los cuellos de botella

En un comercio se producen cuellos de botella cuando un camino por el que circula un conjunto de clientes se hace más estrecho en su final, desemboca en pasillos sin salida o se cruza con pasillos transversales de circulación muy densa. Las secciones de venta tradicional o las cajas de salida (figura 3.12) también son consideradas como cuellos de botella. Es decir, cualquier punto donde se produzcan estrangulamientos o aglomeraciones constituyen elementos que dificultan la velocidad de circulación dentro del punto de venta.

Figura 3.12. Cuello de botella.

Es evidente que la existencia de cuellos de botella son el reflejo de una mala gestión y no ayudan a la imagen del establecimiento. Somos conscientes de la dificultad de evitar algunos de estos cuellos de botella en los días y horas de máxima afluencia de público (por ejemplo, colas en las cajas de salida), pero también lo somos de la mala imagen que desprenden. Debemos esforzarnos al máximo para conseguir que sus efectos en el cliente sean los más tenues posibles (minimizar el tiempo de espera de los clientes en caja).

3. Informaciones

Las informaciones sobre la ubicación de secciones y productos, como ya dijimos anteriormente, influyen en el camino recorrido y, también, en la velocidad de circulación.

3.3.3. Tiempo de permanencia

El tercer elemento que configura el itinerario de un cliente dentro de un establecimiento es el tiempo que permanece en el mismo. Este tiempo está en función de la longitud recorrida y de la velocidad de circulación.

Se puede comprobar empíricamente que existe una relación entre el tiempo de permanencia de una persona en un punto de venta y el número o volumen de compras efectuado.

Se ha demostrado que cuando el cliente permanece *poco tiempo* en un punto de venta, generalmente las compras realizadas son igualmente pequeñas. Un tiempo amplio de estancia en el punto de venta tampoco es recomendable, ya que, normalmente, se debe a tener que soportar colas, incomodidades de circulación, velocidad reducida, etc., y, por consiguiente, origina clientes no satisfechos y malhumorados. Las consecuencias para el establecimiento son pérdidas de imagen y clientela.

Por tanto, debemos considerar que entre estos dos extremos existe un tiempo idóneo de permanencia de un cliente en un establecimiento. En principio, este tiempo sería el que permitiera a un cliente realizar sus compras y salir satisfecho del tiempo empleado en las mismas. De forma indirecta el comercio lograría maximizar sus ventas y tener clientes fieles y satisfechos. La duración idónea se consigue cuando no hay colas dentro del establecimiento, la circulación no presenta incomodidades ni estrangulamientos, no se producen retrocesos (vuelta atrás) del cliente porque haya pasado productos que pensaba adquirir, como consecuencia de defectos de información o de visualización de dichos productos, y, además, el cliente recorre una proporción elevada de los metros del lineal.

Una de las labores importantes del merchandising, por consiguiente, es el estudio de los itinerarios que siguen los compradores dentro del establecimiento. La forma más normal de llevar a cabo estas investigaciones consiste en el seguimiento de una muestra de clientes en el interior del punto de venta. Este seguimiento se realiza mediante planos del punto de venta en los que se va señalando el camino que llevan a cabo los clientes. Posteriormente, se determinan los porcentajes de paso por cada una de las secciones, subsecciones, lineales, etc.

3.4. EL VALOR DE LOS NIVELES

Los productos en un establecimiento de libre servicio son ubicados, normalmente, en góndolas o muebles murales, para que sean adquiridos por el comprador.

Hay una coincidencia general en toda la literatura sobre el merchandising en considerar que, desde el punto de vista del consumidor, se diferencian tres niveles[18] (figura 3.13).

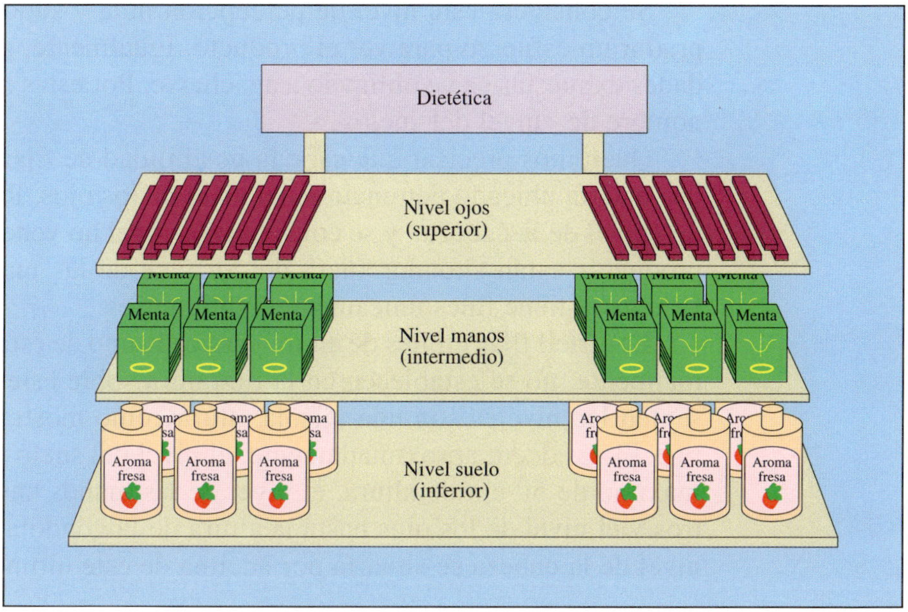

Figura 3.13. Niveles de una estantería.

1. Nivel superior (*S*)

Es el más alto de los tres niveles considerados. Recibe dos denominaciones alternativas: *a*) «Nivel de los ojos» porque se corresponde con la altura de los ojos del cliente. *b*) «Nivel de percepción» ya que el objetivo de este nivel es el de atraer y retener la atención del consumidor.

2. Nivel intermedio o medio (*M*)

Como su nombre indica está situado entre el nivel superior y el inferior. Este nivel se localizará a una altura que permita al cliente de for-

[18] Díez, E.: «El valor de los niveles: Consideraciones críticas y experiencias», *Revista de Economía y Empresa,* núm. 23, enero-abril 1989, págs. 9 y ss.

ma cómoda, mediante una extensión de brazos, coger con las manos el producto. Por ello, se le denomina «nivel de la manos».

3. Nivel inferior (*I*)

Se considera este nivel de percepción nula y supone para el comprador un esfuerzo para ver el producto. Igualmente, para asir las unidades expuestas se ve obligado a agacharse. Por estas razones recibe el nombre de «nivel del suelo».

Queremos precisar que cabe la posibilidad de fijar un cuarto nivel que estaría ubicado por encima del nivel de los ojos. Recibe el nombre de «nivel de la cabeza» y se considera un nivel no vendedor, ya que los productos están situados fuera del alcance de las manos del cliente. Este nivel tiene fines únicamente publicitarios.

Es difícil fijar límites de altura para cada uno de estos niveles y, normalmente, no se establecen en la literatura sobre este tema. Se representan los niveles con una misma altura como mostramos en la figura 3.14. Es decir, aproximadamente, el nivel del suelo llegaría hasta un máximo de 50 cm de altura, el nivel de las manos hasta 1 ó 1,10 metros y el nivel de los ojos hasta la altura de la góndola, 1,60 ó 1,70. El nivel de la cabeza se situaría por encima de este último nivel.

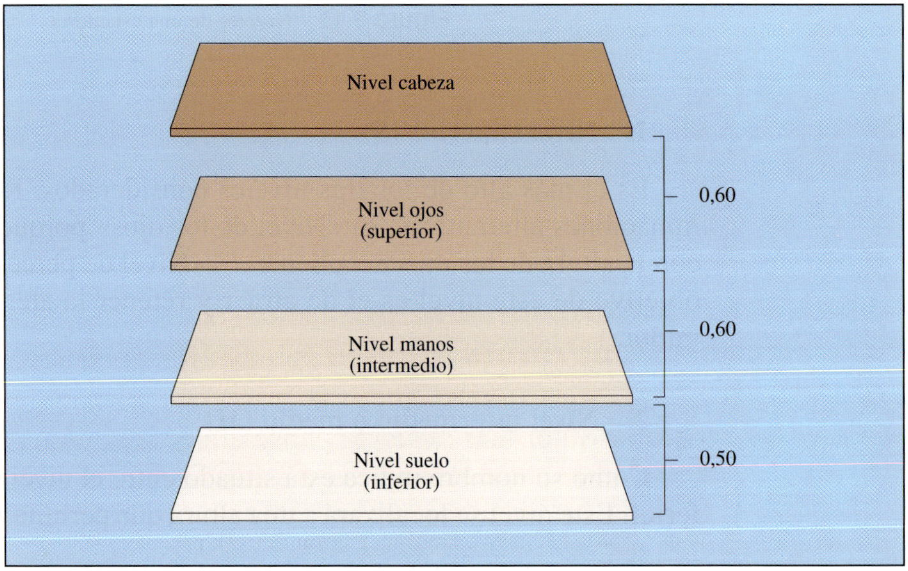

Figura 3.14. Altura de los niveles (metros).

Homedes[19] y Salén[20] fijan el siguiente valor de los niveles (figura 3.15): cabeza, 9 %, ojos, 52 %, mano, 26 % y suelo, 13 %, señalando que el nivel del suelo está comprendido entre 0 y 50 cm, el de las manos entre 50 y 80 cm, el de los ojos entre 80 y 170 cm y, por último, el de la cabeza en más de 170 cm. Hay que precisar que con estos datos el nivel de las manos se convertiría en el nivel por excelencia, ya que, disponiendo únicamente de 30 cm, alcanza un nivel de ventas del 26 %, frente al nivel de los ojos, que dispone de 90 cm y unas ventas del 52 %. Por tanto, creemos que nuestra proposición fijando la altura de los niveles en otros parámetros es más cercana a la realidad.

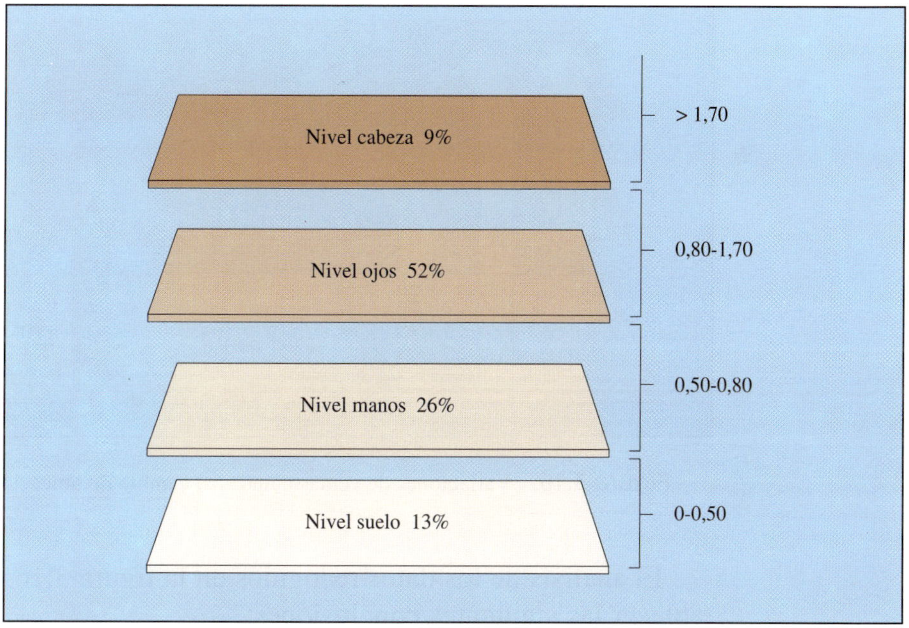

Figura 3.15. Valor y altura de los niveles (metros).

De todo lo dicho hasta ahora, cabe deducir que el nivel superior (el de los ojos, *S*) es el de mayor valor, el intermedio (el de las manos, *M*) tiene un valor más reducido y, por último, el inferior (el del suelo, *I*)

[19] Narros, M. J.: «El merchandising de los noventa: La gestión informática del lineal», *Investigación y Marketing,* núm. 46, diciembre 1994, pág. 36.

[20] Salén, H.: *Distribución y merchandising,* Distribución Consulting, Madrid, 1987, página 227.

presenta el más bajo valor. Si hemos considerado un cuarto nivel, el de la cabeza, su valor sería equiparable al del suelo.

Estas aseveraciones han sido comprobadas empíricamente. Masson y Wellhoff, Saint-Cricq y Bruel, así como Salén, hacen referencia a una investigación realizada en Estados Unidos sobre 400 referencias. El estudio consistió en cambiar el nivel de ubicación de dichos productos y observar las diferencias de ventas durante períodos comparables y de duración suficiente para dar cifras ponderadas.

Los resultados de este trabajo se exponen en la figura 3.16.

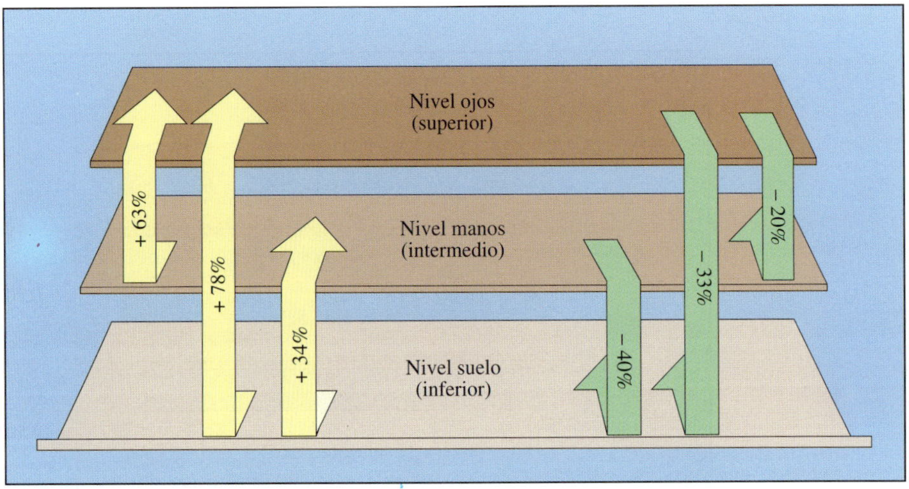

Figura 3.16. Variaciones de ventas debidas al cambio de ubicación de productos.

El análisis de los datos recogidos en la figura 3.16 nos permite establecer las siguientes conclusiones:

Valor de los niveles

Se confirma la hipótesis sobre la prelación en el valor de los niveles según el siguiente orden: ojos, manos y suelo.

Variación en el nivel de ubicación del producto

La ganancia de ventas obtenida con la subida de los productos de un nivel a otro supera la pérdida de ventas ocasionada por la variación en la colocación en sentido contrario.

Efectivamente, si ubicamos un producto del nivel *M* en el *S* las ventas se incrementan en un 63 %. Con el movimiento contrario, produce un descenso del 20 %. Igualmente, pasando del *I* al *S* obtenemos unos valores de subida de ventas del 78 %, frente a una bajada del 33 % en el descenso del producto. La excepción a este planteamiento se observa entre los niveles *I* y *M*. La disminución de ventas del 40 % ocasionada por una colocación en un nivel más bajo es superior al incremento de ventas del 34 % por subir un nivel el producto.

Variaciones entre los niveles «I» y «S»

Hemos visto en el apartado anterior que interesa subir un producto del nivel inferior al superior. Sin embargo, para efectuar este cambio existen dos posibilidades:

1. Subida directa (*I* a *S*).
2. Subida escalonada (*I* a *M* y, posteriormente, *M* a *S*).

¿Cuál es la más interesante? La respuesta es la siguiente: interesa la *subida escalonada*.

Un sencillo ejemplo nos ilustra esta afirmación. Supongamos un producto que en el nivel del suelo tiene unas ventas de 100. La subida directa implica unas ventas de 178. La subida escalonada produce unas ventas de 219 (I a $M = 134$; M a $S = 134 \times 1{,}63 = 219$), que supera el valor anterior.

Por contra, podemos establecer que es preferible una bajada directa a una escalonada del nivel *S* al *I*. Efectivamente, para unas ventas al nivel de los ojos de 100, bajada directa llevaría a unas ventas de 67, mientras que la escalonada lo haría a 48 (S a $M = 80$; M a $I = 0{,}6 \times 80 = 48$).

Saint-Cricq y Bruel[21] establecen la siguiente regla: «Un producto debe ascender al nivel superior de la percepción y después descender al nivel inferior sin pasar por el intermedio». A partir de aquí conviene efectuar una rotación armónica en la góndola, de suerte que todos los productos pasen por esta promoción. Es al *merchandiser* (responsable de merchandising) a quien corresponde organizar esta rotación y determinar: 1) la frecuencia de la rotación en función de sus observaciones, y 2) los productos más rentables para el establecimiento que conviene promover de cada línea.

[21] Saint-Cricq, J., y Bruel, O.: Ob. cit., pág. 242.

En el anexo I realizamos una serie de consideraciones críticas sobre estas conclusiones, y describimos una experiencia realizada por nosotros mismos y sus conclusiones.

El análisis del valor de los niveles permite diseñar una estrategia comercial de distribución de los productos en el lineal. El principal problema radica en determinar qué productos se deben colocar en el *nivel del suelo*. Algunas soluciones son las siguientes:

1. En los extremos del lineal ubicar productos atracción (detergente, celulosas, aceite).
2. Los productos de tamaños mayores o familiares (latas de tomates de 5 kg, champús de dos litros).
3. Productos apilados.

El nivel de la cabeza puede ser una repetición de lo descrito para el nivel del suelo.

3.5. PRESENTACIÓN HORIZONTAL Y VERTICAL

Cuando un determinado producto se ubica en todos los niveles de una góndola decimos que existe una presentación vertical (figura 3.17). Por el contrario, si se utiliza únicamente un nivel, lo denominamos presentación horizontal (figura 3.18). Es importante precisar que en este punto no hablamos de referencias, sino de productos, lo que supone una agregación de referencias.

Hay acuerdo unánime en afirmar que la presentación vertical es más conveniente que la presentación horizontal. No obstante, la falta de espacio en los lineales obliga la mayoría de las veces a efectuar una presentación horizontal en los puntos de venta.

Las principales ventajas e inconvenientes de estas presentaciones son las que enumeramos a continuación.

3.5.1. Presentación vertical

1. Ventajas

1. Visibilidad del producto. El movimiento de la cabeza sigue, generalmente, una línea horizontal; por tanto, todos los productos son visibles para los clientes.

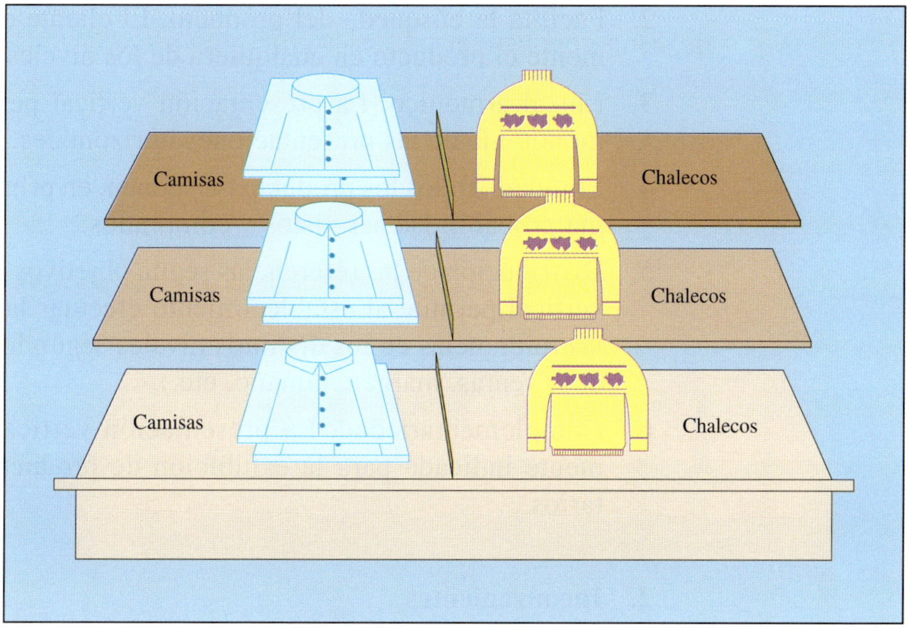

Figura 3.17. Disposición vertical.

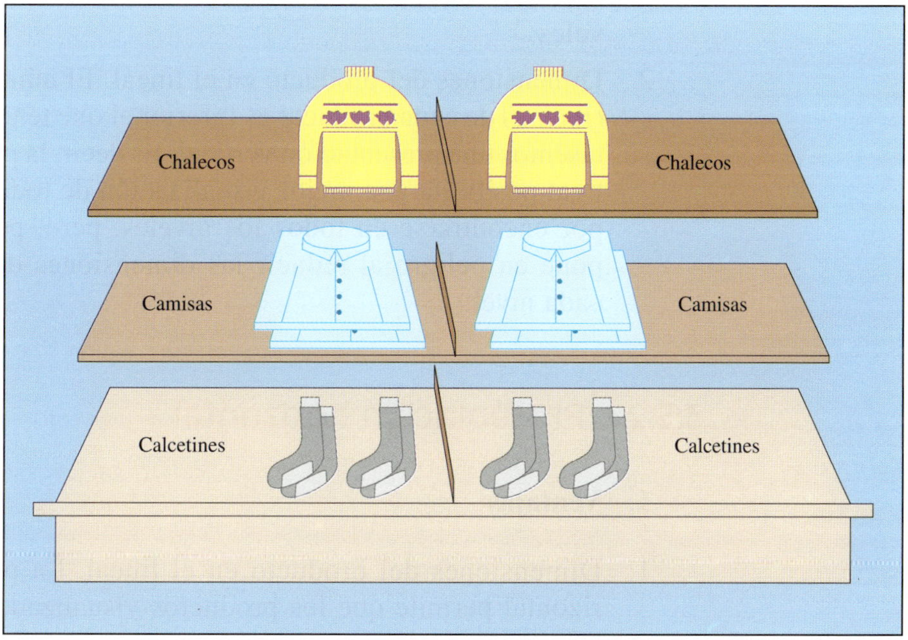

Figura 3.18. Disposición horizontal.

2. Facilita la búsqueda del producto. El cliente encontrará fácilmente el producto en cualquiera de los niveles.
3. Lineal armónico. La presentación vertical permite romper la monotonía de las presentaciones horizontales.
4. Equidad. Todos los productos disponen, en principio, de la misma probabilidad ser vistos y comprados.
5. Distribución de las referencias según objetivos. La presentación vertical permite al establecimiento efectuar la distribución de las referencias en los distintos niveles según los objetivos fijados (ventas, margen, tamaño, etc.).
6. Complementariedad. La presentación vertical está especialmente indicada para la exhibición de productos complementarios.

2. Inconvenientes

1. Pérdidas de espacio. El hecho de colocar los productos en todos los niveles ocasiona, cuando estos productos no tienen dimensiones semejantes, espacios ociosos en los diferentes niveles.
2. Dimensiones del producto en el lineal. El número de frontales *(facing)* de cada producto es inferior al que tendríamos si adoptásemos una presentación vertical. Es decir, la presentación vertical posibilita una mejor visualización de todos los productos por encontrarse en todos los niveles, pero, por otra parte, la pone en peligro al reducir las dimensiones de exposición en cada nivel.

3.5.2. Presentación horizontal

1. Ventajas

1. Dimensiones del producto en el lineal. La presentación horizontal permite que los productos visualizados por el cliente lo sean durante un mayor tiempo que en la presentación vertical.

2. Inconvenientes

1. Visibilidad del producto. Determinados productos no serán vistos por los clientes, ya que, como hemos dicho, el movimiento de la cabeza es horizontal.
2. Lineal monótono. La presentación horizontal conduce a que en cada nivel del mobiliario se coloca un producto cuyas referencias gozan de gran semejanza, confiriendo al lineal una cierta monotonía.

3.6. SITUACIÓN PREFERENTE

Uno de los aspectos fundamentales a considerar para la distribución del espacio del establecimiento consiste en analizar el valor de las distintas áreas que lo conforman.

Hay que precisar que cada zona de un punto de venta tiene un valor diferente, que dentro de cada zona existen espacios mejores y peores y que dentro de cada góndola los niveles de exposición, también, tienen distinto valor.

Como consecuencia de este razonamiento se habla de situación *preferente* de un producto (también de familias de productos e, incluso, secciones) dentro de un establecimiento.

Para conceptualizar la ubicación preferente nos valemos de dos variables: *número de personas* que pasan por una zona y *tiempo* de estancia en la misma. Por tanto, podemos definir la ubicación preferente como la zona del punto de venta que presenta una gran circulación o que el tiempo de estancia es muy elevado.

Situación preferente y no preferente conduce a hablar de *puntos calientes y fríos* de un punto de venta. Los puntos calientes se corresponden con situaciones preferentes y son lugares donde se producen unas ventas muy superiores a la media del establecimiento. En contraposición, los puntos fríos se ubican en sitios no preferidos y las ventas son muy inferiores a la media del punto de venta.

Estos términos tienen utilidad, desde una orientación de merchandising, tanto para comercios tradicionales como en libre servicio, aunque en estos últimos las posibilidades son mayores.

El problema se centra en determinar cuáles son los puntos calientes y fríos de un establecimiento. Para un comercio tradicional los puntos calientes, indudablemente, serían el mostrador y los productos situados en la zona posterior a donde se ubica el dependiente del comercio. También, algunos autores consideran el escaparate de un comercio tradicional como un punto caliente.

En comercio en libre servicio podemos establecer los siguientes puntos calientes y fríos:

Puntos calientes

Cabría distinguir dos tipos:

1. Naturales:

   1.1. Arquitectura del punto de venta: Frontal de una columna en función del sentido de circulación.

   1.2. Implantación de las góndolas: Cabeceras de góndola.

   1.3. Proximidades de zonas con turno de espera: Zonas de venta tradicional: carnicería, pescadería, charcutería, etc.; devolución de envases; cajas de salida; etc.

2. Artificiales:

   2.1. Promociones: Zona de degustaciones y demostraciones.

   2.2. Publicidad: Mensajes publicitarios impresos, auditivos o visuales.

   2.3. Utilización de técnicas de merchandising: Ambientación especial (decoración, iluminación); zonas próximas a espejos; productos de compra obligatoria; promociones.

Puntos fríos

— Zona a la izquierda de la entrada del establecimiento.
— Parte trasera de una columna según el sentido de circulación.
— Rincones y pasillos sin salida.
— Mala ambientación (poca iluminación, falta de decoración, suciedad).

3.7. CAMBIO EN LA DISTRIBUCIÓN DEL PUNTO DE VENTA

3.7.1. Introducción

La primera implantación de un establecimiento se produce cuando comienza su actividad comercial. Esta primera implantación, generalmente, se fundamenta en las distribuciones que presentan otros puntos de venta similares al recién abierto. Las peculiaridades de cada mercado imponen a esta primera disposición la obligación de efectuar algunos ajustes que adapten este punto de venta a su clientela. Por tanto, el primer cambio en la distribución del punto de venta se produce en las primeras semanas o, en su defecto, en los primeros meses después de su apertura.

Las modificaciones en la distribución del punto de venta no acaban con estos cambios; al contrario, deberán hacerse mientras dure su vida comercial. Creemos conveniente que un establecimiento se cambie de forma planificada, es decir, que se formalice el período normal que debe tener una implantación antes de proceder a su alteración.

Las razones para la modificación de la distribución son muy amplias: dinamismo comercial, cambios en los gustos y hábitos de los consumidores, nacimiento de nuevos productos, etc. No obstante, los aspectos fundamentales que recomiendan el cambio periódico son consecuencia de intentos que lleven a una mejora de la gestión del comercio, fundamentalmente la consecución de mejores resultados y la adaptación a la clientela.

Las consideraciones que estamos realizando ponen de manifiesto la obligatoriedad de normalizar el proceso periódico de cambios en la distribución del establecimiento. Uno de los modelos a nuestro entender más didácticos es el propuesto por Saint-Cricq y Bruel[22], que pasamos a describir a continuación.

El modelo consta de tres fases secuenciales:

Fase I. Obtención de información.
Fase II. Tratamiento de la información.
Fase III. Toma de decisión sobre la nueva distribución.

[22] Saint-Cricq, J., y Bruel, O.: Ob. cit., págs. 156-171.

3.7.2. Fase I. Obtención de información

Los datos que precisa el modelo tienen dos coordenadas: los productos que se venden en el establecimiento y las zonas que lo conforman. Con respecto a estos dos factores, para cada uno de ellos debemos obtener dos índices.

Con respecto al producto:

1. Índice de interés del producto para el punto de venta.
2. Índice de atracción de los productos.

Con respecto a las zonas:

3. Índice de ventas por zonas.
4. Índice de paso por las zonas.

1. Índice de interés del producto para el punto de venta

El interés de un producto está en función de los objetivos que se proponga conseguir el punto de venta. Normalmente, los objetivos cuantitativos están relacionados con las ventas, márgenes, beneficio, rentabilidad, etc.

Teniendo en cuenta uno o, incluso, varios objetivos cuantitativos y cualitativos debemos asignar un índice que sirva para calificar el interés del establecimiento por cada producto. Este índice, para el que vamos a considerar una escala de 0 a 100, se puede fijar, en primer lugar, de forma subjetiva por el responsable del merchandising o por un grupo de calificados responsables y, en segundo lugar, de forma objetiva mediante el tratamiento matemático de ventas, márgenes, rentabilidad, etc.

2. Índice de atracción de los productos

Los clientes acuden a un punto de venta, la mayoría de las veces, con la intención de comprar una lista de productos. El número y tipo de productos que componen esa lista (no necesariamente escrita) está en función del tipo de establecimiento y del comprador. Es decir, un cliente no acude a comprar el mismo número de productos a unos grandes almacenes que a un autoservicio, ni con la misma periodicidad, y además el número de productos a adquirir en un supermercado estará en función de si el comprador lo hace para una familia numerosa o a título individual.

Cuando una persona decide comprar un producto acude a un punto de venta. Para este punto de venta ese producto tiene un poder de atracción del cliente. En principio, todos los productos vendidos en un comercio pueden ser considerados «productos atracción». Sin embargo, sólo una parte de los productos que componen el surtido se podrían cobijar bajo esta denominación: «Aquellos que el cliente planifica comprar en el establecimiento».

Ahora bien, parece lógico pensar que hay determinados productos que atraen a un número mayor de personas al punto de venta que otros. Por tanto, el «grado de atracción» de los productos es diferente. Esto nos lleva a formalizar como «productos atracción» a aquellos cuyo grado de atracción es elevado.

Por ejemplo, realizamos una encuesta representativa de nuestra clientela a la entrada del establecimiento y le preguntamos sobre los productos que va a comprar. Posteriormente, cotejamos mediante el comprobante de caja los productos que ha comprado la muestra elegida. Algunos de los resultados se dan en el cuadro 3.1.

CUADRO 3.1

	A %	**B %**	**C %**
Aceite	70	75	90
Leche	88	90	99
Pilas	20	20	25
Televisores	2	2	4

La cuarta columna (C %) del cuadro 3.1 indica el porcentaje de clientes que manifiestan que van a comprar el producto. La tercera columna (B %) expresa el porcentaje de clientes que han comprado el producto. La segunda columna (A %) muestra las personas que compraron el producto y manifestaron a la entrada del punto de venta que lo iban a comprar.

En este caso, de los cuatro productos considerados observamos que la leche y el aceite pueden ser considerados productos atracción, ya que 90 y 99 de cada 100 personas que acuden al establecimiento lo hacen para adquirir ese producto. En cambio, en lo que se refiere a las pilas, aunque creemos que no pueden ser consideradas como producto atracción, su poder de atracción (25 %) no es desdeñable. Finalmente, los televisores pueden ser calificados como producto muy poco atractivo, debido a su escasísimo poder de atracción.

La determinación del *índice de atracción* se puede hacer de dos formas diferentes; las vamos a explicar apoyándonos en el ejemplo anterior.

Primera forma. El índice de atracción es el cociente entre el número de personas que compra el producto y el número de personas totales. En nuestro ejemplo, este índice tendría los valores 75, 90, 20 y 2 %, respectivamente, para aceite, leche, pilas y televisores.

Esta forma de operar es muy sencilla, rápida y barata de efectuar, ya que no precisa de ninguna encuesta previa sobre intenciones de compra de la clientela. Con los comprobantes de caja se puede determinar de forma exacta este índice sobre la totalidad de la clientela y no únicamente sobre una muestra.

Segunda forma. El índice de atracción es el cociente entre el número de personas que ha comprado el producto y que previamente había manifestado su intención de adquirirlo y el número de personas totales que componían la muestra estudiada. En nuestro ejemplo, el índice de atracción de los productos bajaría a 70, 88, 20 y 2 %, respectivamente, para aceite, leche, pilas y televisores.

Esta forma de calcular el índice es superior a la anteriormente descrita. La razón de esta aseveración estriba en lo siguiente: en la primera forma determinábamos el índice según el número de personas que habían comprado el producto. No todas las personas que se llevan un producto de un comercio acuden con la intención de adquirirlo, ya que existen las ventas por impulso; por tanto, esta forma de calcular el índice presenta algunas deficiencias conceptuales.

La segunda forma salva este inconveniente, ya que calcula el índice de atracción en función de las personas que acuden al punto de venta con la intención de comprar un producto y —además impone una segunda condición— que compren el producto. Sin embargo, la obtención del índice de esta forma precisa la realización de una encuesta sobre una muestra de la clientela con los costes subsiguientes.

3. Índice de ventas por zonas

Este apartado tiene por objetivo determinar un índice que nos sirva para medir y clasificar el potencial vendedor de cada una de las áreas que componen un comercio. Debemos proceder de la siguiente forma:

1. Distribución en planta de la superficie de venta.
   Debemos proceder a dividir el punto de venta en zonas, buscando la mayor homogeneidad posible (superficie, surtido, etc.).
2. Elaborar el cuadro 3.2. Para confeccionar este cuadro debemos obtener para cada zona datos sobre algunas variables.

   (*A*) Volumen de ventas de cada zona por período.
   (*B*) Número de compras por zonas.

   Las dos variables utilizadas para medir la capacidad vendedora de una zona son el volumen de ventas y el número de compras efectuadas en la zona. Los ingresos obtenidos por una zona constituyen un criterio fundamental para medir su potencial. No obstante, este criterio debe complementarse con el número de compras efectuadas en la zona.

   Efectivamente, supongamos que una zona del punto de venta es la de electrodomésticos (lavadoras, frigoríficos, televisores, etc.) y otra la de conservas de pescados (atún, anchoas, mejillones, etc.). La primer zona realiza en el período considerado unas ventas de un millón de pesetas con un número de ventas de 20, es decir, el gasto medio por compra ha sido de 50.000 pesetas. La segunda zona obtiene los mismos ingresos, pero como el valor de la compra media es de 400 pesetas, el número de compras ha sido de 2.500. Queda demostrado que la capacidad vendedora de las dos zonas con los mismos ingresos es radicalmente distinta.

   A partir de aquí, procederíamos de la siguiente forma:

   (*C*) Volumen de ventas medio por zona. Se calcula a través del siguiente cociente: (*A*)/(*B*)

(*D*) Volumen de ventas medio del establecimiento. Se obtendría por cociente entre el volumen total de ventas y número total de ventas en el comercio.

$$(D) = \frac{\text{Total } (A)}{\text{Total } (B)}$$

(*E*) Coeficiente de ponderación. Tiene como objetivo obtener unas cifras que nos permitan comparar el número de compras de cada zona.

$$(E) = \frac{(C)}{(D)}$$

(*F*) Número ponderado de compras.

$$(F) = (B) \times (E)$$

(*G*) Valor de la zona.

Para obtener los valores de la zona (*G*) se procede de la siguiente forma: En primer lugar, se asigna el valor 1 a la zona que presenta en la columna (*F*) una cifra más reducida. Seguidamente, se dividen los restantes valores de la columna (*F*) por el seleccionado anteriormente (el más pequeño).

(*H*) Ordenación por zonas vendedoras. El mayor valor de la columna (*G*) indica la zona más vendedora, y, en cambio, el menor, la zona de menos capacidad de ventas. Los valores para las restantes zonas son expresivos de zonas vendedoras o no en función de su proximidad a estos dos extremos (véase cuadro 3.2).

En nuestro ejemplo, la zona más vendedora sería la 5 y la menos vendedora, la 1.

4. Índice de paso por las zonas

El índice de paso se obtiene a través del cociente entre el número de personas que pasan por una zona y el número de personas que entran en el establecimiento.

$$\text{Índice de paso zona} = \frac{\text{Número de personas que pasan por una zona}}{\text{Número de personas que entran en establecimiento}} \times 100$$

CUADRO 3.2

Medición de la capacidad vendedora de una zona							
Zona	**(*A*)**	**(*B*)**	**(*C*)**	**(*E*)**	**(*F*)**	**(*G*)**	**(*H*)**
1	1.000	10	100	0,64	6,4	1	6.ª
2	10.000	50	200	1,28	64	10	2.ª
3	5.000	40	125	0,80	32	5	4.ª
4	4.000	25	160	1,02	25,5	4	5.ª
5	15.000	100	150	0,96	96	15	1.ª
6	8.000	50	160	1,02	51	8	3.ª
Total	43.000	275	$(D) = \frac{43.000}{275} = 156{,}36$				

Este índice indica el grado de frecuentación de las diferentes zonas que componen un establecimiento. Un valor alto de este índice significa que la zona es muy concurrida; por el contrario, valores bajos expresan que la zona es poco visitada.

Para obtener este índice debemos proceder de la siguiente forma:

1. El personal investigador deberá estar dotado de planos del punto de venta.
2. Seleccionamos una muestra significativa de clientes.
3. Se efectúa el seguimiento de los clientes, seleccionados en la muestra, de modo personal o a través de televisión interior. En el plano del punto de venta se van señalando las secciones visitadas por el cliente.
4. Se obtienen los porcentajes de frecuentación de cada sección.

Como vemos en la figura 3.19, se confirma que el itinerario[23] más seguido es el ABIJK.

[23] Buttle, F.: «Merchandising», *European Journal of Marketing,* vol. 18, núm. 67, 1984, página 111.

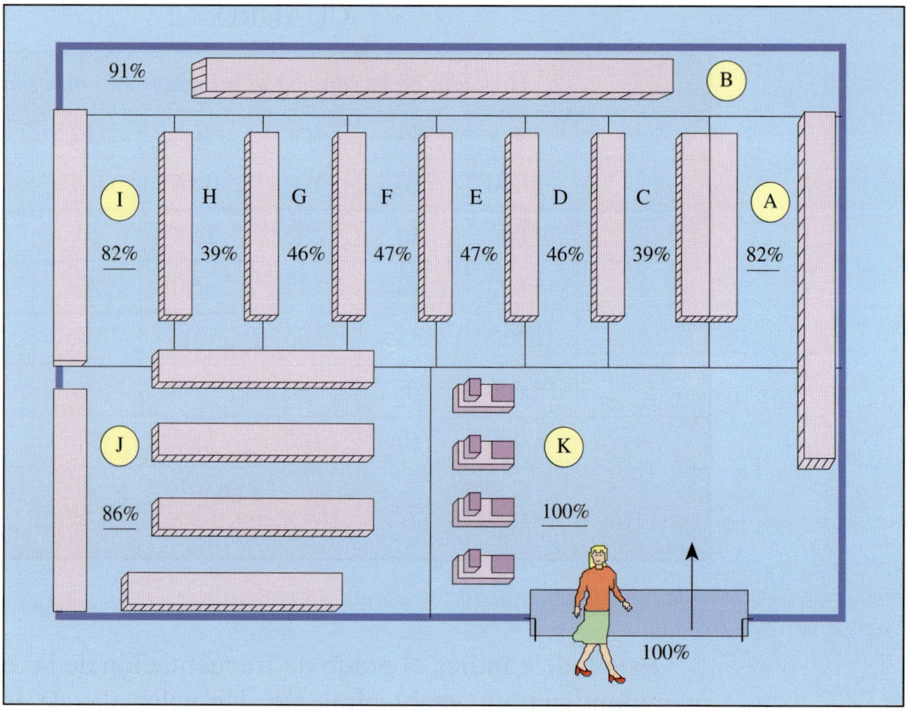

Figura 3.19. Itinerario dentro de un establecimiento.

3.7.3. Fase II. Tratamiento de la información

La información obtenida se debe presentar de la forma diseñada en el cuadro 3.3. Para los productos incluimos los índices de interés y grado de atracción; para las zonas, los índices de ventas e índice de paso. En el interior del cuadro con una «x» expresamos a qué zona pertenecen los distintos productos.

3.7.4. Fase III. Toma de decisiones

La toma de decisiones requiere hacer una serie de reflexiones previas:

1. Un producto puede obtener resultados muy estimables por dos razones:

   — Porque es un producto atracción.
   — No siendo atractivo, porque está situado en una zona muy visitada.

CUADRO 3.3

Zonas	**Productos**										**Índice de ventas**	**Índice de paso**
	A	**B**	**C**	**D**	**E**	**F**	**G**	**H**	**I**	**J**		
1	x										1	90
2		x	x								10	80
3				x	x						5	20
4									x	x	4	30
5							x	x			15	70
6						x					8	50
Índice de interés	100	70	75	90	80	70	15	10	20	25		
Índice de atracción	10	80	30	15	20	80	65	90	30	20		

2. Una zona, igualmente, puede ser muy vendedora por dos razones:

   — Porque presenta un conjunto de productos atracción y, por tanto, está muy concurrida.
   — Porque es una zona muy visitada (aunque no tenga productos atracción), es decir, es una zona vendedora por sí misma.

3. Productos atracción y zonas vendedoras por sí mismas permiten al establecimiento, si son correctamente utilizadas, potenciar y mejorar sus resultados.
4. En principio, no debemos colocar productos atracción en zonas vendedoras por sí mismas, ya que estaríamos desperdiciando recursos.
5. Un producto no atractivo para la clientela y calificado como muy interesante para el punto de venta debe ser colocado en una zona vendedora.

6. Una zona puede estar muy concurrida (por ejemplo, cajas de salida) y ser un punto caliente sin tener productos atracción.
7. Una zona poco visitada puede calentarse incluyendo en la misma productos atracción.
8. Una zona poco vendedora con un índice de paso elevado indica que en dicha zona no existen productos atracción, que deberían ser incluidos para mejorar su capacidad vendedora.

Teniendo en cuenta estas reglas la toma de decisiones se torna bastante cómoda.

3.8. LA DISPOSICIÓN EXTERIOR DEL ESTABLECIMIENTO[24]

En la figura 3.1, al comienzo de este capítulo, indicábamos los elementos a tener en cuenta en el diseño exterior del punto de venta.

Antes de comenzar el desarrollo de este epígrafe es conveniente hacer dos precisiones. En primer lugar, es evidente que el diseño exterior cobra más importancia en un comercio tradicional que en un establecimiento en régimen de libre servicio (por ejemplo, un supermercado). En segundo lugar, algunos de los elementos que vamos a referir como componentes del merchandising exterior (por ejemplo, los escaparates) no gozan de este predicamento por todos los autores. Pero de lo que no cabe duda es de su importancia para el comercio, sean o no parte del merchandising.

El diseño exterior del establecimiento permite poner de manifiesto la verdadera personalidad y estilo de la tienda, contribuyendo de este modo a reforzar su posicionamiento.

Para ello, y de acuerdo con las propuestas de los diversos autores consultados, podemos señalar los siguientes elementos principales del diseño exterior del establecimiento: rótulos, entrada(s) o acceso(s), escaparates e incluso la propia arquitectura externa.

3.8.1. Rótulos

Constituyen el elemento que permite identificar a los establecimientos a través de un nombre y, en ocasiones, un logotipo o símbolo que los diferencie de los demás.

[24] Este epígrafe, hasta el apartado 3.8.2, ha sido redactado por María Pilar Zorrilla.

No entraremos a valorar los aspectos creativos del diseño del rótulo, que incluyen el tipo de letra a utilizar, tamaño o color, entre otros, y que conjuntamente constituyen uno de los signos externos de la identidad de la empresa[25]. Sin embargo, y por esta última razón, sí queremos apuntar que el diseño del rótulo debe realizarse de acuerdo a la imagen que se desee proyectar, de modo que resulte un elemento identificativo que individualice al establecimiento y, por tanto, lo diferencie.

En cuanto a su instalación, es necesario que el rótulo esté situado en una zona perfectamente visible por los individuos a su paso frente al establecimiento.

3.8.2. Entrada al establecimiento

Las decisiones sobre el diseño y ubicación de la entrada (o entradas) del establecimiento son de suma importancia.

Por una parte, la entrada del establecimiento constituye el elemento físico que separa al cliente del interior de la tienda. En este sentido, es fundamental que se diseñe para potenciar la facilidad de acceso, de modo que la entrada como tal no suponga una barrera para el cliente y, por el contrario, le invite a entrar.

Para ello son varias las recomendaciones propuestas por los distintos autores[26]. Entre ellas, coinciden en señalar la necesidad de puertas transparentes que permitan observar el interior de la tienda, con apertura fácil y en función del sentido de la circulación del público, y lo suficientemente amplias para evitar colapsos que provoquen rechazo en el cliente ante la posibilidad de entrar.

Asimismo, es necesario que la entrada, junto a los demás elementos que configuran la presencia exterior de la tienda, se integre en un conjunto coherente que proyecte la imagen deseada y sea un fiel reflejo del interior de la tienda.

Por otra parte, parece que la ubicación y orientación de la puerta de entrada al establecimiento, así como el número de accesos, constituyen uno de los elementos que influyen en el posterior recorrido de la

[25] Hernández, R.: *La imagen de las empresas,* Universidad de Extremadura, Salamanca, 1990, pág. 79.

[26] *Manual sobre técnicas de implantación y merchandising (sector textil),* Colección Manuales, Iresco, Ministerio de Comercio, Madrid, 1976, págs. 66-68.

clientela por la tienda y, consecuentemente, en la rentabilidad de la superficie de ventas. Debemos tener en cuenta, por tanto, estos aspectos en el momento de abordar la implantación del establecimiento y la rentabilidad.

3.8.3. Escaparates

1. Introducción

El escaparate puede ser considerado como un arma fundamental de atracción a los clientes. Sin embargo, antes de detallar los beneficios del escaparate debemos indicar que su importancia varía en función del tipo de compra que los clientes vayan a realizar.

La importancia del escaparate está muy asociada a la fórmula comercial elegida por un establecimiento. Desde nuestro punto de vista, el escaparate es un elemento esencial de la comunicación de un punto de venta con sus clientes. Ahora bien, esta importancia aumenta si el comercio es de tipo tradicional y/o se dedica a actividades no alimenticias. Por contra, si el punto de venta opera en libre servicio y, además, su actividad única es la alimentación, el escaparate, aun siendo importante para el establecimiento, pierde su papel primordial en la estrategia comercial de la empresa distribuidora.

Según Beisel[27] la efectividad de los escaparates será mayor en aquellos casos en que exista un tráfico denso de peatones y la combinación de productos del detallista esté compuesta por *shopping good* (bienes que los clientes compararán en precios, calidad y estilo en varias tiendas antes de tomar una decisión de compra).

Respecto a esta última consideración, y de acuerdo con Rebollo[28], creemos que no debiera hablarse tanto de tipos de productos como de tipos de compra que se hace de ellos. En este sentido podríamos decir que la efectividad de los escaparates será mayor en la medida en que la orientación a las compras sea como placer.

En estos casos, el escaparate tiene como función atraer la atención del cliente y provocar un deseo inicial de compra, lo que no es nece-

[27] Beisel, J. L.: *Contemporary Retailing,* McMillan Publishing Company, Nueva York, 1993, pág. 149.

[28] Rebollo, A.: «Clasificación de las formas comerciales. El producto-establecimiento», *Distribución y Consumo,* año 3, núm. 10, jun.-jul. 1993, págs. 10-18.

sario en los autoservicios de alimentación, pues el cliente conoce a priori qué es lo que puede comprar.

Para ello debe constituir un reflejo de la atmósfera y el surtido que podrá encontrar el cliente en el interior del establecimiento, es decir, el escaparate debe ser la «promesa» de la tienda.

El escaparate constituye el principal vehículo de comunicación del comercio con sus clientes en los pequeños comercios. Además, los impactos que reciben los clientes que pasan por el escaparate son repetidos y permiten no sólo atraer la atención, sino también cambiar actitudes y provocar el comportamiento de compra.

La concepción y contenido del escaparate debe formar parte de la estrategia comercial del punto de venta, y hay un acuerdo muy importante en que sea considerado como un elemento componente del merchandising, sobre todo en los comercios cuya venta no es en libre servicio.

¿Qué razones justifican esta diferente concepción del escaparate como formando parte o no del merchandising? Las razones son obvias: en los comercios en libre servicio los clientes saben, de antemano, que todo su interior es superficie de exposición y entran directamente a ver los productos exhibidos en el interior. En los comercios tradicionales, sobre todo en los más anticuados, la situación es diferente y el escaparate constituye un factor que incide o decide al cliente a entrar en el punto de venta. Por tanto, el nivel de importancia del escaparate es decisivo para el punto de venta.

En este sentido, Fletcher[29] concluyó, a partir de un estudio empírico basado en entrevistas en profundidad, que los escaparates proporcionan información, constituyendo uno de los elementos que mayor influencia ejercen en cómo, dónde y qué compran los clientes. Es decir, pueden constituir un importante elemento en el proceso de búsqueda previo a la compra, proporcionando información relevante como el precio o la presencia de la propia mercancía.

Por otra parte, dicha información puede tener un carácter persuasivo actuando como un elemento de atracción, donde el mensaje debe ser captado por el cliente en un tiempo muy breve.

De acuerdo con ello, los detallistas deberían diseñar los escaparates proporcionando un ambiente de información al que los clientes pudieran acceder sin esfuerzo, constituyendo asimismo un elemento de atracción.

---

[29] Fletcher, K.: «Consumers use and perceptions of retailer controlled information sources», *International Journal of Retailing,* vol. 2, núm. 3, 1987, págs. 59-66.

Consecuentemente, en la planificación del escaparate es necesario considerar, en primer lugar, la política comercial de la tienda, y posteriormente diseñar la presentación adecuada que refleje la misma y atraiga a los clientes.

Dicha presentación no debe limitarse a una mera exposición de productos, sino que, de acuerdo con Mills y Paul[30], debe sugerir el placer, confort, mejora o cualquier otro beneficio que pueda ofrecerse a la vida del cliente. Según dichos autores, un buen escaparate debe mostrar los productos haciéndolos «emocionalmente» deseables.

2. Tipos de escaparates

Los escaparates pueden clasificarse en dos tipos bien diferenciados: abiertos y cerrados.

Escaparate abierto es el que su contemplación lleva aparejada la visión del interior del punto de venta. Por tanto, no tiene ningún tipo de fondo. Este tipo de escaparates se consideran como, una continuación del punto de venta, que debe constituir, por sí mismo un amplio escaparate. Modernamente se tiende hacia este tipo de escaparates.

Escaparate cerrado es el que tiene un fondo que no permite la visualización del interior del punto de venta.

Este tipo de escaparates permite crear ambientes más sofisticados mediante la utilización del fondo de los mismos. Ahora bien, el coste del escaparate cerrado suele ser más alto que el del abierto.

La misión fundamental de un escaparate consiste en atraer la atención hacia el mismo y, una vez conseguido este objetivo, dirigir la atención de las personas en la forma prevista.

Los escaparates, como elemento de comunicación de una empresa, deben conseguir impactar en la audiencia y, además, un número determinado de veces. Por tanto, una vez conseguidos estos objetivos pierden su eficacia y deben ser renovados para alcanzar nuevas metas.

Es recomendable no sobrepasar los 15 días sin variar un escaparate. La exhibición de los productos expuestos debe estar en consonancia con el calendario anual y los eventos asociados al mismo (verano, Navidad, Día de la Madre, ferias, Semana Santa, etc.).

Para reforzar el éxito del escaparate se debe dedicar especial aten-

---

[30] Mills, K. H., y Paul, J. E.: *Applied visual merchandising* 2.ª ed., Prentice-Hall International, Englewood Cliffs, Nueva Jersey, 1988, ob, cit., pág. 6.

ción a los factores que configuran el ambiente (expositores, muebles, maniquíes, personas en movimiento, iluminación, colores, etc.) donde se exhiben los productos.

El escaparate se integra como un elemento de comunicación y su mensaje debe ser claro y sencillo. No debe buscarse el transmitir más de un tema o eje específico y los productos exhibidos no deben ser muchos, ya que producirían confusión, cansancio y una mala imagen del punto de venta por parte de las personas que lo contemplan.

3. Zonas del escaparate

No todas las zonas del escaparate[31] tienen el mismo impacto en las personas que lo visualizan. Una de las formas en que podemos dividir un escaparate es de forma horizontal. Así, obtenemos tres zonas con valores diferentes (figura 3.20.). La mejor zona es la baja, con un valor del 69,3 % del total del escaparate, a continuación la media, y, finalmente, con un menor valor, la zona alta.

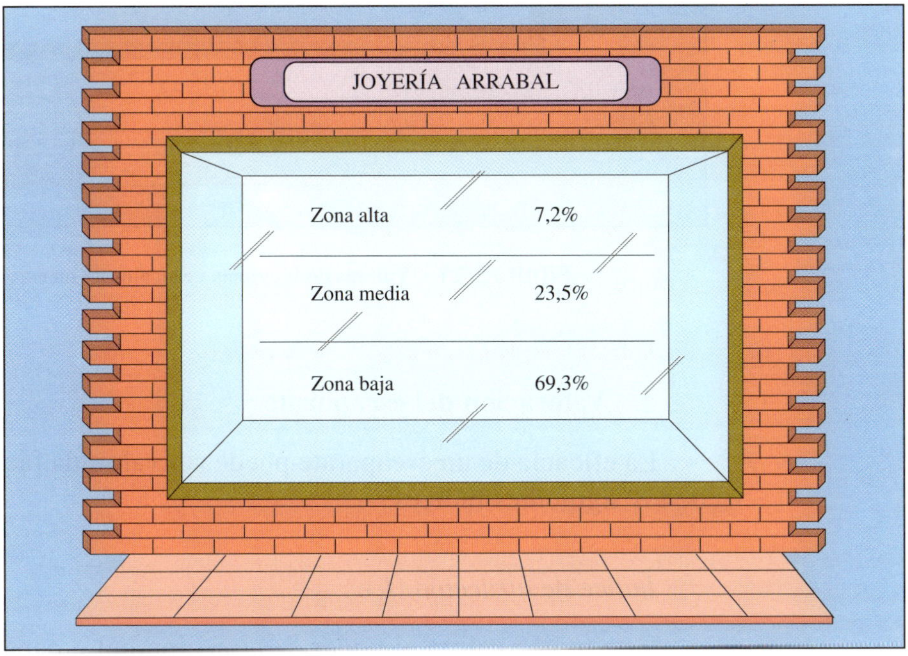

Figura 3.20. Valores de las zonas horizontales de un escaparate.

[31] *Técnica de escaparatismo,* Iresco, Madrid, 1982, págs. 48-49.

El escaparate también puede ser dividido verticalmente (figura 3.21) en tres zonas: izquierda, centro y derecha. La mejor zona es la central (47 % del total del punto de venta), seguida de la izquierda (28 %) y por último la derecha (25 %).

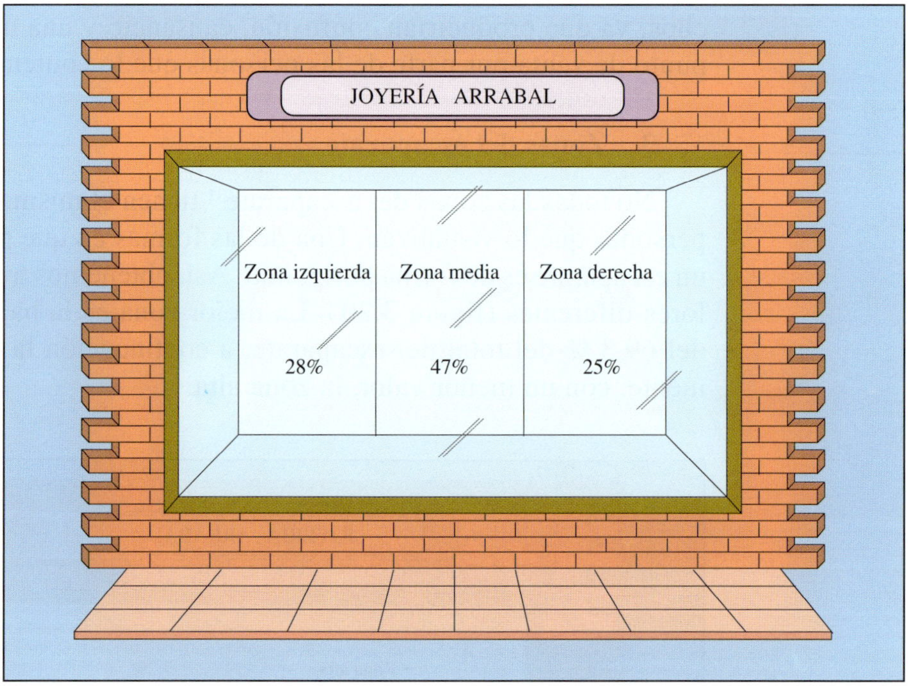

Figura 3.21. Valores de las zonas verticales de un escaparate.

4. Valoración del escaparate[32]

La eficacia de un escaparate puede ser valorada fácilmente a través de los siguientes índices:

Índice de atracción (I_A).

Este índice valora el poder de atracción del escaparate frente a las personas que circulan delante del mismo.

---

[32] *Técnica de escaparatismo,* Iresco, Madrid, 1982, págs. 48-49.

El índice de atracción se obtiene por cociente entre el número de personas que paran (Paran) y el número de personas que pasan (Pasan) delante del escaparate.

$$I_A = \frac{\text{Paran}}{\text{Pasan}}$$

Índice de interés (I_I)

El índice de interés mide la capacidad de retención del escaparate. Este índice será mayor si las personas que se paran delante de él invierten un tiempo dilatado en su contemplación.

La expresión matemática del índice de interés es la siguiente:

$$I_I = \frac{\text{Paran}}{\text{Pasan}} 100\, t$$

$$t = \frac{T}{\text{Paran}}$$

Por tanto,

$$I_\text{I} = I_\text{A}\, 100\, t = \frac{T}{\text{Pasan}} 100$$

Siendo

T = Tiempo total de parada de todas las personas que pasan por delante del escaparate.
t = Tiempo medio de parada de las personas.

Índices de motivación

1. Motivación a entrar en el punto de venta (M_entrar).

Se mide por el cociente entre el número de que personas que pasan al interior (Entran) del punto de venta pidiendo un artículo expuesto y el número de personas que paran ante el escaparate.

$$M_\text{entrar} = \frac{\text{Entran}}{\text{Paran}}$$

2. Motivación a comprar ($M_{comprar}$).

Se obtiene dividiendo el número de compradores (Compran) de artículos expuestos y el número de personas que paran ante el escaparate.

$$M_{comprar} = \frac{\text{Compran}}{\text{Paran}}$$

El procedimiento de valoración a través de índices implica fijar previamente un valor estándar para cada índice. Si un escaparate no consigue los valores fijados será considerado como malo; en caso contrario, como bueno.

La valoración de las personas o empresas que confecciona el escaparate debe llevarse a cabo mediante la comparación de los valores que han obtenido por cada índice los distintos escaparates elaborados.

ANEXO I

1. Consideraciones críticas sobre el valor de los niveles[33]

El planteamiento del valor de los niveles desarrollado en el epígrafe 4 suscita algunas interrogantes que enunciamos seguidamente, junto a una serie de consideraciones críticas:

1. La experiencia base se ha efectuado en Estados Unidos, Salén hace referencia a que se han realizado experiencias similares en Francia. ¿Son válidos estos resultados para España?

2. ¿Cómo medir las ventas? ¿En unidades físicas o unidades monetarias? En el estudio citado anteriormente se valoraron las ventas en unidades físicas.

La crítica a este apartado es clara. Los productos tienen diferentes tamaños y diferentes precios. Una colocación racional de los productos es la que ubica a los de mayor tamaño y menor precio (generalmente de menor margen) en el nivel inferior. Por el contrario, los de menor tamaño, mayor precio y mayor rentabilidad, en el nivel superior.

Por tanto, subir o bajar un producto puede hacer aumentar o disminuir las ventas en unidades físicas, pero la variación en unidades mo-

[33] Díez, E.: Art. cit., págs. 12-20.

netarias o rentabilidad puede ser muy distinta. Desde nuestro punto de vista, creemos que toda investigación sobre este tema debería realizarse en unidades monetarias.

3. Un problema crucial se resume en la siguiente pregunta: ¿Cuál es el tiempo que debe permanecer un producto en un nivel de origen y de destino para que los resultados sean equiparables a los reseñados anteriormente?

Normalmente, se hace mención de un problema a resolver por el *merchandiser* a través de su experiencia: el referente al tiempo que debe permanecer un producto en un nivel para lograr un determinado resultado al variar su ubicación. Nosotros añadimos una nueva interrogante: una vez alcanzadas las ventas previstas, ¿cuál va a ser su evolución en los siguientes períodos, si mantenemos el producto en el mismo nivel? ¿Se estacionarán, se incrementarán o disminuirán las ventas?

Otro problema inherente a estas reflexiones hace mención al tiempo de permanencia en un nivel anterior del producto. Es evidente que subir un producto de un nivel a otro aumenta su visibilidad y, consecuentemente, su impacto, pero éste será mayor cuanto mayor sea el período transcurrido desde su ocultación en un nivel de percepción más próximo al suelo.

4. ¿Todos los productos deben cambiarse de nivel cuando haya transcurrido un determinado tiempo, o cada producto, dependiendo de sus características, tiene un período temporal distinto?

Parece lógico sumar una nueva dificultad a considerar. Es obvio pensar que, según las características del producto (tamaño, precio, etc.), el tiempo necesario de estancia en un nivel para lograr unos determinados efectos será distinto.

5. La última interrogante está relacionada con el tipo de comercio. ¿Los resultados son válidos para todo tipo de comercio en libre servicio? ¿Se lograrían, siguiendo el procedimiento descrito, las mismas ventas en un hipermercado que en un supermercado o en un autoservicio?

2. Una experiencia

Describimos en este epígrafe una experiencia realizada durante dos semanas (comprendidas entre el 22 de mayo y el 5 de junio de 1988) en un establecimiento de ventas de productos de ornamentación de la ciudad de Mérida.

El objetivo del trabajo consistía en comparar los resultados obtenidos con los de la experiencia americana y estudiar la posible equiparación de los mismos en países distintos y en establecimientos de características diferentes.

La investigación se centró en dos grupos de productos:

1. *Artesanía en barro*. En una estantería adosada a la pared de un metro de largo y 70 centímetros de profundidad se distribuyeron las referencias en los tres paneles de la estantería. Cada nivel presentaba una cierta homogeneidad con los restantes con respecto a las variables tamaño y precio de la gama de los productos. Es decir, el tamaño y el precio medio de los productos ubicados en un nivel coincidía con los situados en los otros niveles. Esta distribución de las estanterías es perfectamente lógica en productos cuyo uso principal es decorativo.

2. *Plantas y flores artificiales*. En un expositor de tres niveles adosado a la pared de un metro de longitud y 45 centímetros de profundi-

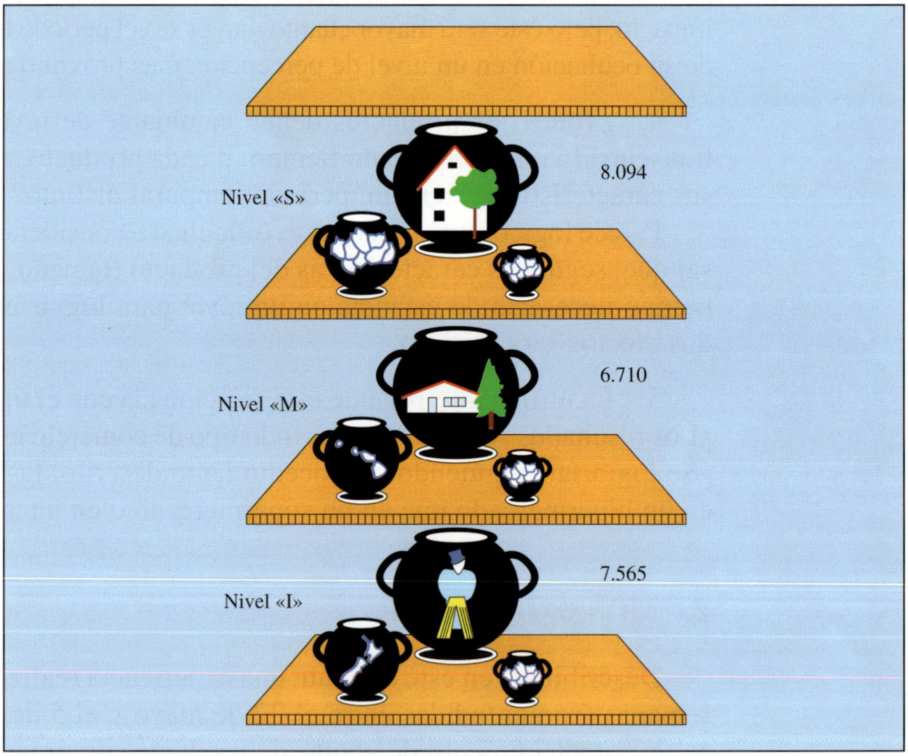

Figura 3.22. Ventas (u. m.).

dad, se distribuyen los productos de la siguiente forma: En cada uno de los niveles se colocaron productos de precio diferente pero con un valor medio del nivel similar entre ellos.

La recogida de datos se efectuó de la siguiente forma:

1. Durante la semana del 22 de mayo de 1988 al 29 de mayo de 1988 se contabilizaron en unidades monetarias las ventas de los tres niveles de los expositores para cada grupo de productos. Las figuras 3.22 y 3.23 recogen los resultados.
2. Una vez finalizada la primera semana se efectuaron en los expositores los cambios de niveles descritos en las figuras 3.24 y 3.25.

   Es decir, en el grupo de artesanía de barro se cambiaron los productos del nivel «S» al «M», del nivel «M» al «I» y del «I»

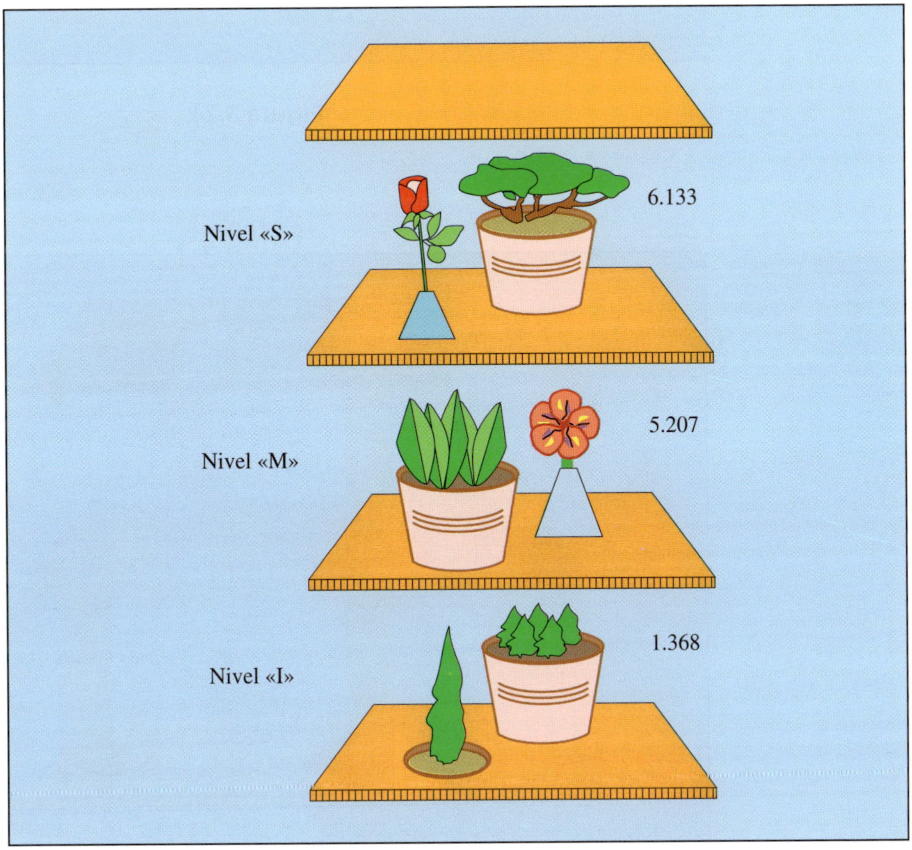

Figura 3.23. Ventas (u. m.).

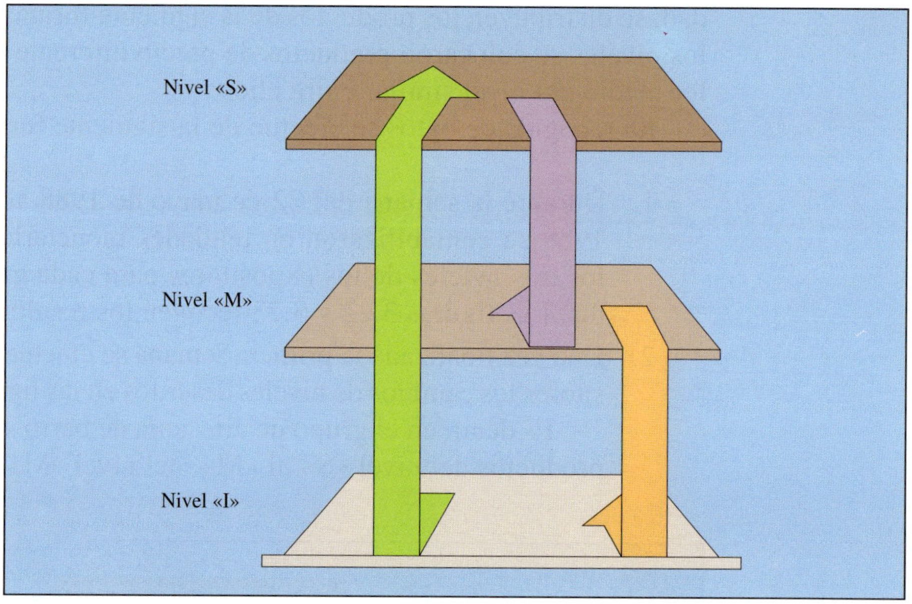

Figura 3.24.

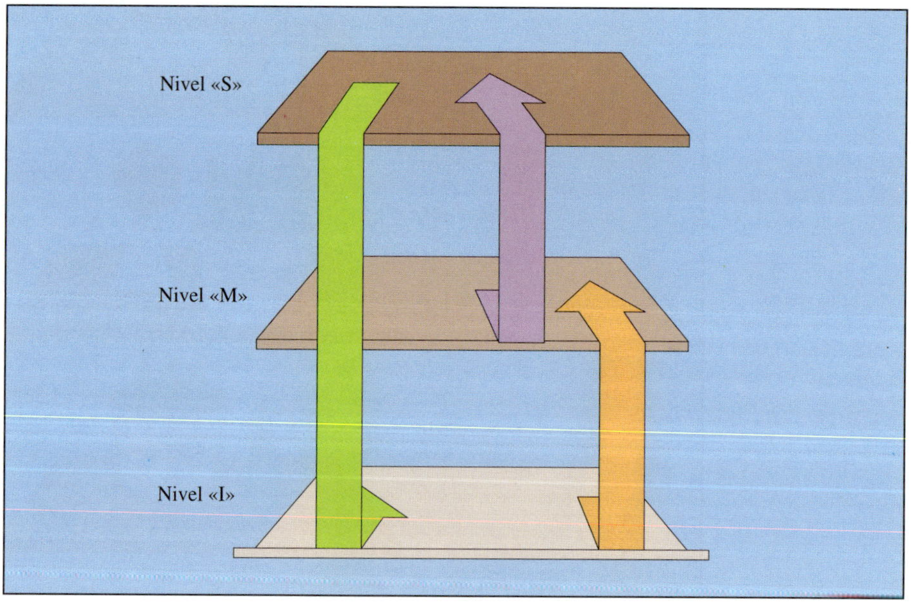

Figura 3.25.

al «S»; en plantas y flores las variaciones fueron del nivel «S» al «I», del «M» al «S» y del «I» al «M».

Queremos hacer notar y recalcar que los cambios efectuados se hacían sobre la totalidad de los productos de un nivel, o lo que es lo mismo, se cambiaba el nivel en su totalidad. Esta forma de operar es diferente a los estudios reseñados, en los que únicamente se cambiaba una referencia. Igualmente, conviene resaltar que las variaciones de niveles se configuraron de tal forma que se cubriesen todas las posibles variaciones de subida y bajada de productos.

3. Los resultados de la segunda semana, del 30 de mayo de 1988 al 5 de junio de 1988 se recogen en las figuras 3.26 y 3.27.

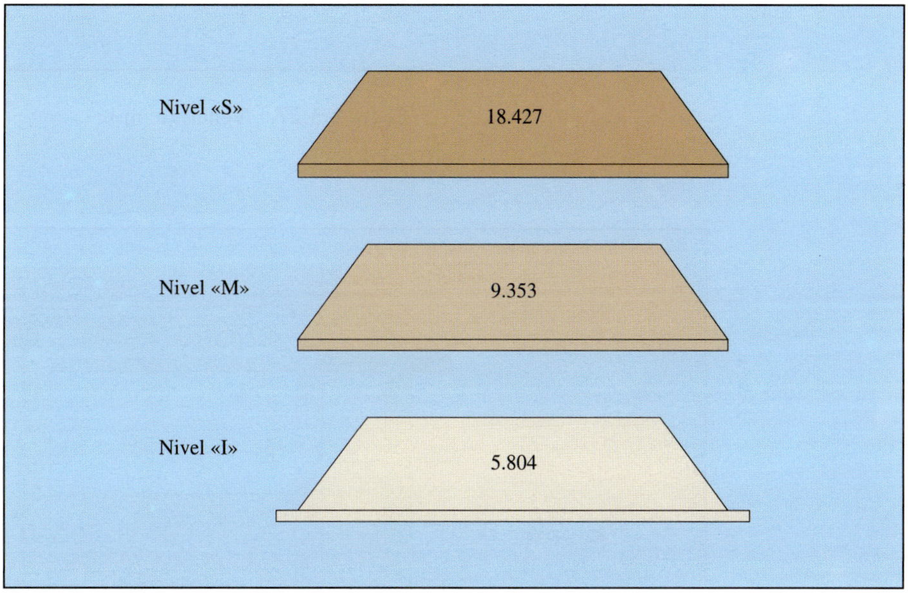

Figura 3.26. Ventas (u. m.).

La figura 3.28 resume las variaciones de ventas porcentuales obtenidas por nuestra experiencia. La comparación de estos resultados con los de la figura 3.16 muestra grandcs difcrencias.

Antes de concluir el trabajo con la no corroboración de nuestra experiencia y las precedentes, procederemos a examinar otros componentes de las ventas: el número de compras y el gasto medio por compra.

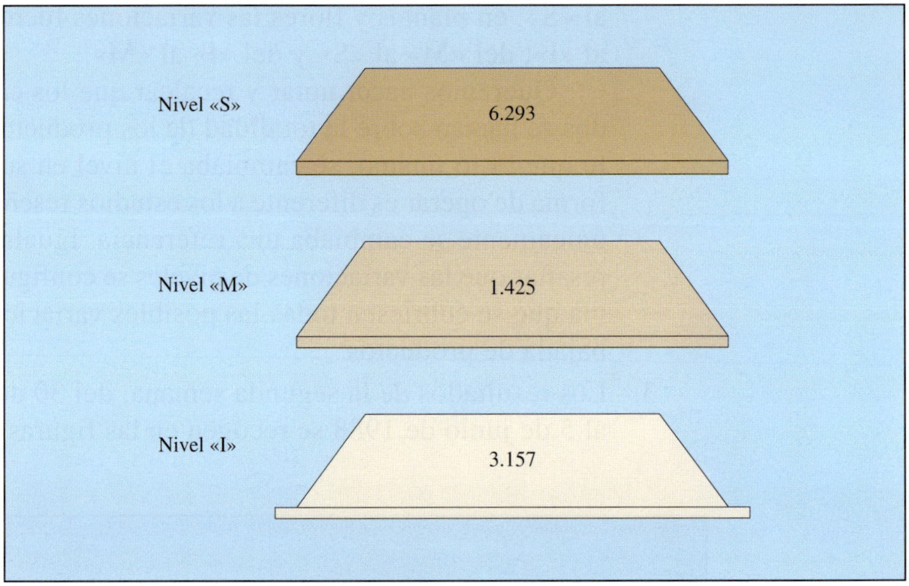

Figura 3.27. Ventas (u. m.).

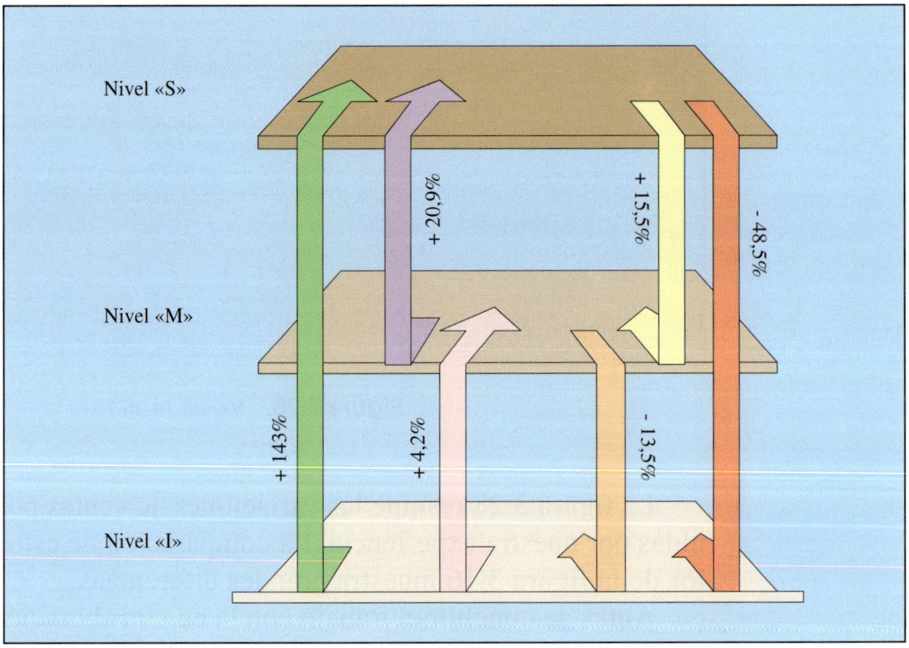

Figura 3.28.

La primera semana se efectuaron 44 compras de productos de «barro» y 16 en productos de «flores». Las compras de la segunda semana fueron 63 y 12, respectivamente.

El mayor número de compras de productos de barro y menor en flores en la segunda semana viene justificada por la existencia de un puente festivo que provoca una mayor afluencia de clientes locales, principales consumidores del grupo flores.

El comercio, artesanía de barro, durante la primera semana ingresó 22.369, con un gasto medio por persona de 508,38; la segunda semana, 33.544, con un gasto medio por persona de 533,07.

Similarmente para plantas y flores artificiales, en la primera semana ingresó 12.708, con un gasto medio de 794,25; la segunda semana, 10.785 y 906,25, respectivamente.

Observamos que el gasto medio por compra en productos «barro» se mantiene en unos niveles semejantes durante las dos semanas. No sucede lo mismo con el grupo «flores». El gasto medio por persona sufre un notable incremento. La razón es el mayor número de flores que se compran en las vísperas del Corpus (2 de junio de 1988).

Es indudable que la diferente afluencia de personas y, consecuentemente, el número de compras de una semana a otra, provoca distor-

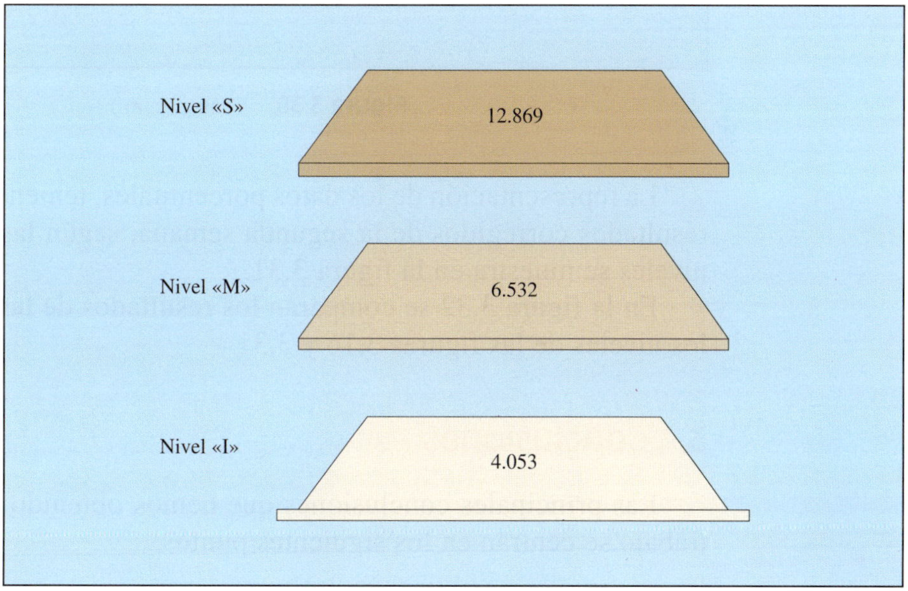

Figura 3.29. Ventas (u. m.).

siones en el estudio. Por ello, creemos conveniente transformar las ventas de la segunda semana multiplicándolas por un índice corrector que recoge el cociente entre el número de compras de la primera y segunda semana. Las ventas totales de la segunda semana de los productos «artesanía de barro» se multiplicarían por el cociente 44/63, y los de «plantas y flores artificiales», por 16/12. Los valores corregidos de la segunda semana se recogen en las figuras 3.29 —en la página anterior— y 3.30.

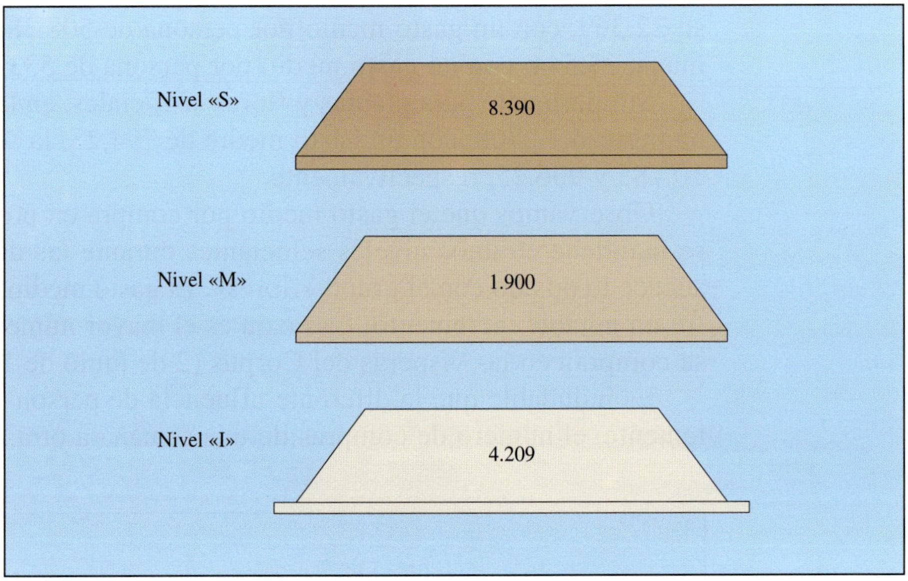

Figura 3.30. Ventas (u. m.).

La representación de los datos porcentuales, teniendo en cuenta los resultados corregidos de la segunda semana, según las variaciones de niveles se muestra en la figura 3.31.

En la figura 3.32 se comparan los resultados de las variaciones de los niveles de las figuras 3.16 y 3.31.

3. Conclusiones

Las principales conclusiones que hemos obtenido con el presente trabajo se centran en los siguientes puntos:

1. Nuestra experiencia confirma, en líneas generales, las investigaciones realizadas en este apartado.

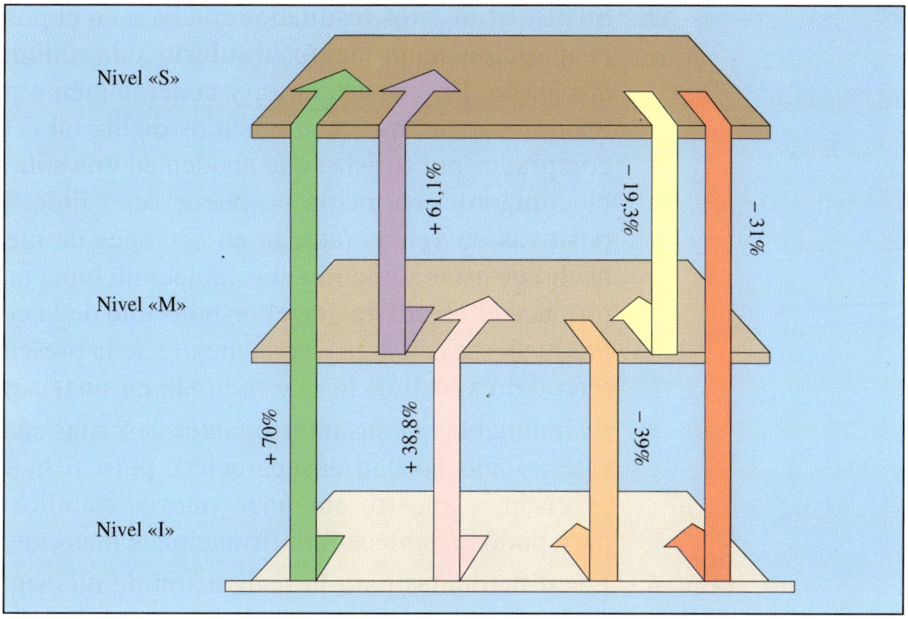

Figura 3.31.

Cambio de nivel	Estudio base	Nuestra experiencia
«S» a «M»	– 20%	– 19,3%
«M» a «I»	– 40%	– 39,6%
«I» a «S»	+ 78%	+ 70,1%
«S» a «I»	– 33%	– 31,0%
«M» a «S»	+ 63%	+ 61,1%
«I» a «M»	+ 34%	+ 38,8%

Figura 3.32.

2. Se justifican estos resultados con base en el posible impacto de la aparición del producto, al subirlo, o la ocultación del mismo, al bajarlo. En nuestro caso, y concretamente para los productos de «barro», que, como hemos dicho, en este comercio son comprados por turistas que acuden en una sola ocasión al establecimiento, esta razón no puede ser válida. Las variaciones positivas de ventas radican en acciones de merchandising. El hecho de estar sometido el establecimiento a una investigación produce el efecto de que el responsable de la colocación de los productos se esfuerza en una mejora de la presentación y animación del expositor, lo que redunda en unas superiores ventas.
3. Es indudable que las interrogantes descritas en el apartado 5 de este trabajo no han desaparecido, pero sí han menguado. Se precisan, a nuestro entender, nuevos estudios en este campo para poder establecer confirmaciones más categóricas.
4. Las dificultades para la realización de un estudio de este tipo radican en dos apartados:

   a) Encontrar un establecimiento que se preste a la realización de experimentos, el individualismo del empresario, la desconfianza, el pensar que todo lo hace bien, que sabe más que nadie, etc., son obstáculos la mayoría de las veces insalvables.

   b) Si hemos superado el primer inconveniente, nos encontramos con una nueva batería de problemas: la recogida de datos es muy difícil ya que la gran mayoría de las empresas comerciales no tienen codificados sus productos, no establecen resúmenes de sus ventas, no controlan el lineal, tienen asignados lugares fijos para una serie de productos previo pago de un importe y no por razones de merchandising, hay productos que no pueden cambiarse de nivel, etc.

TÉRMINOS CLAVE

Circulación de destino. Es una teoría que sigue como principio que los consumidores, cuando van a un punto de venta, acuden con unos objetivos de compras claros y precisos; dentro del mismo hacen un itinerario lógico y racional.

Circulación de impulso. El recorrido del consumidor no es racional ni lógico, sino que viene orientado por la ubicación de muebles y productos.

Colocación de circulación aspirada o en espiga. Consiste en la colocación de los muebles de forma oblicua a la circulación de los clientes.

Colocación libre. Consiste en la colocación del mobiliario en un establecimiento no siguiendo ninguna forma regular.

Colocación recta en parrilla. Forma de distribución que coloca los muebles expositores de un punto de venta de forma recta con respecto a la circulación de los clientes.

Compra como placer. Lleva a considerar que el cliente acude a un establecimiento a pasárselo bien, a disfrutar; el comprar es un placer y una diversión.

Compra como tarea. Se identifica con la compra de conveniencia, en la que los clientes conceden gran valor al tiempo invertido en la misma.

Cuellos de botella. Se producen en un comercio cuando un camino por el que circulan un conjunto de clientes en su final se hace más estrecho, desemboca en pasillos sin salida o se cruza con pasillos transversales de circulación muy densa.

Distribución abierta. Distribución que crea un espacio de ventas completamente abierto, rodeado únicamente por paredes exteriores.

Distribución cerrada. Es la que divide a la sala de ventas por sectores o secciones dando a cada una de ellas una cierta identidad por su estilo, color y ambiente.

Escaparate abierto. Es el que no tiene ningún tipo de fondo.

Escaparate cerrado. Es el que tiene un fondo que no permite la visualización del interior del punto de venta.

Facing. Número de frontales que se exhiben de un artículo en una estantería.

Presentación horizontal. Cuando un determinado producto se ubica en un único nivel de una góndola.

Presentación vertical. Cuando un producto se ubica en todos los niveles de una góndola.

Productos atracción. Son productos con un grado elevado de atracción de clientes hacia el punto de venta.

Puntos calientes. Lugares del punto de venta donde se producen ventas muy superiores a la media del establecimiento.

Puntos fríos. Lugares de un punto de venta con ventas muy inferiores a la media.

Situación preferente. Zona del punto de venta que presenta una gran circulación o el tiempo de estancia es muy elevado.

PROYECTO SUGERIDO

1. Presente la distribución en planta de diversos establecimientos comerciales.
2. Verifique con una muestra la relación entre ventas y tiempo de permanencia de un cliente en un punto de venta.
3. Identifique sobre una distribución en planta los puntos calientes y fríos de un punto de venta.
4. Relacione los productos atracción de un establecimiento y su grado de atracción.
5. Compruebe experimentalmente el valor de los niveles de una estantería. Igualmente, las variaciones en las ventas como consecuencia de la rotación de los productos en su interior.

4 La animación del punto de venta

4.1. La ambientación del punto de venta
4.2. Técnicas de animación
4.3. Publicidad
4.4. Los carteles
4.5. El mobiliario

4.1. LA AMBIENTACIÓN DEL PUNTO DE VENTA[1]

El término atmósfera, en sentido coloquial y de acuerdo con Kotler[2], se utiliza para describir la calidad del ambiente de un determinado lugar, o lo que es igual, la calidad del espacio circundante.

La atmósfera de este modo descrita es percibida a través de los sentidos, concretamente a través de la vista, el oído, el olfato y el tacto. El gusto no se incluye por no ser directamente aplicable a la atmósfera.

En el caso concreto del ámbito detallista, la atmósfera supone la calidad del ambiente en el entorno de la tienda, percibido por los clientes a través de los sentidos mencionados. Así, elementos como el color, la iluminación, el orden, los aromas o la música de una tienda determinan su atmósfera y afectan a la percepción de la misma por parte de los clientes.

Asimismo, parece que la atmósfera del espacio de venta es también un importante factor de influencia en el proceso de compra una vez que el cliente está en el interior del establecimiento, es decir, afecta a su comportamiento de compra.

Así, según Kotler, el mecanismo por el que la atmósfera afecta al comportamiento de compra se basa en una cadena causal que reproducimos en la figura 4.1.

---

[1] Este epígrafe está redactado en su totalidad por María Pilar Zorrilla.

[2] Kotler, P.: «Atmospherics as a marketing tool», *Journal of Retailing,* vol. 49, núm. 4, invierno, 1973-1974, págs. 48-64.

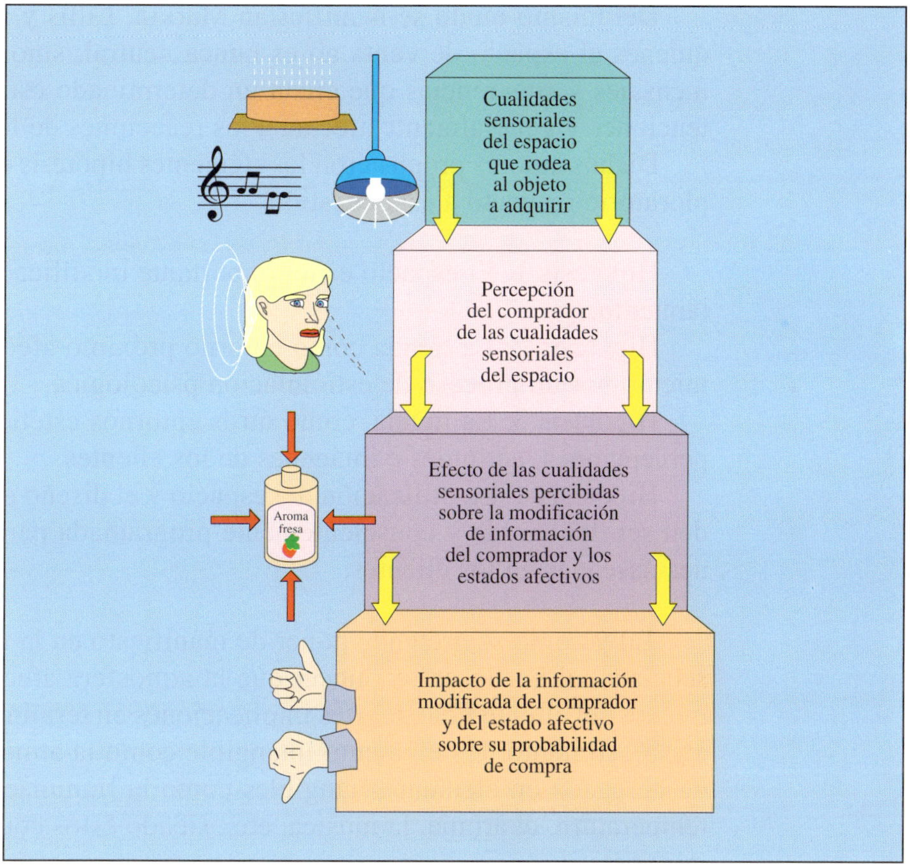

Figura 4.1. Influencia de la atmósfera sobre el comportamiento de compra.

Además, la atmósfera puede tener efecto sobre el comportamiento de compra al menos de tres formas diferentes[3]:

1. Como un medio para llamar la atención.
2. Como un medio para crear mensajes con los que comunicarse con los clientes reales y potenciales.
3. Como un medio para provocar reacciones que contribuyan favorablemente sobre la probabilidad de compra.

[3] Kotler, P.: Ob. cit., pág. 54.

Del mismo modo se manifiestan Markin, Lillis y Narayana[4], para quienes el espacio de venta no es nunca neutral, sino un conjunto de mensajes y sugerencias que crean un determinado estado, activan intenciones y generalmente afectan a las reacciones de los clientes.

Dichos autores propusieron las siguientes hipótesis en su trabajo exploratorio respecto a esta cuestión.

Hipótesis 1. El espacio es un importante modificador del comportamiento.

Hipótesis 2. La tienda como entorno próximo afecta al comportamiento por un proceso de estimulación psicológica.

Hipótesis 3. La tienda, como otros entornos estéticos, afecta a las percepciones, actitudes e imágenes de los clientes.

Hipótesis 4. La utilización del espacio y el diseño de la tienda pueden ser deliberada y conscientemente programada para crear reacciones deseadas en los clientes.

Tal y como se pretende poner de manifiesto en la última hipótesis señalada, el hecho de reconocer que la atmósfera afecta al comportamiento del cliente tiene fuertes implicaciones en términos de diseño del establecimiento. Un elemento intangible como la atmósfera puede ser desagregada en elementos tangibles como la iluminación, el color, la temperatura, el aroma, la música, etc., siendo éstos controlables por el minorista.

Sin embargo, de acuerdo con Donovan y Rossiter[5], los estudios sobre el ambiente o la atmósfera en la empresa detallista se han ocupado más de determinar la influencia de dicho factor sobre la decisión general del cliente a acudir a una tienda determinada (conducta de patronazgo) que del modo en que la atmósfera afecta al comportamiento de compra en el interior del establecimiento.

Por ello, propusieron un estudio basado en el modelo teórico Mehrabian-Russell, que esquemáticamente representamos en la figura 4.2, cuyo objetivo era establecer la relación entre los estados emocionales inducidos en un entorno detallista y la manifestación de las intenciones de comportamiento de dicho entorno.

---

[4] Markin, R.; Lillis, Ch. M., y Narayana, Ch. L.: «Social psychological significance of store space», *Journal of Retailing,* vol. 52, núm. 1, 1976, págs. 43-54, 94 y 95.

[5] Donovan, R. J., y Rossiter, J. R.: «Store atmosphere: an environmetal psychology approach», *Journal of Retailing,* vol. 58, núm. 1, 1982, págs. 34 y 57.

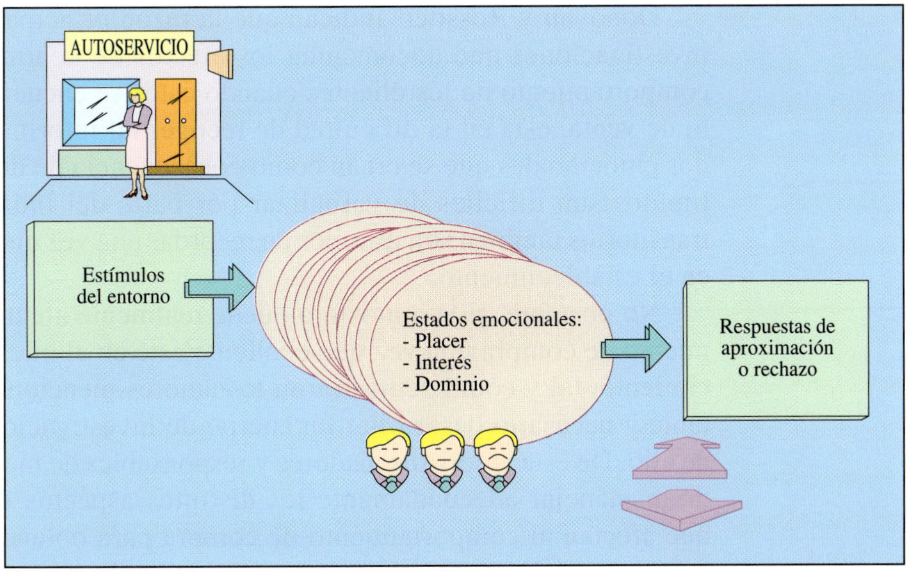

Figura 4.2. Relación entre estado emocional y comportamiento de compra.

A partir de dicho estudio señalaron que los clientes responden a la experiencia de los ambientes de los establecimientos con base en dos dimensiones emocionales principalmente: placer e interés. Concluyeron que el placer inducido por la atmósfera de la tienda es un determinante poderoso del comportamiento de aproximación o rechazo dentro de la tienda, incluyendo el comportamiento de gasto. Asimismo, los sentimientos de atracción e interés provocados por la atmósfera pueden incrementar el tiempo de permanencia en la tienda y la relación con el personal de ventas.

Además, detectaron que ambas dimensiones interactúan del siguiente modo: en el entorno neutral (que no provoca ni placer ni desagrado), la utilización moderada de factores de atracción incrementa los comportamientos de aproximación, mientras que un muy bajo o muy elevado uso de los mismos provoca un comportamiento de mayor rechazo. En el caso de un entorno agradable, a mayor uso de factores de interés se produce una mayor atracción. En un entorno desagradable, por el contrario, provocaría un comportamiento de rechazo.

Sin embargo, estos autores no determinaron los estímulos que en el interior de la tienda podían estar relacionados con estas dos dimensiones de placer e interés.

Donovan y Rossiter[6] indican que la razón principal de las escasas investigaciones que documentan los efectos de la atmósfera sobre el comportamiento de los clientes cuando éstos se encuentran en el punto de venta, está en la dificultad de recoger tal información. Los estados emocionales que se crean como consecuencia de determinados estímulos son difíciles de verbalizar por parte del individuo, y al ser transitorios también son difíciles de recordar una vez que éste ya no esté en el establecimiento.

No obstante, si la atmósfera puede realmente afectar al comportamiento de compra una vez que el cliente esté en el interior del establecimiento, tal y como demostraron los autores mencionados, es importante y necesario desarrollar un cuerpo de investigación que se ocupe de ello. De este modo, diseñadores y responsables de merchandising podrían manejar adecuadamente los distintos aspectos de la atmósfera que afectan al comportamiento de compra para obtener determinados resultados, tales como incrementar el tiempo de permanencia en el establecimiento o favorecer la visita a más secciones o departamentos.

De las escasas investigaciones realizadas pueden destacarse aquellas enfocadas sobre los efectos de un elemento concreto de la atmósfera del establecimiento en el comportamiento de compra de los clientes.

Milliman[7] estudió los efectos de la música en el comportamiento de compra de los clientes de supermercados. Descubrió que el ritmo de la música de fondo en el punto de venta puede influir significativamente tanto en el flujo del tráfico del interior de la tienda, como en el volumen de ventas brutas diarias adquiridas por los clientes. No obstante, este autor ya advertía en contra de la generalización de sus resultados más allá del alcance de su estudio, resaltando la necesidad de posteriores investigaciones, no sólo respecto a la música, sino en general respecto a todos los elementos que constituyen el ambiente.

Bellizi, Crowley y Hasty[8] realizaron un estudio en relación con el uso de los colores y sus efectos sobre la atracción hacia las presentaciones y sobre la imagen de la tienda. De este modo indicaron la idoneidad de colores cálidos para los escaparates, entradas y secciones asociadas con productos de compra por impulso. Por el contrario, se-

---

[6] Donovan, R. J., y Rossiter, J. R: Ob. cit., pág. 35.

[7] Milliman, R. E.: «Using background music to affect the behavior of supermarket shoppers», *Journal of Marketing*, vol. 46, 1982, págs. 86-91.

[8] Bellizi, J. A.; Crowley, A. E., y Hasty, R. W.: «The effects of color in store design», *Journal of Retailing*, vol. 59, núm. 1, 1983, págs. 21-45.

ñalaron como inadecuados dichos colores en el caso de productos cuyo proceso de decisión de compra exige un mayor tiempo.

Harrell, Hutt y Anderson[9] hicieron un estudio sobre la influencia de la densidad en un establecimiento sobre el comportamiento de los clientes. Para estos autores, la densidad puede ser entendida como un estado físico (número de personas en un espacio dado) o como un estado psicológico (experiencia percibida) e influye no sólo en la satisfacción de los clientes, sino también en sus percepciones sobre la imagen de la tienda. Los clientes reaccionan, únicamente, ante la densidad percibida. Por tanto, las implicaciones sobre el diseño del entorno están en que se pueden crear diseños que proporcionan un incremento en la densidad como estado físico, pero aminorando tal percepción por parte del cliente.

Posteriormente, Eroglu y Harrell[10] detectaron que la densidad puede ser funcional en determinadas circunstancias. Cuando se desea dar una imagen de economicidad, debe ser para atraer a los segmentos más sensibles al precio. Por el contrario, en una tienda exclusiva, o en el caso de que la conveniencia sea fundamental para los clientes, la densidad puede provocar entre éstos una reacción de rechazo.

A modo de conclusión, consideramos que los detallistas deben tener en cuenta que el diseño de la tienda afecta a las actividades de los clientes, por lo que una adecuada planificación del espacio en términos de ambiente, esto es, iluminación, color, aromas, decoración, temperatura, trazado interior, música, es una dinámica y efectiva extensión de la estrategia global de merchandising.

4.2. TÉCNICAS DE ANIMACIÓN

La persona humana es un ente sociable por naturaleza. Los establecimientos públicos vacíos o semivacíos suelen provocar en la persona que acude a los mismos sensaciones adversas sobre el establecimiento. A todos nos ha sucedido, en alguna ocasión, entrar en un restaurante, discoteca o pub y encontrarnos con un establecimiento va-

[9] Harrell, G. D.; Hutt, M. D., y Anderson, J. C.: «Path analysis of buyer behavior under conditions of crowding», *Journal of Marketing Research*, vol. XVII, feb. 1980, págs. 45-51.

[10] Eroglu, S., y Harrell, G. D.: «Retail crowding: Theoretical and strategic implications», *Journal of Retailing,* vol. 62, núm. 4, 1986, págs. 346-363.

cío. Las reacciones, generalmente, han consistido en abreviar la permanencia o dar media vuelta y no entrar en el local.

Cuando viajamos en automóvil por una ruta desconocida, una de las formas que orientan la satisfacción de nuestras necesidades alimenticias consiste en detenernos en los lugares donde hay muchos vehículos parados y, especialmente, camiones. Pensamos que un sitio donde muchas personas o profesionales de la carretera se detienen a comer, debe ser un lugar recomendable.

Este planteamiento se traslada íntegramente al campo de la actividad comercial. Un punto de venta que no tiene público constituye, generalmente, un elemento negativo para el establecimiento. Una de las partes del merchandising consiste, precisamente, en la animación del punto de venta. Las frases de aprobación sobre un comercio que transmiten los clientes boca-oreja como «Tiene gente a todas horas» y «Siempre está lleno» constituyen, indudablemente, un valor añadido del punto de venta. En el polo opuesto, oímos frases como «Siempre está vacío» y «No sé cómo pueden hacer negocio con tan poca gente».

No obstante, debemos advertir que la animación suele estar reñida con la aglomeración. Las aglomeraciones en los puntos de venta provocan incomodidades entre los clientes que, como hemos dicho anteriormente, ocasionan pérdidas de ventas (el cliente se siente incómodo y quiere salir del comercio cuanto antes) y, en muchos casos, de clientes.

Los medios de animación del punto de venta pueden ser clasificados[11] en cuatro apartados:

1. Medios físicos.
2. Medios psicológicos.
3. Medios de estímulo.
4. Medios personales.

1. Medios físicos

La mayor parte de los medios físicos para animar un punto de venta, constituyen formas masivas de presentación del producto. Destacamos, entre éstas, las siguientes:

---

[11] Masson, J. E,. y Wellhoff, A.: *El merchandising*, Deusto, Bilbao, 1984, pág. 130.

1.1. *Cabeceras de góndola*

Es la presentación masiva más utilizada (figura 4.3). La presentación en cabecera de góndola debe ser temporal (siete o quince días como máximo). Generalmente, la exhibición de un producto en una cabecera de góndola tiene un coste fijo que impone el establecimiento. El producto se presenta en las cabeceras de góndola de forma promocio-

Figura 4.3. Cabecera de góndola.

nal. Únicamente, las grandes ventas del producto podrán compensar el coste del espacio y las reducciones en el margen que ocasiona la oferta promocional. Por tanto, se recomienda que los productos ofertados en cabecera de góndola sean productos de gran demanda.

La exhibición de un producto en una cabecera de góndola pierde eficacia con el paso del tiempo. Aproximadamente, la segunda semana vende el 50 % de lo alcanzado en la primera, y la tercera semana, únicamente un 25 %. No obstante, hay oscilaciones lógicas que dependen del tipo de producto y su grado de notoriedad.

Está demostrado que se consiguen sinergias si combinamos la utilización de la cabecera con los medios publicitarios. El cuadro 4.1 recoge una aproximación al incremento de ventas que se produce cuando a un producto en una cabecera de góndola se le suma un cartel de oferta, publicidad en el punto de venta (PLV), se anuncia mediante la publicidad interior y se hace la oferta coincidiendo con la celebración de un determinado acontecimiento como, por ejemplo, el aniversario de apertura del punto de venta.

CUADRO 4.1

Acción realizada en la cabecera de góndola	**Incremento de ventas**
Oferta + PLV	+ 200 %
Oferta + PLV + Publicidad interior (megafonía)	+ 450 %
Oferta + PLV + Publicidad interior + Acontecimiento	+ 500 %

1.2. *Islas*

Las islas es un forma de presentación «masiva» y «aislada» de un producto o, en su defecto, un pequeño conjunto de productos (figura 4.4). Como su nombre indica, las islas se ubican fuera del lineal y sin ningún contacto con otro tipo de productos.

Generalmente se presenta una gran cantidad de productos colocados sobre el suelo directamente o sobre algún soporte tipo palet[12] que permite su separación de otros productos.

[12] Díez, E., y Fernández, J. C.: Palet: dispositivo móvil constituido por dos pisos unidos entre sí por largueros, cuya altura está reducida al mínimo y es compatible con la manipulación por medio de carretillas elevadoras con horquillas. (Distribución Comercial, McGraw-Hill, Madrid, 1993, pág. 224.)

Figura 4.4. Isla.

Es recomendable ubicar las islas distantes de la sección en la que normalmente se sitúa el producto, fuera del lineal y en una zona caliente del punto de venta.

1.3. *Pilas*

Constituye una nueva forma de presentación masiva de un producto. A diferencia de las islas, las pilas se presentan en la sección del producto e, incluso, pueden ser parte del lineal del mismo (figuras 4.5 y 4.6).

La presentación apilada solamente puede llevarse a cabo con productos que permitan el apilamiento sin deterioro de los mismos (cajas de leche, *pack* de detergentes, etc.). Un aspecto a tener en cuenta a la hora de confeccionar las pilas es la accesibilidad de éstas por parte del

Figura 4.5. Apilamiento de leche.

consumidor y que conforme éste retira los productos, no se pierda la armonía del apilamiento.

El éxito del apilamiento se fundamenta en que atrae la atención del cliente, le produce sensaciones favorables y de precio reducido.

Figura 4.6. Apilamiento de papel higiénico.

1.4. *Contenedores desordenados*

Consiste en la presentación masiva de productos en cestas o contenedores de un modo desordenado. Es decir, los productos se encuentran en los contenedores en desorden (revueltos) pero de forma consciente o previamente diseñada.

La ventaja de esta forma de presentación es que al cliente le produce el efecto de encontrarse ante productos rebajados o de oferta. No obstante, hay que precisar que no puede realizarse con productos no consistentes o que puedan deteriorarse.

Un problema de esta presentación es la de lograr la fácil accesibilidad del cliente al producto. Por otra parte, se recomienda una duración máxima en torno a los diez días.

2. Medios psicológicos

En este apartado incluimos las promociones (que se estudian en otro epígrafe) y la presentación repetida del producto.

La presentación repetida del producto consiste, como su nombre indica, en ubicar el producto en más de un lugar de su sección o en otros lugares del establecimiento (por ejemplo, cabeceras de góndola). De esta manera aumentamos la visibilidad del producto y la posibilidad de ser adquirido.

3. Medios de estímulo

La animación del punto de venta utilizando medios de estímulo puede ser dividida en dos grandes grupos: medios audiovisuales y creación de ambientes.

3.1. *Medios audiovisuales*

Los medios audiovisuales constituyen una técnica de estímulo que, actualmente, utilizan grandes superficies y centros comerciales. Estos medios producen los efectos descritos en el clásico modelo AIDA (atracción, interés, deseo y acción).

Según el modelo AIDA[13] un mensaje debe conseguir secuencialmente los siguientes objetivos en su audiencia: captar la atención, conseguir el interés, suscitar el deseo y provocar el comportamiento de compra (figura 4.7). Este esquema guarda un paralelismo con una escalera de cuatro peldaños que deben irse superando paulatinamente para alcanzar el último, que se identifica con la compra del producto.

---

[13] Díez, E., y Martín, E.: *Planificación publicitaria,* Pirámide, Madrid, 1993, pág. 410.

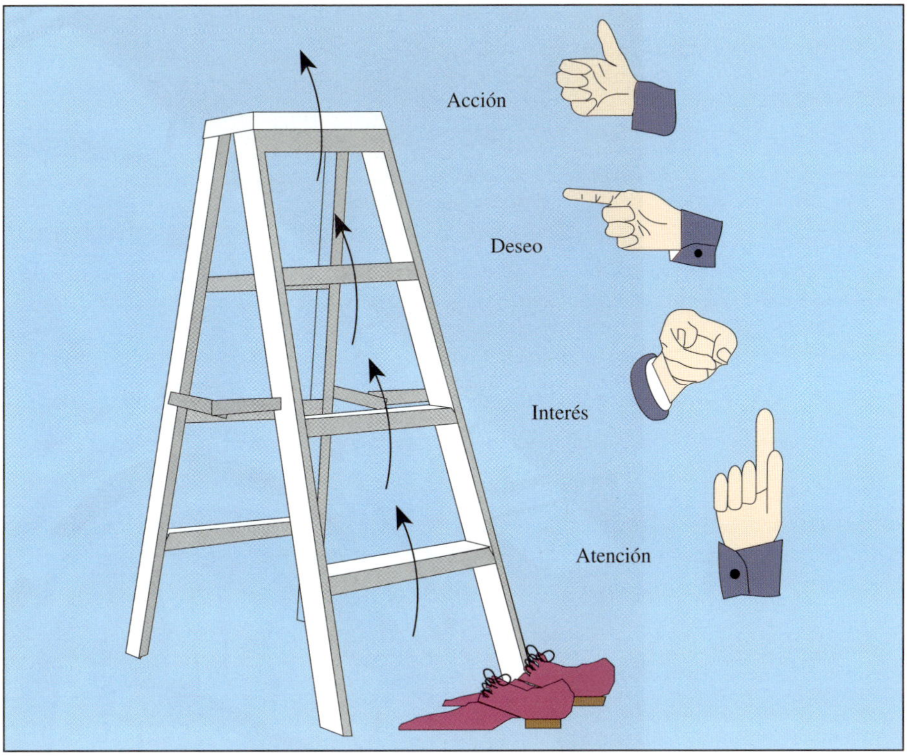

Figura 4.7. Modelo AIDA.

3.2. *Creación de ambientes*

La creación de ambientes constituye una de las formas más creativas de animación del punto de venta. Las empresas líderes en distribución las utilizan profusamente. Los motivos para establecer estos ambientes pueden ser cualquier acontecimiento y, especialmente, fechas señaladas como: ferias, Semana Santa, Navidad, Día del Padre, etc. (figuras 4.8 y 4.9).

La creación de ambientes implica cambios en la disposición del establecimiento, nuevos decorados, productos apropiados, medios audiovisuales, etc.

4. Medios personales

4.1. *El personal vendedor*

Quién no sepa sonreír que no abra un comercio (proverbio chino). El personal de venta del establecimiento se revela como uno de los factores más importantes de la animación del punto de venta.

Figura 4.8. Animación del punto de venta con el motivo de llegada de la primavera.

4.2. *Personal de animación del punto de venta*

Personajes. Consiste en utilizar un personaje (real o de ficción) como elemento animador del punto de venta. Entrarían en este campo

Figura 4.9. Animación con ocasión de la Feria de Sevilla.

las acciones siguientes: firma de libros o discos por autores o cantantes célebres; presencia en el punto de venta de mascotas de eventos como olimpiadas, exposiciones universales, etc.; la reproducción de personajes muy conocidos de dibujos animados, etc.

Azafatas. Es el medio personal más utilizado. Tienen como objetivo provocar la compra del producto por parte de los clientes mediante la argumentación y/o prueba del producto.

4.3. *Espectáculos*[14]

La utilización de artistas en sus diversas facetas: cantantes, mimos, prestidigitadores, etc., en el punto de venta constituye otra de las formas para su animación.

[14] Rabassa, B.: *Promoción de ventas,* Pirámide, Madrid, 1987, pág. 68.

4.4. *Stand de demostración y degustación*

Los stands de demostración tienen como objetivo dar a conocer los productos a los clientes, mostrar el funcionamiento, argumentar sus ventajas y, también, conseguir que los consumidores prueben en el punto de venta la utilización del producto en demostración para facilitar, posteriormente, la compra del mismo.

Los stands de degustación, como su nombre indica, tienen una finalidad de prueba por parte de los clientes de una degustación del producto (figura 4.10).

Figura 4.10 Stand de degustación.

Los stands de demostración y de degustación constituyen otro medio de animación del punto de venta. Son de dimensiones reducidas y al frente de los mismos se coloca un personal, generalmente femenino (azafatas), que ofrecen al público sus productos. Los stands de demostración son apropiados para productos con alguna tecnificación y los de degustación se realizan, básicamente, para productos alimenticios y bebidas. En cierta forma, las degustaciones se consideran como una alternativa a la técnica promocional de las muestras.

4.3. PUBLICIDAD

La publicidad se revela como uno de los factores fundamentales para conseguir la animación del punto de venta. La publicidad, correctamente usada, es una herramienta de gran valor para el detallista.

Los objetivos[15] de comunicación de un punto de venta siguen las siguientes orientaciones:

— Dar a conocer el punto de venta.
— Explicar las ventajas que ofrece el punto de venta.
— Conseguir una determinada imagen.
— Posicionar el punto de venta.
— Incitar la visita al comercio y a las compras subsiguientes.

Debemos diferenciar tres tipos de publicidad: anuncios en medios publicitarios, publicidad en el lugar de venta y publicidad directa.

1. Anuncios en medios publicitarios

En principio, podemos afirmar que no hay restricciones en cuanto a la utilización de los distintos medios publicitarios por parte de las empresas minoristas. No obstante, la utilización eficiente de esta herramienta de marketing nos induce a considerar cuáles son los medios más recomendables para cada tipo de empresa.

Las cadenas de distribución más importantes, las que operan en todo el territorio nacional, pueden y deben utilizar todos los medios pu-

[15] Jallais, J.; Orsoni, J., y Fady, A.: *Le marketing de la distribution application au point de vente,* Vuibert, París, 1987, pág. 379.

blicitarios a su alcance, siempre bajo una óptica de eficacia y eficiencia. No debe extrañar, por tanto, que empresas como El Corte Inglés figure repetidamente en el primer o primeros lugares de las empresas que más invierten en publicidad en nuestro país.

En el polo opuesto, un pequeño comerciante, con un único establecimiento y que su área comercial no sobrepasa su barrio, no debe utilizar de ninguna forma medios de comunicación nacionales, regionales o provinciales por razones de eficiencia. Los medios publicitarios a utilizar quedarían restringidos a los que operan en su área comercial y la publicidad directa.

Una pequeña empresa comercial puede utilizar para emitir sus mensajes publicitarios, entre otros, los siguientes medios:

— Televisiones locales y de barrios (vídeos comunitarios).
— Emisoras locales de radio.
— Cines de barrio.
— Prensa local.
— Vallas publicitarias ubicadas en el área comercial.

2. Publicidad en el lugar de venta[16]

La publicidad en el lugar de venta, denominada por sus iniciales PLV, es la publicidad que se realiza en los establecimientos donde se comercializan productos o servicios. Este tipo de publicidad, que realizan tanto distribuidores como fabricantes, se manifiesta de las siguientes formas[17]:

1. Exhibidores o expositores. Los exhibidores son muebles o estanterías diseñados para mostrar productos y publicidad asociada a los mismos.
2. Embalajes presentadores. Los embalajes presentadores son materiales o recipientes destinados a contener un conjunto de productos para su exhibición y venta al público.
3. *Displays*. Son pequeños soportes independientes de cartón, madera, tela, plástico, alambre, etc., y que pueden contener uno o

[16] En este apartado reproducimos el epígrafe 5.8 del libro *Planificación publicitaria* editado por Pirámide y del que somos coautores con E. Martín.

[17] Ortega, E.: *Dirección publicitaria*, Esic, Madrid, 1987, pág. 97.

varios artículos. Se suelen colocar tanto en los escaparates como en el interior del establecimiento (mostrador, estantería o, incluso, el suelo). En la figura 4.11 mostramos un mueble expositor de zapatería y un *display* de Julio Iglesias.

Figura 4.11. Mueble expositor y *display*.

4. Carteles. Es elemento primario y el más elemental de la publicidad en el punto de venta. Los carteles son tratados en el epígrafe siguiente.
5. Megafonía publicitaria. Son los anuncios emitidos por el medio radiofónico de un punto de venta durante el horario comercial.
6. Proyecciones audiovisuales. Son las grabaciones publicitarias que se exhiben por medios audiovisuales en determinados lugares del punto de venta.

El cuadro 4.2 ilustra los efectos sobre las ventas de diversas combinaciones de acciones publicitarias en el punto de venta.

CUADRO 4.2

Cartel con la siguiente publicidad	**Incremento de ventas**
Oferta	+ 5 %
Oferta + Marca	+ 18 %
Oferta + Marca + Precio	+ 33 %
Oferta + Marca + Precio tachado	+ 38 %
Acción en la estantería del lineal	
Oferta + Mayor espacio en el lineal + PLV	+ 30 %

3. Publicidad directa[18]

En los últimos años estamos asistiendo a un despegue de lo que se ha denominado marketing directo.

El marketing directo[19] comprende el conjunto de actividades por las que el vendedor efectúa la transferencia de bienes y servicios al comprador, y dirige sus esfuerzos a una audiencia cualificada utilizando uno o más medios, con objeto de solicitar una respuesta por teléfono, correo o una visita personal de un cliente actual o potencial.

---

[18] Díez, E., y Martín, E.: *Planificación publicitaria,* Pirámide, Madrid, 1993, págs. 90-91.

[19] *Venta por correspondencia,* Iresco, Madrid, 1985, núm. 25, pág. 10.

La publicidad directa es una de las áreas de mayor contenido en el marketing directo. Los principales elementos de publicidad directa que se pueden aplicar a la publicidad de un establecimiento minorista son los siguientes:

1. Catálogos. Los catálogos son un conjunto de hojas, que generalmente adoptan el formato de revista, en el que se relacionan y describen algunos aspectos de los artículos que se ofrecen en venta. La figura 4.12 muestra la portada del catálogo AKI y la figura 4.13 una de las más de 300 páginas de que consta dicho catálogo.

Figura 4.12. Catálogo de AKI.

Figura 4.13. Una hoja del catálogo de AKI.

2. Folletos. Están formados[20] por una hoja o doble hoja de papel, generalmente impresos en color, que se suelen distribuir en los mostradores de algunos establecimientos o a domicilio. Los encartes[21] son aquellos folletos que han sido preparados por la empresa anunciante para que se coloquen entre las páginas de una publicación. Su dimensión suele ser algo inferior a la del formato de la publicación en la que se desea encartar. Los catálogos y folletos se diferencia por el fin que persiguen[22]. El folleto es analítico, tiende a seducir y argumentar. El catálogo es enumerativo y descriptivo de los objetos ofrecidos, y reseña los precios y las condiciones de venta. El folleto se dedica a uno o pocos productos. El catálogo a una amplia gama de productos.

   Las características más apreciadas por el consumidor en los folletos, según Ballina y González[23], se centran en los siguientes apartados:

   — El tipo de papel utilizado.
   — Prefieren que los productos no estén muy juntos e igualmente es importante la situación dentro del folleto y el tamaño respecto a los demás productos ofertados.
   — Quieren ver el producto junto con el precio (no ver simplemente una lista de precios).
   — Calidad de los productos o formato van unidos a precios altos, siendo además las dos variables que principalmente maneja el consumidor a la hora de adquirir sus productos.
   — Interesa, también, la proximidad o no del establecimiento.
   — Asimismo, es importante que se indique el peso o la cantidad del producto (para evitar engaños).

3. Desplegables. Son hojas que se presentan perfectamente dobladas y que, generalmente, son de medianas o grandes dimensiones. Para ver el contenido del anuncio precisa ser desplegada en su totalidad.

---

[20] Ortega, E.: Ob. cit., pág. 96.

[21] Ortega, E.: *El nuevo diccionario de Marketing,* Madrid, Esic, 1990, pág. 395.

[22] *Venta por correspondencia,* ob. cit., pág. 22.

[23] Ballina, J., y González, F.: *Una investigación exploratoria sobre promoción de ventas,* ponencia presentada en el IX Congreso Nacional y V Congreso Francés de AEDEM, Toledo 3-5 mayo, 1995.

La entrega de estos elementos publicitarios puede adoptar alguna de las siguientes formas:

— Por personal propio o contratado del minorista en la calle o a domicilio.
— Mediante terceras personas, por ejemplo, en un kiosco, punto de venta, etc.
— Envío por correo.
— Buzoneo (depósito en buzones de correspondencia).

4.4. LOS CARTELES

Los carteles son el elemento básico y fundamental de la animación de un punto de venta. Pueden adoptar distintas formas. Uno de los elementos clave es su poder para captar la atención y la originalidad del mismo.

Tipos de carteles

Colgantes

Son carteles que cuelgan del techo del establecimiento. Se puede considerar la posibilidad de dotarlos de movimiento para conseguir captar una mayor atención por parte de los clientes.

Mástiles

Son carteles que tienen como base el suelo del punto de venta.

Indicadores

Los carteles indicadores tienen como objetivo la señalización de una sección o de una familia de productos. Es recomendable que estos carteles se sitúen a una altura superior a las góndolas, en el sentido de circulación de los clientes y con la información en las dos caras del cartel. La figura 4.14 recoge un cartel indicador de ciertas familias de una sección. La figura 4.15 es un cartel informativo de las distintas marcas

Figura 4.14. Cartel indicador de familias de una sección.

y precios de detergentes que ofrece un establecimiento. Este tipo de carteles son muy bien recibidos por parte de los compradores.

Cartel de venta

El cartel normal de venta puede descomponerse en dos apartados: en primer lugar, el denominado «elemento de parada». Generalmente, es una palabra («alto», «oferta», «ocasión», etc.) cuya lectura por parte del cliente tiene como misión provocar su detención o disminución de su velocidad en el interior del establecimiento. Se recomienda para este elemento una superficie aproximada del 10 % de la totalidad del cartel.

En segundo lugar, el «precio», que debe ocupar en torno al 70% de la superficie del cartel.

Figura 4.15. Cartel indicador de las distintas marcas y precios de detergentes que ofrece el establecimiento.

Carteles de precios

Los carteles de precios, para ser efectivos, deben poseer los siguientes requisitos:

1. Los números del precio deben ser «grandes» y de trazo «grueso». Por tanto, deben extenderse por la mayor parte del cartel por razones obvias de visibilidad.
2. Está demostrado en la práctica que los carteles de precios «terminados en flecha» o con el dibujo de la misma consiguen mejores resultados que aquellos que no la incluyen.
3. Los carteles de precios deben combinar una parte confeccionada por la imprenta con el toque personal de algún apartado. Por ejemplo, es recomendable que los números que componen el precio se hagan manualmente.
4. Los carteles de precios deben ser de cartulina con fondos adecuados (blancos, amarillos o pálidos en general).
5. En los carteles de precios se deben utilizar y combinar diversos colores, pero sin abusar. Se recomienda la utilización de tres colores (uno para el marco, otro para el precio y el tercero para el reclamo). Los colores deben elegirse desde la óptica del objetivo perseguido: que sea visible y atractivo.

Las figuras 4.16 y 4.17 muestran carteles que pueden ser considerados de venta y de precios.

4.5. EL MOBILIARIO

La presentación de los productos en un establecimiento en libre servicio se realiza mediante la utilización de un mobiliario determinado. Redinbaugh[24] define el «mobiliario de presentación» como aquellos bienes asociados con la presentación, servicio y venta de la mercancía.

Según Zorrilla[25], la elección del mobiliario de presentación para un punto de venta es una tarea muy importante y que entraña amplias implicaciones. Destacamos las siguientes:

1. Imagen del punto de venta. El mobiliario es un elemento de los integrantes de la imagen del comercio. El mobiliario desempeña

---

[24] Redinbaugh, L. D.: *Retailing Management. A Planning Approach,* McGraw-Hill, Estados Unidos, 1976, pág. 189.

[25] Zorrilla, M.ª P.: *El merchandising: Instrumento estratégico y operativo de la gestión detallista,* tesis doctoral no publicada, Universidad del País Vasco, 1994, págs. 225-226.

Figura 4.16. Cartel de venta.

un papel esencial en la información al cliente sobre el tipo de tienda en la que se encuentra.

2. Coste. La inversión en mobiliario es, generalmente, cuantiosa. Por tanto, la decisión sobre la elección de muebles debe ser to-

Figura 4.17. Cartel de precios.

mada después de considerar aspectos como la adecuación del mobiliario al producto, la imagen que transmite, etc.

3. Presentación. El mobiliario es el soporte físico de presentación de los productos a la clientela. Por consiguiente, debemos bus-

car una simbiosis perfecta entre mobiliario y producto. Parece evidente que para distintos productos se pueden requerir necesidades de mobiliario diferentes.

Los muebles presentan una serie de características sobre las que conviene efectuar algunas reflexiones.

1. Altura

La altura de los muebles de un libre servicio suele ser de 1,70 metros, aunque existen de diversas alturas (1,2, 1,4, 1,7, 2,0, 2,1 2,2 metros). Parece evidente que no es obligatorio que en un punto de venta todas las góndolas o murales tengan la misma altura. Aunque parece aconsejable, en la mayoría de los casos, que las secciones guarden cierta homogeneidad en la presentación, esto no quiere decir que todo el punto de venta disponga del mismo mobiliario.

La altura de los muebles puede variar en función del tipo de producto que va a contener y de las motivaciones de compra de los clientes.

2. Profundidad

Generalmente, la profundidad de las góndolas es de 60 centímetros, aunque existen otras con 40 y 50. Una mayor profundidad permite que, asignada una longitud determinada de lineal a una familia de productos, la cantidad presentada de los mismos pueda ser más amplia, con lo que la rotura de stocks podrá ser menor o el período de reaprovisionamiento pueda ser más dilatado.

3. Longitud de las góndolas

La longitud normal de los módulos que componen una góndola es de 1,33 metros, aunque existen otras de dimensiones distintas (1, 1,2 y 1,3 metros).

La longitud de una góndola tiene influencia en las compras de los clientes que las recorren. Generalmente, en alimentación se suele recomendar que las góndolas sean largas. Por el contrario, las que contienen productos de compra impulsiva no deben estar formadas por muchos módulos.

4. Número de estantes

En las góndolas debe colocarse un número de estantes que permita, con los productos que va a contener, utilizar la mayor parte de la superficie de exposición (en torno al 90 %). La cifra del 90 ó 95 % debe considerarse como un objetivo, ya que la realidad nos muestra cifras muy inferiores (en torno al 70 %).

5. Cabeceras de góndola

Las cabeceras de góndola deben ser consideradas, únicamente, como emplazamientos promocionales y no como constitutivos del lineal de una sección. Las cabeceras de góndola tienen un papel fundamental en la animación del punto de venta. Se renuevan periódicamente, por lo general cada quince días (a veces semanalmente). De esta forma contribuyen a cambiar la ambientación de la sala de ventas. Las razones de estos cambios vienen motivadas por el hecho de que las promociones ofertadas en una cabecera de góndola pierden su efectividad una vez superados los quince días desde su implantación.

A modo de resumen, podemos afirmar que las dos características fundamentales que debe presidir la elección del mobiliario son las siguientes: en primer lugar, se debe buscar unos muebles adecuados a la imagen que se quiere transmitir; el mobiliario debe ser un instrumento que mejore el ambiente de compra por parte de los clientes, y debe posibilitar un entorno agradable realzando la sección en la que se ubican; en segundo lugar, los muebles deben adecuarse perfectamente a los productos que van a ser exhibidos en sus estanterías, lo que implica decisiones sobre tipos, profundidad, altura, etc., de los muebles a seleccionar.

La elección del mobiliario, no obstante, presenta una serie de restricciones, entre las que sobresalen las siguientes:

- La arquitectura interior del establecimiento.
- La limitación de espacio en la sala de ventas para secciones, familias de productos, etc.
- Los muebles existentes en el mercado y que son fabricados por las empresas del ramo. La fabricación de muebles a medida supondría un coste difícilmente asumible por las empresas.

Elementos de la venta visual

Back to back. Mueble expositor de dos caras transportable.

Blister pack. Forma de envasado consistente en fijar sobre un cartón el producto, recubriendo a este último de plástico transparente (figura 4.18).

Figura 4.18. *Blister* de pilas Tudor.

Bulk basket. Recipiente en el que se presentan artículos desordenados o en revoltijo previamente planificado (figura 4.19).

Figura 4.19. *Bulk basket.*

Cabecera de góndola. Son los extremos de una góndola. Constituyen emplazamientos promocionales que el distribuidor ofrece a los proveedores mediante el pago de una cantidad en dinero.

Contenedores-presentadores. Son exhibidores masivos de mercancías, generalmente metálicos. Normalmente se presentan los productos en desorden o revoltijo (figura 4.20).

Figura 4.20. Contenedor-presentador.

Corchetes. Soportes metálicos que se fijan a los muebles expositores y sustentan un conjunto de *blisters* (figura 4.21).

Chek out. Mueble caja ubicado a la salida de un punto de venta.

Figura 4.21. Corchetes que sustentan *blisters*.

Chek out stand. Mueble expositor situado delante de la caja de salida (figura 4.22). Tiene como objetivo incitar a realizar compras por impulso de artículos de reducido tamaño y precio.

Embalaje presentador. Embalaje que, abierto de forma determinada, permite ser colocado en el lineal y se convierte en un expositor del fabricante.

Floor stand. Expositor de gran tamaño y duración limitada, generalmente de cartón, destinado a presentar ofertas o acciones de corta duración. Se suele colocar directamente sobre el suelo del punto de venta.

Góndola. Estantería de doble cara, formada por módulos.

Figura 4.22. Mueble expositor situado delante de las cajas de salida.

Isla. Forma «masiva» y «aislada» de presentación de un producto. Generalmente se presenta una gran cantidad de productos apilados sobre el suelo directamente o sobre algún soporte tipo palet que permite su separación del mismo. El producto no tiene contacto directo con otro tipo de producto (figura 4.23).

Figura 4.23. Isla.

Expositor impulsivo. Mueble adaptado especialmente para contener y ofrecer productos de compra impulsiva (figura 4.24).

Mural. Mueble de una cara situado sobre una pared del punto de venta.

Figura 4.24. Expositor impulsivo.

Peg board. Tabla perforada que se coloca verticalmente en los murales o góndolas. En los agujeros de esta tabla se introducen unas barras metálicas que permiten exponer cierto tipo de artículos envasados convenientemente.

Presentadores (exhibidores o expositores). Los presentadores pueden ser de un solo uso o permanentes.

Los presentadores de un solo uso suelen estar elaborados con materiales poco resistentes (por ejemplo, cartón) y se utilizan para productos de tamaño reducido. Una vez que se agotan los productos del presentador, éste se desecha.

Los presentadores permanentes son de material duradero y se repone la mercancía en los mismos a medida que el producto es retirado por los clientes.

Cabe distinguir también entre presentadores del fabricante (figura 4.25) y presentadores del distribuidor. Los presentadores del fabricante incorporan publicidad del mismo. La instalación de este exhibidor requiere una negociación con el distribuidor y, generalmente, el pago de una contraprestación.

Los presentadores[26] también pueden clasificarse en las tres categorías siguientes:

1. El presentador de mostrador. Suele ser de volumen reducido y permite la venta en libre servicio de los productos que contiene.
2. Presentador mural. Es idéntico al anterior pero con la salvedad de ir adosado a la pared.
3. Presentador de pie (suelo). Es un mueble capaz de contener un número importante de referencias.

Rack. Marco metálico que abarca una parte concreta del lineal y que está destinado a contener el precio de un producto.

Self extender. Elementos que hacen sobresalir un producto colocado en un lineal.

---

[26] Biolley, G., y Cohen, M.: *Tratado de promoción de ventas,* Hispano Europea, Barcelona, 1981, pág. 227.

Figura 4.25. Presentador del fabricante.

TÉRMINOS CLAVE

Atmósfera. Término usado para describir la calidad del ambiente de un determinado lugar, es decir, la calidad del espacio circundante.

Catálogos. Conjunto de hojas que generalmente adoptan el formato de revista, en el que se relacionan y describen algunos aspectos de los artículos que se ofrecen en venta.

Contenedores desordenados. Presentación masiva de productos en contenedores en un desorden diseñado de forma consciente.

Creación de ambientes. Forma creativa de animación del punto de venta que implica cambios en la disposición del establecimiento, nuevos decorados, productos apropiados, medios audiovisuales, etc.

Colgantes. Carteles que cuelgan del techo del establecimiento.

Desplegables. Hojas que se presentan perfectamente dobladas y que son de medianas o grandes dimensiones.

Displays. Pequeños soportes independientes de cartón, madera, tela, plástico, alambre, etcétera, que pueden contener uno o varios artículos.

Embalajes presentadores. Materiales o recipientes destinados a contener un conjunto de productos para su exhibición y venta al público.

Exhibidores o expositores. Muebles o estanterías diseñadas para mostrar productos y publicidad asociada a los mismos.

Indicadores. Carteles que tienen como objetivo la señalización de una sección o de una familia de productos.

Isla. Forma de presentación «masiva» y «aislada» de un producto fuera del lineal y sin ningún contacto con otro tipo de productos.

Encartes. Folletos que han sido preparados por la empresa anunciante para que se coloquen entre las páginas de una publicación.

Folletos. Están formados por una hoja o doble hoja de papel, generalmente impresos en color, que se suelen distribuir en los mostradores de algunos establecimientos o a domicilio.

Marketing directo. Conjunto de actividades por las que el vendedor efectúa la transferencia de bienes y servicios al comprador, y dirige sus esfuerzos a una audiencia cualificada utilizando uno o más medios con objeto de solicitar una respuesta por teléfono, correo o una visita personal a un cliente actual o potencial.

Mástiles. Carteles que tienen como base el suelo del punto de venta.

Megafonía publicitaria. Medio radiofónico por el que se emiten anuncios en un punto de venta durante el horario comercial.

Mobiliario de presentación. Bienes asociados con la presentación, servicio y venta de la mercancía.

Modelo AIDA. Según este modelo, el vendedor debe conseguir secuencialmente los siguientes objetivos de un cliente: captar la atención, conseguir el interés, suscitar el deseo y provocar el comportamiento de compra.

Palet. Dispositivo móvil constituido por dos pisos unidos entre sí por largueros, cuya altura está reducida al mínimo y es compatible con la manipulación por medio de carretillas elevadoras con horquillas.

Pilas. Forma de presentación masiva de un producto en la sección del producto.
Presentación repetida. Ubicación del producto en más de un lugar de su sección o en otros lugares del establecimiento.
Proyecciones audiovisuales. Son grabaciones publicitarias que se exhiben por medios audiovisuales en determinados lugares del punto de venta.
Stand de degustación. Tienen como finalidad la prueba por parte de los clientes de una degustación del producto.
Stand de demostración. Tienen como objetivo dar a conocer los productos a los clientes, mostrar el funcionamiento, argumentar sus ventajas y conseguir que los consumidores prueben en el punto de venta la utilización del producto en demostración.

PROYECTO SUGERIDO

Elija un establecimiento comercial. Relacione exhaustivamente los elementos que encuentre de animación del punto de venta y la localización de los mismos. Lleve a cabo un análisis crítico sobre el estado actual de la animación del punto de venta y sugiera la forma de mejorarla.

5 Promoción de ventas

5.1. Clasificación
5.2. Promociones fabricante-consumidor
5.3. Tipos de promociones fabricante-consumidor
5.4. Objetivos de las promociones en el punto de venta
5.5. Tipos de promociones en el punto de venta
5.6. Promociones del fabricante versus promociones del punto de venta

5.1. CLASIFICACIÓN

Las promociones de ventas pueden clasificarse en los siguientes tipos[1]:

1. Promociones dirigidas al consumidor.
2. Promociones realizadas sobre la fuerza de ventas.
3. Promociones a los canales de distribución.
4. Promociones del punto de venta.
5. Promociones especiales.

Dentro de estos cinco grupos de promociones, vamos a tratar únicamente aquellas que inciden directamente en el punto de venta y contribuyen a su animación. Son las promociones al consumidor y las promociones en el punto de venta.

5.2. PROMOCIONES FABRICANTE-CONSUMIDOR

Son las promociones que el productor ofrece al consumidor. Según Córdoba y Torres[2], los objetivos que se pueden alcanzar con las promociones del productor al consumidor son las siguientes:

---

[1] Kergrohenn, Y., y Salén, H.: *Promoción y merchandising,* Distribución Consulting, Barcelona, 1987.

[2] Córdoba, J. L., y Torres, J. M.: *Teoría y aplicaciones del marketing,* Deusto, Bilbao, 1981, página 355.

Objetivos generales

— Aumentar ventas a corto plazo.
— Acercamiento del producto al consumidor.

Objetivos específicos

1. *De empresa*

   — Liquidar un stock.
   — Liquidez a corto plazo.
   — Luchar contra la competencia.
   — Motivar al equipo de ventas.
   — Productividad y rentabilidad.

2. *De mercado*

   — Introducir nuevos productos.
   — Acelerar el hábito de consumo de un producto.
   — Mejorar la participación en el mercado.
   — Aumentar la frecuencia del consumo.

3. *De distribución*

   — Extender la distribución.
   — Aumentar la rotación de stocks.
   — Mejorar la exhibición en el punto de venta.

5.3. TIPOS DE PROMOCIONES FABRICANTE-CONSUMIDOR

Kergrohenn[3] las divide de la siguiente manera:

Ofertas de precio

1. *Inmediatas*

   1. Descuento inmediato.
   2. El vale de descuento inmediato.

---

[3] Kergrohenn, Y., y Salén, H.: Ob. cit., págs 43-112.

2. *Diferidas*

   3. El reembolso.
   4. El vale diferido.

Ofertas en especie

5. El producto adicional.
6. Las muestras.
7. La oferta de autoliquidación.
8. Regalo directo.
9. Regalo diferido.

Ofertas selectivas

10. Concursos.
11. Juegos.

5.3.1. Descuento inmediato

El descuento inmediato consiste en la reducción del precio de venta al público. Las ofertas de precio o venta con reclamo es el tipo de promoción de ventas más usado universalmente. Las razones son evidentes: los resultados conseguidos son espectaculares.

Uno de los problemas fundamentales que afrontan los que utilizan esta forma de promoción es la de determinar el montante de la reducción en el precio de venta. Cuando éste es pequeño (inferior al 10 %), el consumidor no visualiza la promoción como atractiva, y no se consiguen resultados estimables en las ventas. Se ha demostrado que los primeros efectos apreciables en ventas con la reducción del precio se obtienen a partir de rebajas entre el 10 y el 12 %. No obstante, es difícil generalizar estas recomendaciones, ya que están afectadas por el tipo de producto, la competencia, la imagen de marca, etc.

Las principales *ventajas* son las siguientes[4]:

1. *Resultados*. La reducción del precio se revela como una de las formas que mayor impacto causa en los consumidores. Se refuerza si el descuento lo realiza una marca líder.

---

[4] Leduc, R.: *La publicidad, una fuerza al servicio de la empresa,* Paraninfo, Madrid, 1969, página 144.

2. *Simplicidad.* La planificación y puesta en marcha de este tipo de promociones es muy sencilla.
3. *Rapidez.* Desde la concepción de la promoción hasta su salida al mercado no se precisa mucho tiempo.
4. *Flexibilidad.* Las reducciones de precio pueden ser usadas por una empresa como estrategias de defensa o de ataque frente a la competencia.

Como *inconvenientes* debemos resaltar, entre otros:

1. *Imagen.* La mayor parte de las ofertas de precios tienen repercusiones negativas sobre la imagen de marca de los productos ofertados. Una reducción sensible del precio de una marca goza de buena aceptación por parte de los consumidores, pero la vuelta al precio normal perjudica sensiblemente la imagen de marca.
2. *Fidelidad.* Las ofertas de precios no suelen conseguir la fidelidad de los consumidores que han comprado un producto como consecuencia de la reducción del precio, ya que cuando la oferta se termina vuelven a comprar, generalmente, el producto que goza de su predilección.
3. *Coste.* Este tipo de promociones tiene como inconveniente su elevado coste. Este coste será mayor en tanto en cuanto la rebaja en el precio sea de mayor cuantía. Además, hay que considerar, también el coste del lanzamiento de la promoción: alquiler de cabeceras de góndolas, publicidad, etc. Todos estos costes únicamente pueden compensarse por el aumento de ventas y otros objetivos cualitativos y cuantitativos que se persigan.

A nuestro entender, no podemos recomendar a los fabricantes las promociones de descuentos de precios, ya que creemos que los inconvenientes superan en demasía a las ventajas descritas anteriormente. Cuanto más prestigio y liderato tenga una marca en el mercado, menos conveniente debe ser para esa empresa las rebajas en el precio, aunque, como hemos afirmado, los resultados de ventas sean muy notables.

De cualquier forma, si se realizan promociones de precio debemos «vestir» a la promoción con un traje adecuado: «Oferta 25 aniversario», «Nueva fórmula», «Semana del consumidor», etc.

5.3.2. El vale de descuento inmediato

Consiste en la reducción del precio de venta del producto en una cuantía fijada en un vale que el consumidor entrega en el punto de venta. El detallista, por su parte, lo presenta al fabricante, que paga su valor más un plus por la gestión realizada.

La figura 5.1 ilustra las dos caras de un vale inserto en un desplegable publicitario.

Se utilizan como equivalentes los términos vale, bono y cupón (este último, debido a que, normalmente, los vales se insertan en reclamos publicitarios y hay que recortarlos para su entrega en el punto de venta). En nuestro país se utiliza con mayor asiduidad la palabra vale, y en muy pocos casos bono.

Los vales deben ser concebidos con las siguientes características:

1. Deben tener un tamaño adecuado para la manipulación y archivo por parte de los detallistas.
2. El reclamo en el que se insertan debe estar acorde con la imagen de la empresa y utilizarse como soporte publicitario de la misma.
3. El vale debe explicitar claramente las condiciones de utilización.
4. El vale debe estar codificado para su tratamiento administrativo y evitar falsificaciones.

Redención

Se denomina redención al hecho del reembolso del vale de descuento del consumidor al fabricante (por intermedio o no del distribuidor).

El principal problema que representan los vales es que se necesita obligatoriamente la colaboración del distribuidor para la recogida de los mismos. La gran utilización de promociones con vales hizo que en las grandes superficies existiese una caja especial para su recogida. Poco a poco, el distribuidor ha ido negándose a realizar estas labores y las grandes superficies, especialmente, no aceptan estos tipos de promociones, con lo que su utilización por las empresas ha disminuido sensiblemente.

Otro problema que plantea este tipo de promociones es la duración de la misma. El plazo que tiene el consumidor para efectuar la compra

Figura 5.1. Vale de descuento inmediato.

con el vale oscila entre uno y tres meses. Una vez finalizado este plazo se debe añadir el período que el distribuidor tarda en recoger, ordenar y enviar al fabricante la totalidad de los vales de su establecimiento o los de la cadena.

Por tanto, parece lógico pensar que la liquidación de la promoción puede abarcar como mínimo entre seis meses y un año o, incluso, dos años. Algunos intentos para acortar este plazo, disminuyendo el plazo de entrega del vale por parte del consumidor, no han conseguido abreviar este plazo de forma notoria.

Como hemos dicho anteriormente, el consumidor recibe el descuento de forma inmediata, mediante la entrega del vale en el punto de venta. Un aspecto fundamental de los vales consiste, por tanto, en la forma de entrega del mismo al cliente. Existen las siguientes modalidades[5]:

1. Entrega del vale en el establecimiento

La entrega del vale en el punto de venta puede efectuarse por personal contratado por el fabricante o por el propio personal del punto de venta. En todo caso debe velarse por el cumplimiento estricto de la entrega de un único vale por cliente.

2. Envío de bonos por correo

Consiste en el envío por correo del vale, mediante empresas públicas o privadas, al domicilio de las personas que componen el *target* (población objetivo) de la promoción.

Ventajas

1. Se beneficia de la promoción, únicamente, la población objetivo seleccionada con nuestra acción comercial.
2. Los resultados conseguidos suelen ser muy satisfactorios; generalmente, entre el 20 y el 30 % de los vales remitidos son utilizados por los clientes. Aunque, como ya hemos afirmado repetidamente, generalizar es siempre difícil ya que los resultados dependen de diversos factores, como producto, marca, cuantía

[5] Leduc, R.: Ob. cit., págs. 152 y ss.

de la reducción, etc. Los vales empleados por los clientes no suelen bajar del 10 %. Niveles de redención de más del 20 % pueden ser considerados como muy importantes y harto difíciles de conseguir con las promociones de ventas.

Inconvenientes

1. La dificultad de disponer de listados actualizados de la población objetivo, fundamental para la eficacia de este tipo de envíos, se convierte en el principal inconveniente.
2. El coste elevado que representa el envío por correo de los vales.

3. Entrega de los vales a domicilio

Consiste en la entrega del vale en el domicilio de las personas, generalmente en el buzón del inmueble en el que habitan.

Esta forma de entrega se convierte en cierta medida en una alternativa a la anteriormente descrita. Normalmente, se entregan los vales a todas las personas de una determinada zona sin ninguna selección entre las mismas. Por tanto, se entregarán tanto a personas que componen la población objetivo como a las que no la forman. El resultado es evidente: el nivel de redención es menor.

Por ello, esta forma de actuar se utiliza básicamente para productos de uso general, con lo que se alcanzan redenciones del 20 al 25 %.

La proliferación de promociones mediante la entrega a domicilio de una publicidad que inserta un vale descuento es muy frecuente en las zonas de gran concurrencia urbana. Las razones se derivan de que el coste del buzoneo es pequeño en comparación con el envío por correo y, aunque la redención no sea muy alta, se logran impactos publicitarios.

No obstante, cuando un producto no es de consumo general y se dispone de listados de la población objetivo es recomendable la utilización del envío por correo.

4. Vales en el medio diarios

La inserción de un cupón como parte de un anuncio publicitario en los periódicos es otra modalidad de entrega de vales de descuento inmediato a los consumidores.

Ventajas

1. Coste de entrega reducido.
2. Los cupones en un anuncio en prensa consiguen un aumento de lectura del anuncio y, por consiguiente, refuerzan el impacto publicitario.
3. Es la forma más rápida para la distribución de los vales.

Inconvenientes

1. Redenciones muy reducidas (en torno al 1 ó 2 %). Los españoles somos muy poco aficionados a recortar cupones de la prensa.
2. Cuando el vale es de alta cuantía se pueden producir situaciones que podemos calificar de perniciosos para el fabricante. Es frecuente la utilización de más de un vale por cliente o la adquisición de un conjunto de los mismos por el distribuidor mediante la compra de una determinada cantidad de periódicos u otras vías.

5. Vales en el medio revistas

En este caso el cupón forma parte de una inserción publicitaria en una revista.

Conviene hacer algunas precisiones diferenciales de esta forma frente a la precedente.

Las ventajas de coste que apuntábamos para el medio periódicos se diluyen, ya que la inserción de anuncios en el medio revistas, presenta un mayor coste. No obstante, la eficacia de los anuncios es superior en el medio revistas, ya que la atención y el tiempo dedicados a la lectura por parte de la audiencia es muy superior a los diarios.

Esto se traduce, lógicamente, en un aumento de la redención alcanzada (entre un 5 y un 10 %).

5.3.3. El reembolso

El reembolso *(cash refund)* es una forma proporcional oriunda de Norteamérica que llega a Europa a principios de la década de los setenta.

Admite diversas variantes, de las que vamos a desarrollar las siguientes:

1. Reembolso

El reembolso tradicional, es decir, el reembolso «sin apellido», es una oferta del fabricante que consiste en abonar una cantidad a los clientes que han adquirido su producto mediante el envío de la prueba de compra.

Por tanto, el reembolso puede ser considerado como un descuento en el precio diferido. Por ejemplo, en 1994 Hewlett Packard (figura 5.2) ofrecía un escáner HP ScanJet IIcx al precio de 169.000, pero enviando la prueba de compra a su sede central remitían un cheque de 20.000 pesetas. Por tanto, el precio real era de 149.000 pesetas, aunque las 20.000 pesetas no se abonan de forma inmediata sino diferida.

Figura 5.2. Reembolso.

Ofertas clásicas de reembolso son las que se hacen en forma similar a la siguiente: «Envíenos 5 pruebas de compra [por ejemplo, el código de barras] del producto X y recibirá 1.000 pesetas».

El reembolso debe ser analizado económicamente antes de su puesta en marcha. Así, por ejemplo, en el último caso ofrecemos un reembolso de 200 (1.000/5) pesetas por producto comprado. Si la redención es del 10 %, esto quiere decir que de cada 10 productos vendidos sólo uno solicita el reembolso. Aunque ofrecemos 200 pesetas de descuento por producto únicamente abonamos 20 (no incluimos los gastos de reembolso para simplificar).

Cuando el montante del reembolso es elevado pueden producirse incrementos en el porcentaje de clientes que solicitan el reembolso. A veces, las empresas que emplean estas promociones cubren los riesgos con pólizas concertadas con compañías de seguros. Éstas fijan la prima en función de la cantidad cubierta y del riesgo que asumen. Generalmente, se establece un mínimo, es decir, la compañía no se hace responsable hasta que no se alcance una determinada cantidad, y un máximo, es decir, una cantidad máxima que la compañía de seguros está dispuesta a cubrir.

2. Satisfecho o le devolvemos el dinero

Es una oferta de descuento diferido por la totalidad del valor del producto. El cliente puede solicitar el reembolso íntegro de lo pagado por un producto si no es de su entero agrado, justificando la prueba de compra.

Se utiliza esta promoción, fundamentalmente, para conseguir nuevos consumidores de un producto o, también, dar a conocer un nuevo producto. Generalmente, el porcentaje de redención suele ser escaso (3 %).

3. Primera compra gratuita

Es una oferta de reembolso diferida del montante pagado por la primera compra efectuada de un producto.

Se utiliza para el lanzamiento de un nuevo producto y la oferta puede ir acompañada del añadido «cuando el producto no es de su satisfacción». En este caso se convierte en una variante del caso descrito anteriormente, pero referido únicamente a la primera compra.

Este tipo de promociones no puede hacerse con los productos de valor unitario elevado, ya que la redención sería muy abundante.

Una variante de este tipo de promociones consiste en fijar como compra gratuita no la primera, sino una posterior (tercera o cuarta). El reembolso se obtiene previa entrega de las pruebas de compra pertinentes.

4. El tren de reembolso

Es una promoción calificada de agrupada ya que participan diversas empresas. Cada una de ellas (los vagones de un tren) contribuyen con la oferta de un producto, generalmente de gran consumo. Con mucha frecuencia, una de estas empresas identifica como la «locomotora del tren», debido a que su oferta es más importante, es marca líder, etc.

El cliente, para obtener un reembolso, normalmente muy importante, debe enviar las pruebas de compra de todos los productos que componen la oferta del tren.

5. El reembolso cruzado

Consiste en una oferta diferida de reembolso de un determinado montante a los clientes que compran un producto, con la particularidad de que el reembolso se obtiene en la compra de otro producto distinto del primero.

Esta promoción se puede realizar con productos de una misma compañía o de compañías distintas.

5.3.4. El vale diferido

Este tipo de vales tiene como característica el que van incorporados al producto. Por tanto, para poder utilizarlos es necesario adquirirlos habiendo comprado previamente el producto.

Este tipo de promoción beneficia, principalmente, a los consumidores habituales de un producto y, en muchas ocasiones, tiene como objetivo fidelizar a los mismos.

Existen dos modalidades: colocar el vale en la parte externa (envoltorio o envase) o en el interior del producto.

La colocación interna del vale, como es evidente, no puede realizarse en muchos tipos de productos por las características de los mismos, que impiden su introducción y estancia dentro del mismo. Cuando el objetivo es, exclusivamente, fidelizar a los clientes, suele recomendarse la inclusión del vale en el interior del producto, ya que la posición externa del mismo suele atraer, además, a consumidores no habituales.

La colocación en el envase del vale presenta, muchas veces, el problema de la dificultad que existe para separar el vale del envase del que forma parte. Cuando el vale no forma parte del envase o envoltorio del producto (por ejemplo, va adherido) y es fácilmente separable del mismo, se pueden producir fraudes por parte del distribuidor o algunos clientes que se hacen con un número determinado de ellos de forma no lícita.

Este tipo de promociones permite, igualmente, la inclusión de vales cruzados, es decir, ofrecer vales de otro producto de la misma empresa o, incluso, de empresas distintas en colaboración.

Ventajas

1. Promoción que produce efectos importantes en el consumidor, ya que su respuesta es elevada (redención del 10 al 15 %).
2. El coste de distribución de la promoción es reducido.

Inconvenientes

1. Este tipo de promociones conduce, generalmente, a elaborar un nuevo producto (envase, códigos de barras, etc.), elevando el coste de preparación de la promoción.
2. El plazo de desarrollo de la promoción para una empresa se amplía sensiblemente con los vales diferidos, más en tanto en cuanto el plazo que medie entre dos compras por parte de un consumidor sea más amplio. El plazo de validez de un vale de promoción en un producto como, por ejemplo, una botella de aceite de cinco litros, será muy superior al de una botella de un litro, o el de un detergente de 10 kilogramos frente al paquete de 500 gramos.

5.3.5. El producto adicional

Esta oferta promocional consiste en aumentar la cantidad de producto que recibe el comprador sin variar el precio.

En este apartado se enmarcan promociones del fabricante como las siguientes: envase que contienen un 33 % más de producto, *blister* de 4 + 2 pilas al precio de cuatro, etc.

Este tipo de promociones es muy utilizado por los fabricantes de productos de belleza e higiene (jabones, cremas, colonias, etc.), y presenta las siguientes ventajas e inconvenientes:

Ventajas

1. Suele ser recibida muy favorablemente y obtiene unos índices de respuesta estimables por parte de los consumidores.
2. El coste de la promoción depende del coste adicional ofertado y del coste del envase preparado para contener una mayor cantidad si éste es necesario.
3. Se consigue tanto el objetivo de fidelizar a los clientes habituales como el de atraer a nuevos clientes.

Inconvenientes

1. El principal inconveniente se deriva de la preparación del producto para la promoción. Se precisan, generalmente, nuevos envases que hay que fabricar y, a veces, es necesario modificar el diseño del mismo. El cambio de tamaño del envase repercute desfavorablemente sobre la distribución física (transporte, almacenamiento, etc.).
2. Cuando este tipo de promociones se hace con gran frecuencia, lo que realmente está llevando a cabo la empresa es una promoción de oferta de precio.

5.3.6. Muestras

Es una promoción consistente en la entrega de un producto a los consumidores de un tamaño reducido o sensiblemente inferior al tamaño normal. Generalmente, las muestras contienen la cantidad necesaria para un único uso (un lavado de cabeza en el caso de un champú, una aplicación de una crema, etc.).

Al igual que el producto adicional, las muestras son profusamente utilizadas promocionalmente por los productos de perfumería e higiene.

Las muestras son un instrumento especialmente indicado para el lanzamiento de un nuevo producto. Permiten dar a conocer el producto y la prueba del mismo por parte de los consumidores.

El principal inconveniente de las muestras se deriva de que los costes de este tipo de promoción son, normalmente, elevados. Supone costes de diseño del nuevo envase, producción del producto y costes importantes de distribución para la entrega de las muestras.

La forma de entrega de las muestras es muy diversa: a domicilio, envío por correo, encartes en prensa (especialmente en revistas), entrega de la muestra en el punto de venta (por el personal o como parte de un producto que se vende al público), etc.

La entrega de la muestra en el punto de venta presenta una serie de problemas adicionales. Un primer problema es que, en ocasiones, no llegan al consumidor, ya que los vendedores hacen acopio de las mismas para su uso personal, de la familia y amistades. Un segundo problema es que, otras veces se ofrecen como regalo más que como una forma de incitación a su compra.

Cuando la muestra es similar o muy semejante en tamaño al producto original es recomendable, para evitar fraudes, colocar en la misma con letras bien visibles el rótulo «Muestra gratuita. Prohibida su venta».

Uno de los aspectos favorables de las muestras es que permite la entrega de la misma cuando el consumidor adquiere un producto de la misma empresa o, también, de una empresa colaboradora. El éxito de estas promociones se fundamenta en que, normalmente, la muestra incluida en el producto en venta es complementario del mismo (ejemplo, una muestra de un colutorio bucal con un dentífrico en venta al público).

5.3.7. La oferta de autoliquidación (*self liquidating premium* o prima autofinanciada)

Esta promoción consiste en que, mediante la compra de un producto (producto base) determinado, se puede acceder a la compra de otro producto (producto ofertado) totalmente diferente del anterior a un precio de oferta.

Para conseguir el producto ofertado, el comprador del producto debe enviar (generalmente a un apartado postal) una o varias pruebas de compra del producto soporte de la promoción y el dinero correspondiente al precio del producto ofertado (figura 5.3).

Los productos que se ofertan a precio reducido son muy diversos: camisetas, artículos de escritorio, vajillas, relojes, etc. Ahora bien, nada impide que el producto ofertado sea de precio elevado, como electrodomésticos o aparatos técnicos. Hay que precisar que mientras que en Estados Unidos este tipo de ofertas goza de gran éxito, en Europa no tiene mucha aceptación.

Figura 5.3. Prima autofinanciada.

Una de las claves para el éxito de estas promociones consiste en la adecuada elección del producto ofertado. Dentro de lo posible se recomienda que el producto no sea de uso corriente (lo que puede ocasionar conflictos con los minoristas que venden dicho producto y que ven disminuidas sus ventas) y que disfrute de una cierta originalidad (que lo convierta en atractivo para la clientela del producto base de la oferta).

Es conveniente, igualmente, que la promoción sea publicitada convenientemente y que exista colaboración por parte de los establecimientos.

Ventajas

1. Coste reducido. Una empresa que va a utilizar esta promoción, debe adquirir grandes cantidades del producto a ofertar. La compra en grandes cantidades y sin intermediarios permite obtener descuentos muy importantes (40-50 %). Precisamente, este montante va a ser el sustento de la oferta, es decir, el descuento obtenido por la empresa se convierte en la reducción de precio para el producto ofertado (en liquidación, de ahí el nombre de *liquidating* para esta promoción).
2. El producto ofertado puede ser de cualquier valor (alto o pequeño).

Inconvenientes

1. Difícil previsión del grado de respuesta del mercado a las promociones. Las implicaciones son siempre problemáticas para la empresa. Si se compra una cantidad de producto ofertado superior a las necesidades, se producen excedentes y se eleva el coste de la promoción. Por el contrario, si la promoción supera nuestras previsiones no podemos contentar a nuestros clientes y se pueden producir reclamaciones y, en todo caso, pérdida de imagen.
2. Es una promoción, como hemos dicho anteriormente, con un bajo índice de respuesta y, por consiguiente, de éxito.
3. Para hacer llegar a nuestros clientes el producto ofertado, generalmente debemos hacerlo por canales de distribución distintos de los normalmente utilizados para los productos de la empresa.

4. Se pueden producir conflictos con los establecimientos comerciales que venden el producto ofertado a un precio normal, ya que ven disminuidas sus ventas por tener un precio más alto.

5.3.8. Regalo directo

El regalo directo, también denominado prima gratuita, es una promoción consistente en que al comprar un determinado producto nos entregan de forma gratuita otro producto diferente del anterior.

El regalo puede conseguirse bien mediante la compra de una unidad, bien mediante la compra o la prueba de compra de varias unidades. El producto de regalo puede ser de la misma empresa o de otra empresa diferente colaboradora *(cross couponning)*. Así, por ejemplo, una marca de fregona (producto líder) ha ofrecido otros productos propios, como una bayeta, para lanzarlos al mercado o fomentar sus ventas. Una marca de bronceadores en colaboración con una editorial ha ofertado libros de romances mediante la compra de uno de sus productos.

Es aconsejable que el producto regalo tenga relación o complementariedad con el producto base de la oferta. Por ejemplo, mediante la compra de un dentífrico se regala un cepillo de dientes, o un paquete turístico regala bolsas de viaje o por llenar el depósito de gasolina se regala un ambientador para el automóvil.

El éxito de estas promociones radica, indudablemente, en el regalo que se consigue adquiriendo un producto. Generalmente, a mayor valor del producto gratuito mayor éxito, pero se encarece, también, la promoción. Nuevamente factores de originalidad y creatividad pueden cambiar estas pautas.

5.3.9. Regalo diferido

El regalo diferido, o prima diferida, se diferencia del anterior, en que el regalo no se entrega de forma inmediata, sino mediante la entrega de varias pruebas de compra de un producto.

El objetivo es tratar de salvar el inconveniente, antes apuntado, del regalo directo. No se podían dar regalos de coste elevado porque la promoción tendría un coste muy importante. Sin embargo, sí podemos

Figura 5.4. Regalo diferido.

dar un regalo de valor más alto cuando lo entregamos por la compra repetida de varias o muchas unidades del producto en cuestión.

De esta forma la promoción alcanza un mayor grado de éxito y, por otra parte, logramos la fidelidad del consumidor, que debe comprar repetidamente nuestro producto si quiere obtener el regalo ofertado (figura 5.4).

Es indudable que la necesidad de compra repetida hace que estas promociones se utilicen para productos que reúnan dichas condiciones, es decir, productos de compra frecuente o de gran consumo.

Una forma de conseguir mayor impacto promocional, de ésta y otras promociones, consiste en seleccionar como regalos productos que puedan ser deseados por el público infantil (juguetes) (figura 5.5).

Figura 5.5. Promoción dirigida al público infantil.

5.3.10. Concursos

Los concursos promocionales se realizan con la participación de los clientes de una empresa, que compiten para obtener los premios ofertados, que son conseguidos por los consumidores que obtienen los mejores resultados en el concurso.

El concurso es una de las técnicas que se han utilizado promocionalmente con mayor asiduidad, pero en los últimos años ha bajado su empleo de forma manifiesta.

Los objetivos promocionales que pueden buscarse con los concursos son múltiples; entre ellos destacamos los siguientes:

1. Incrementar la notoriedad y/o imagen de nuestra empresa.
2. Conseguir aumentar o liquidar los stocks de los puntos de venta.
3. Elevar el volumen de compra de los consumidores.
4. Incrementar la frecuencia de compras de los consumidores.

Las condiciones para el éxito de los concursos se resumen en los siguientes puntos:

1. Dotación

Para conseguir una buena respuesta de los consumidores es imprescindible que los premios sean estimables. Esto conlleva necesariamente una dotación de recursos que repercute en el coste de la promoción (figura 5.6).

2. Concursantes

Es difícil poder realizar una promoción mediante concurso queriendo conseguir que participe todo tipo de personas. Hay que pensar, además, que cada producto tienen una población objetivo diferente. Igualmente parece difícil la igualdad de oportunidades para conseguir los premios si la población no es homogénea o presenta las mismas características. Por tanto, la mayoría de los concursos van dirigidos a un *target* (blanco u población objetivo) que presenta unas especificaciones claramente definidas.

Para conseguir los premios parece indudable que interpretan un papel fundamental el interés en la participación por parte del concursante, los conocimientos sobre el tema del juego y las fuentes a utilizar para las respuestas, la habilidad para conseguir acertar en las respuestas y la experiencia en concursos similares.

Uno de los problemas de todo tipo de concursos, cuando están dotados de premios apetecibles, es la aparición de profesionales de concursos que acaparan los premios de los mismos. Hoy día existen personas dedicadas exclusivamente a participar y vivir de los premios obtenidos en los concursos, y de ahí su calificación de profesionales de los concursos.

Los concursos que gozan de mayor poder de respuesta, generalmente, son los que implican la participación de mujeres y/o niños, mientras que son menores los éxitos de concursos cuyo *target* son exclusi-

Figura 5.6.

vamente los hombres. No obstante, creemos que la razón de esta aseveración radica en el hecho de que los hombres compran menos productos que las mujeres y, también, en que los premios ofrecidos no son lo suficientemente atractivos para el género masculino.

Poblaciones objetivo de concursos pueden ser las siguientes: intelectuales, amas de casa, solteros, novios, jubilados, etc.

3. Premios

Los premios, como dijimos anteriormente, deben ser lo suficientemente atractivos para lograr una amplia participación. Los premios consisten en regalos que pueden ser monetarios o no monetarios. A continuación relacionamos los utilizados con mayor frecuencia en Estados Unidos[6]:

— Dinero (31,37 %).
— Viajes (18,93 %).
— Automóviles (16,71 %).
— Acciones, títulos de Bolsa (6,25 %).
— Artículos de deporte (5,62 %).
— Elección de artículos (2,61 %).
— Otros (18,46 %).

Otro de los problemas que incide sobre la participación en los concursos radica en el número de premios que se ofertan en la promoción. Si damos un premio solamente o, en su defecto, un número reducido, el valor de los premios puede ser más elevado que si se ofrecen una multitud de premios.

Por otra parte, si únicamente se ofrece un premio, aunque sea muy atractivo, desalienta a los participantes por las pocas probabilidades que tienen de conseguirlo. Si se ofrecen muchos, la contrapartida es el poco atractivo que pueden representar éstos para los consumidores. Una forma intermedia de contentar a ambas partes consiste en ofertar uno o pocos premios importantes y un conjunto mayor de premios de valor más reducido.

En el cuadro 5.1 relacionamos estadísticas de concursos de Estados Unidos y el número de premios ofertados[7].

4. El tema

Es el eje sobre el que va a girar el concurso. Las condiciones que deben poseer los temas seleccionados deben ser los siguientes:

— El tema debe ser *atractivo* para la población objetivo.
— El tema seleccionado para el concurso debe ser *adecuado* para el *target*. Si queremos fomentar la participación (cosa lógica) debemos procurar que las cuestiones planteadas no revistan una dificultad extrema. Por otra parte, tampoco deben ser muy fáciles

[6] Leduc, R.: Ob. cit., pág. 171.
[7] Leduc, R.: Ob. cit., pág. 172.

CUADRO 5.1

Número de premios y número de concursos en los que se ofrecieron	
Número de premios	**Número de concursos**
1	84
2 a 5	74
6 a 15	117
16 a 35	122
36 a 65	117
66 a 99	58
100 a 199	193
200 a 349	143
350 a 749	109
750 a 1.499	97
1.500 y más	74

ya que podría desmoralizar a los participantes y asemejarse a un sorteo.

— El tema del concurso debe estar *relacionado* o tener algo en común con el producto soporte del mismo.

5. Reglamento

Es uno de los aspectos fundamentales para que la promoción no se convierta en un factor que pueda dañar la imagen de la empresa. Se debe proceder a una análisis muy cuidadoso de las reglas que van a regir el desarrollo del concurso. Cualquier problema que se produzca durante el desarrollo del concurso que no esté reglamentado puede dar lugar a reclamaciones por parte de los participantes con el consiguiente deterioro de la imagen de la empresa que oferta la promoción.

El reglamento debe desglosar de forma pormenorizada los siguientes puntos:

— Condiciones de participación.
— Lugar donde los concursantes deben enviar las respuestas.

— Fecha de caducidad de la promoción.
— Composición del jurado que otorga los premios.
— Relación de premios.
— Nombre, número colegial y dirección del notario que dará fe de que la promoción se ha desarrollado de acuerdo al reglamento elaborado.
— Empresa de seguros que cubre las reclamaciones que puedan producirse.

Las principales dificultades que para una empresa plantean las promociones de concursos son las siguientes.

1. Dificultad en la *selección objetiva* de los ganadores del concurso. Esta dificultad se incrementa cuando el concurso es más específico y técnico.
2. Se precisa invertir mucho *tiempo* en la elección de los ganadores, lo que supone un coste adicional de la promoción. Este tiempo será más importante en función del número de participantes y la complejidad del concurso.
3. De los dos apartados anteriores se deduce la necesidad y recomendación de *contratar,* en la mayoría de las ocasiones, con *empresas especializadas en promoción* que lleven a cabo el proceso de selección íntegramente.
4. Problemas derivados de las *reclamaciones* que se producen una vez proclamados los ganadores y que pueden dañar la imagen de la empresa si se ha cometido alguna injusticia y adquiere una difusión a través de los medios de comunicación. De todas formas, parece evidente que las reclamaciones son signo inequívoco de personas descontentas hacia la resolución del concurso e, indirectamente, hacia nuestra empresa.

5.3.11. Juegos y loterías

Los juegos presentan algunas diferencias con los concursos. En primer lugar, el número de ganadores suele ser mayor (figura 5.7) y, como consecuencia de ello, el valor de los premios es más reducido. En segundo lugar, es una técnica menos agresiva que el concurso, ya que el grado de competición entre concursantes es menos dramático. Y, en

Figura 5.7.

tercer lugar, los juegos presentan una simplicidad para los participantes de la que no gozan los concursos.

Este tipo de promociones tiene su origen en Estados Unidos en los años sesenta. Las legislaciones de muchos países establecen restricciones a la utilización de estas promociones en dos sentidos: prohibición total (por ejemplo, Francia) o condiciones limitativas (por ejemplo, Bélgica, donde se autoriza con la condición de que se entreguen a la beneficencia los mismos premios que se entregan a los ganadores). En España no existe ninguna restricción legal que impida la puesta en marcha de los juegos promocionales.

Los juegos pueden contribuir de forma positiva a la imagen de la empresa. Para ello es importante que el juego sea muy atractivo para la clientela, lo que se consigue a través de tres factores: regalos, mecánica e información.

Figura 5.8.

1. Regalos

Los regalos deben ser muy atractivos para conseguir una participación elevada, existen diversas formas de conseguirlo, de los cuales resaltamos los siguientes:

— Regalos adaptados a la imagen que queremos transmitir del producto. Por ejemplo, una entidad de ahorro sortea sueldos para sus impositores, un producto de salud ofrece bicicletas, etc. (figura 5.8).
— Regalos muy valiosos (figura 5.9). Por ejemplo, automóviles Mercedes, una casa o apartamento, una vuelta al mundo, etc.
— Regalos fuera de lo común. Por ejemplo, viajes, aventuras, un mayordomo durante un año, etc.

2. La mecánica

Los juegos deben tener una mecánica que goce de cierta simplicidad, es decir, que pueda ser comprendido fácilmente por los participantes.

Enviando TAN SOLO 2 pruebas de compra de cualquier formato de ARIEL AUTOMATICA recibirá contra reembolso de 350 ptas. esta magnífica
MOCHILA DEPORTIVA
Además, si usted compra una LAVADORA ZANUSSI durante el período promocional y nos envía una fotocopia de la factura junto con 1 prueba de compra de ARIEL participará en el sorteo de
2.000.000 ptas.
FACTURA
2 MILLONES DE PESETAS
Rellene este cupón y mándelo junto con las pruebas de compra al apartado de correos nº 259 - 28080 - MADRID.
Nombre:
Apellidos:
Dirección:
Población:
Provincia:
C.P. : Telf.: D.N.I.:
CUESTIONARIO
¿Qué marca de lavadora tiene?
¿Cuántos años hace que la tiene?
¿Tiene lavavajillas automático? SI NO
Promoción válida hasta el 31 de Enero de 1995, o hasta agotar existencias. Sorteo ante notario el 14 de Febrero de 1995.
Su dirección será incluida en una base de datos. Si decide acceder, rectificarla ó cancelarla contacte con nosotros:
PROCTER & GAMBLE, ESPAÑA, S.A.
Campo de las Naciones. Avda. del Partenón 16-18. 28042 MADRID
Tenemos la lavadora que necesitas. Y te ofrecemos una calidad que sólo nuestra experiencia y la aplicación de la más avanzada tecnología pueden garantizar. Si visitas cualquiera de nuestros Distribuidores Oficiales te convencerás.
ZANUSSI EL TIEMPO NOS DA LA RAZON
ARIEL Y ZANUSSI
LA COMBINACION MAS BLANCA
GANE CON
ARIEL Y ZANUSSI
2 MILLONES DE PESETAS
Y UNA ESTUPENDA
MOCHILA
¿cómo?

Figura 5.9.

Se recomienda sustituir los sorteos tradicionales (en combinación con la lotería o el cupón de ciegos) por otros procedimientos más modernos (lotería primitiva, ordenadores, etc.).

Igualmente, es interesante conseguir de la participación de las personas que ellas mismas se sientan involucradas como parte del juego. Destacan en este aspecto las promociones de los diarios de difusión nacional, recientemente el diario *Marca* con la Liga Fantástica y, anteriormente, *Diario 16* y *ABC* con el Portfolio.

3. Información sobre el juego

Uno de los aspectos importantes de un juego consiste en la estrategia de comunicación, que abarca dos puntos: el período promocional o de duración del juego y con posterioridad al mismo.

La puesta en marcha de este tipo de promoción debe dejar muy claro desde el comienzo las reglas del mismo. Debe quedar de forma muy clara cómo se puede participar y obtener los premios. De esta forma se puede colegir, fácilmente, que se logrará una alta participación y se evitarán reclamaciones futuras.

La forma de lograr estos objetivos (participación y claridad) consiste en plasmar la máxima información en la comunicación que se haga de la promoción, comenzando por el propio producto (envase, envoltorio, etc.) y siguiendo por el conjunto de medios de comunicación utilizados (prensa, buzoneo, etc.).

Uno de los aspectos a veces olvidado de las promociones de este tipo es el de comunicar los resultados del juego. La difusión por los distintos medios de comunicación de los premios y sus ganadores se manifiesta, en primer lugar, como un elemento publicitario de gran importancia para las empresas; en segundo lugar, sirve para ratificar y confirmar de cara al público la veracidad de la promoción, y, en tercer lugar, sirve para mejorar o confirmar la imagen deseada de la empresa siempre que la promoción y su comunicación sea la adecuada.

5.4. OBJETIVOS DE LAS PROMOCIONES EN EL PUNTO DE VENTA

Estas promociones son realizadas en el punto de venta por parte del distribuidor. Los objetivos más comunes son los siguientes:

1. Incrementar las ventas.
2. Conseguir nuevos clientes.
3. Rentabilidad o beneficio.
4. Aumentar la frecuentación del punto de venta.
5. Disminuir o eliminar stocks.
6. Competencia con otros establecimientos.
7. Imagen.

5.5. TIPOS DE PROMOCIONES EN EL PUNTO DE VENTA

El punto de venta constituye, sin ningún género de dudas, un excelente lugar para la puesta en práctica de las promociones. Las principales razones que avalan esta aseveración son las que relacionamos a continuación:

— Son muy atractivas para el consumidor.
— Se pueden poner en práctica en muy poco tiempo.
— Los resultados se valoran inmediatamente.
— Muchas veces se pueden corregir errores que dimanan de una incorrecta planificación de la promoción o de no haber valorado correctamente su alcance.

Las promociones en el punto de venta se pueden dividir de la siguiente forma:

1. Promociones de precio.
2. Promociones sin precio.
3. Promociones de aniversario o apertura.

5.5.1. Promociones de precio

Las promociones de precio en el punto de venta se revelan como la forma más eficaz de lograr que el consumidor acuda al punto de venta y, por tanto, de incrementar las ventas. Para conseguir una respuesta importante las empresas distribuidoras deben utilizar los medios de comunicación. Generalmente, las empresas más poderosas emplean los medios clásicos de comunicación (prensa, radio y televisión) conjuntamente con el marketing directo (folleto y catálogos depositados en el buzón de los domicilios correspondientes al área comercial del punto de venta).

Las ofertas de precios se pueden efectuar sobre un artículo o sobre un conjunto de ellos. Las grandes superficies y principales cadenas de distribución (figura 5.10) utilizan profusamente las ofertas de precio con una duración que varía entre siete y quince días. Cada promoción es renovada con otra nueva, prácticamente sin interrupción temporal. Las ofertas suelen abarcar un conjunto muy amplio de referencias con presencia de todas las secciones y principales familias de surtido del punto

Figura 5.10. Promoción de precio de un hipermercado.

de venta. Es conveniente que una parte de los productos ofertados sean productos atracción y la referencia de una marca líder en el mercado, con lo que se refuerza el éxito de la promoción. Para informar a sus clientes generalmente entregan a domicilio el mencionado folleto.

Las cadenas de menor importancia siguen estos mismos principios, pero la cantidad ofertada de productos es muy inferior.

Por último, las promociones que realizan los pequeños comercios suelen contener un único producto o un número muy reducido de los mismos.

Una de las formas de reforzar las promociones de precios en pequeños comercios es presentarlas publicitariamente de forma agrupada (ofertas de una calle peatonal, centro comercial —figura 5.11—, galería, etc.). Sirva como ejemplo la promoción llevada a cabo en un

Figura 5.11. Promociones de precio de un centro comercial.

mercado tradicional de Barcelona. En estos mercados el lunes suele ser el día de la semana con menor presencia de clientes. Cada uno de los puestos de venta acordó poner en oferta de precio un producto únicamente los lunes. La oferta global del punto de venta alcanzó varias decenas de productos distintos, lo que consiguió atraer gran cantidad de clientes en un día considerado como bajo en compras.

5.5.2. Promociones sin precio

1. Vales

Existen dos modalidades: los vales-regalo, que son canjeables en el punto de venta por un regalo determinado, y los vales-descuento, que sirven como descuento de la compra que debe efectuar un cliente en las condiciones especificadas en el bono o cupón. Se entregan en el domicilio de los consumidores o en los alrededores del establecimiento o comercio.

2. Puntos, sellos, cupones-descuento o regalos diferidos

La mecánica de esta promoción, que admite diversas variantes, consiste básicamente en la entrega de unos sellos, puntos o cupones al comprador en función del montante de su compra. Una vez que se han obtenido los puntos requeridos, el comprador obtiene un regalo por parte del punto de venta.

Los puntos son una técnica promocional cuyo objetivo es lograr una fidelidad al punto de venta por parte de los clientes y, también, la obtención de nuevos clientes.

3. Juegos, sorteos y concursos

Es una de las formas promocionales que requieren una mayor creatividad y que puede obtener éxitos importantes. Los juegos tienen como objetivo, generalmente, animar el establecimiento: aumentar la presencia y el número de compras de los clientes.

Citamos algunos ejemplos en este campo:

1. Una cadena de grandes almacenes, con motivo del Mundial de Fútbol que se iba a celebrar en España en 1982, ofreció a quien comprase un televisor determinado que, si España ganaba el mundial, el televisor le saldría gratis.

2. En 1973 la cadena francesa Prisunic obtuvo grandes resultados con la siguiente promoción: se entregaba a cada cliente un tique cerrado que contenía una margarita de siete pétalos, cada uno de ellos con una palabra impresa de las que se utilizan para deshojarla: «Te quiero», «Sólo un poco», «Mucho», etc. El juego consistía en recomponer la margarita mediante las viñetas de la parte inferior del tique. Había muchas margaritas distintas y se diferenciaban por la combinación de colores de sus pétalos. Si el comprador conseguía componer la margarita ganaba la cantidad que figuraba en el tique, que oscilaba de valor. De esta forma cada nuevo tique ayudaba a completar el anterior y este último tenía también la posibilidad de poder ser completado con anteriores[8].

   Los tiques se entregaban en las cajas de las distintas secciones. Los resultados fueron concluyentes: se animó el establecimiento como consecuencia de una mayor frecuentación de clientes. La cuantía de las compras, en cambio, diminuyó, pero aumentó significativamente la cifra total de negocios del punto de venta.
3. Con la llegada de la primavera los almacenes Le Printemps realizan una promoción cuyo objetivo es aumentar la animación del punto de venta. Una promoción de gran éxito fue la que describiremos seguidamente. Los almacenes anunciaron que comprarían la ropa pasada de moda de los clientes, entregando a cambio «vales» canjeables por compras en el punto de venta. Además, la ropa comprada por el punto de venta se entregaba a la Cruz Roja, con lo que se daba un toque benéfico a la promoción y conseguía entusiasmar a los clientes por dos razones: sociales y de espacio al vaciar los armarios domésticos[9].

4. Muestras

La entrega de muestras de los productos que comercializa un establecimiento es una de las formas promocionales que tiene como objetivo fidelizar y atraer nuevos clientes.

Para conseguir el éxito mediante esta promoción, las muestras ofertadas deben ser lo suficientemente atractivas como para que inciten a

[8] Kergrohenn, Y.: Ob. cit., pág. 94.
[9] Kergrohenn, Y.: Ob. cit., pág. 96.

las personas a acudir al punto de venta para conseguirlas. Por tanto, el coste de la promoción es elevado y el distribuidor debe realizarla en estrecha colaboración con el fabricante del producto cuyas muestras se entregan en el punto de venta.

Kergrohenn[10] cita como ejemplo una promoción realizada en París para el lanzamiento de una tienda de perfumería. La cadena de tiendas a la que pertenecía la perfumería negoció con las primeras firmas del ramo la confección de una cajita personalizada con el nombre del punto de venta que contenía tres muestras de distintos productos. Las cajitas se entregarían en el punto de venta. Se distribuyeron invitaciones en 20.000 hogares del área comercial del establecimiento, para que fuesen a retirar las muestras en la semana siguiente a la inauguración del establecimiento. Las 1.000 personas que acudieron al punto de venta fueron aconsejadas sobre la elección de las muestras que más les convenían, lográndose de esta forma una imagen idónea de especialización y de fidelización de la clientela.

5.5.3. Promociones de aniversario o apertura

Las promociones de apertura o aniversario u otros eventos semejantes constituyen una forma añadida de promoción del punto de venta.

La característica de estas promociones que la diferencia de otras radica en que deben ser espectaculares por los regalos, por la difusión, etcétera. Estas condiciones ponen de manifiesto el elevado coste de este tipo de promociones. Se precisa, por tanto, la colaboración de las firmas que venden productos en el establecimiento y también de empresas de otras actividades. Por ejemplo, es frecuente que un hipermercado o gran almacén ofrezca coches para celebrar su aniversario dentro de su estrategia promocional. Generalmente, las firmas proveedoras colaboran de buen grado con el punto de venta en este tipo de promociones.

5.6. PROMOCIONES DEL FABRICANTE VERSUS PROMOCIONES DEL PUNTO DE VENTA

El lanzamiento de una promoción por parte del fabricante precisa, en todos los casos, la colaboración de los puntos de venta. El grado mí-

[10] Kergrohenn, Y.: Ob. cit., págs. 99-100.

nimo de colaboración por parte del establecimiento comercial se pone de manifiesto en aprovisionarse en la cantidad necesaria de producto para hacer frente al incremento de demanda que ocasiona la oferta promocional. A partir de aquí, el grado de colaboración se eleva en función del tipo de promoción elegida por parte del fabricante y la mecánica de la misma.

El poder que tienen los canales de distribución frente a los fabricantes también se refleja a la hora de la aceptación de las promociones del fabricante por parte de las grandes cadenas de distribución. La presentación, por parte del fabricante al distribuidor, del lanzamiento de una promoción suele ser acogida con gran frialdad por los responsables del punto de venta. Creemos firmemente que la «cara de póquer» con que son recibidos los planteamientos del fabricante para poner en marcha una promoción que precisa la ayuda del distribuidor no radica en la aversión de este último frente al primero, sino en asegurar una mejor posición en las negociaciones de cara a obtener los máximos beneficios del proveedor.

Kergrohenn[11] une la peor o mejor aceptación de la promoción por parte del distribuidor a los tres aspectos siguientes:

1. Que la promoción altere el funcionamiento normal del punto de venta, especialmente las cajas.

Así, por ejemplo, las promociones de vales canjeables en el punto de venta alteran en alguna medida el normal funcionamiento de sus cajas; la oferta de regalos en el punto de venta lleva a la habilitación de cajas especiales para efectuar la entrega de los mismos; la oferta de producto adicional puede llevar a una nueva configuración de los lineales, etcétera. Estas promociones, que suponen modificaciones en el normal desenvolvimiento de los puntos de venta, no son bien vistas por parte de estos últimos.

2. Valoración del distribuidor sobre los resultados que pueda alcanzar la promoción.

En este apartado la valoración del distribuidor se fundamenta en la población objetivo (niños, amas de casa, etc.), la comunicación de la publicidad, etc.

---

[11] Kergrohenn, Y.: Ob. cit., pág. 116.

3. El grado de innovación de una promoción.

Los distribuidores acogen más favorablemente promociones que desarrollen ideas nuevas o mecánicas atractivas frente a las clásicas promociones. Las promociones altruistas gozan de amplias preferencias y el favor de todos (consumidores, fabricantes y distribuidores). Promociones cuyas ofertas son sociales (juguetes para países pobres) o bienes ecológicos consiguen cada vez más un número de adeptos muy importante.

El lanzamiento de una promoción por parte del punto de venta requiere, igualmente, la colaboración del fabricante o proveedor. Esta colaboración admite también diversas graduaciones. El primer y mínimo escalón consiste en fijar un ritmo de aprovisionamiento que permita al distribuidor hacer frente al incremento de demanda del producto que supone la oferta promocional sin incurrir en roturas de stocks. El grado de colaboración del fabricante puede aumentar con acuerdos diversos con el distribuidor (descuentos, compra de cabeceras de góndola, ayudas publicitarias, etc.).

De la misma forma que decíamos que el punto de venta no se alborozaba con la presentación de las promociones que le hacía el fabricante, en sentido contrario, y sobre todo en el caso de las promociones que efectúan las grandes cadenas de distribución, no siempre son acogidas favorablemente por parte del fabricante.

Un ejemplo claro de lo que decimos se está produciendo en los últimos tiempos entre cadenas de hipermercados y marcas líderes de refrescos y productos lácteos. Los hipermercados, como hemos dicho más arriba, utilizan las ofertas de precio de marcas líderes como elementos de atracción de los consumidores al establecimiento. El precio de oferta, en algunos casos, se acerca o incluso puede ser inferior al precio de compra del punto de venta. De esta forma se consigue un gran efecto promocional, pero, en contrapartida, sufre la imagen del producto que se ofrece a precio reducido. Por tanto, no es infrecuente que algunos fabricantes no quieran colaborar en este tipo de promociones e incluso pongan trabas en el aprovisionamiento de los puntos de venta, como, por ejemplo, demorar el envío de los pedidos.

En contrapartida, estamos observando, cada vez más, cómo en medios de comunicación, centros comerciales y puntos de venta proliferan mensajes que afirman que determinada marca no les dejaba vender los productos a un precio reducido. De esta forma los comercios tratan de salvar el incumplimiento de una oferta debidamente anunciada a la que no pueden responder por no tener el producto ofertado.

Las consecuencias de estas actuaciones son básicamente la pérdida de imagen ante consumidores de fabricantes y distribuidores y, además, en el deterioro de las relaciones en los canales de distribución, situación que ya habíamos descrito cuando analizamos la evolución del merchandising. Nuevamente, nos reafirmamos en la idea de que en el futuro la colaboración entre fabricantes y distribuidores se hace imprescindible. Las promociones, en definitiva, son positivas tanto para fabricantes como distribuidores, ya que sirven para incrementar ventas, reforzar la notoriedad, aumentar la rotación, etc., es decir, objetivos que persiguen ambos integrantes del canal.

No obstante, debemos ser conscientes de que la situación actual es distinta y se visualiza de forma diferente por los participantes en el canal de distribución. Mientras que el poder en los canales de distribución lo tengan las grandes cadenas, el fabricante deberá negociar con cada una de ellas las promociones que quiera llevar a cabo y plegarse a sus condiciones.

Las grandes cadenas de distribución realizan sus promociones con oferta de múltiples productos de distintos fabricantes y éstos son invitados a colaborar en estas promociones de forma consensuada o forzada.

El cuadro 5.2 muestra la utilización de las distintas formas promocionales en Francia[12].

CUADRO 5.2.

Utilización de las distintas formas promocionales (Francia)					
Promoción	**1971**	**1975**	**1980**	**1981**	**1983**
Precios	18	34	40	40	54,4
Juegos y concursos	25	24	19	24	26,4
Regalos	53	38	37	31	11
Muestras	3	4	4	4	8,2

La forma de promoción más utilizada en los puntos de venta es la de precios, seguida por los juegos y concursos a gran distancia. Los regalos y muestras gozan de una menor utilización.

[12] Jallais, J.; Orsoni, J., y Fady, A.: *Marketing de la distribution,* Vuibert, París, 1987, página 406.

TÉRMINOS CLAVE

Concursos. Los concursos promocionales se realizan con la participación de los clientes de una empresa que compiten para obtener los premios ofertados.

Descuento inmediato. Oferta consistente en la reducción del precio de venta al público.

Muestras. Promoción consistente en la entrega a los consumidores de un producto de un tamaño reducido o sensiblemente inferior al tamaño natural.

Oferta de autoliquidación. Promoción en la que mediante la compra de un producto base se puede acceder a la compra de otro producto ofertado totalmente diferente del anterior a un precio de oferta.

Producto adicional. Oferta promocional consistente en aumentar la cantidad de producto que recibe el comprador sin variar el precio.

Puntos. Técnica promocional cuyo objetivo es lograr una fidelidad al punto de venta por parte de los clientes y obtención de nuevos clientes.

Redención. Se denomina redención al hecho del reembolso del vale de descuento del consumidor al fabricante (por intermedio o no del distribuidor).

Reembolso. El reembolso tradicional es una oferta del fabricante de abonar una cantidad a los clientes que han adquirido su producto mediante el envío de la prueba de compra.

Regalo diferido o prima diferida. Promoción en la que mediante la entrega de varias pruebas de la compra de un producto nos entregan un regalo

Regalo directo o prima gratuita. En esta promoción al comprar un determinado producto nos entregan de forma gratuita otro diferente del anterior.

Target. Población objetivo de una promoción.

Vales descuento. Son vales que sirven como descuento de la compra que debeefectuar un cliente en las condiciones especificadas en el bono o cupón.

Vale de descuento inmediato. Reducción del precio de venta del producto en una cuantía fijada en un vale que el consumidor entrega en el punto de venta.

Vale diferido. Es un tipo de vale que va incorporado al producto; por tanto, para poder utilizarlo es necesario adquirirlo habiendo comprado previamente el producto.

Vales regalo. Son vales canjeables en el punto de venta por un regalo determinado.

PROYECTO SUGERIDO

Elija un determinado punto de venta. Relacione las promociones que ha encontrado en el establecimiento, distinguiendo entre promociones del fabricante y del distribuidor. Sugiera una relación de promociones aptas para mejorar la labor promocional del punto de venta analizado.

6 El surtido

6.1. Conceptos
6.2. La clasificación del surtido
6.3. Criterios de clasificación del surtido
6.4. Surtido y estilo comercial
6.5. Cualidades del surtido

6.1. CONCEPTOS

Definimos el surtido[1] como el conjunto de referencias o artículos que comercializa un punto de venta.

Los conceptos de «gama de productos» y «surtido» son muy similares. Entendemos por gama de productos el conjunto de referencias o productos que una empresa produce o comercializa. Por tanto, los términos «gama de productos» y «surtido» se pueden emplear de forma indistinta. No obstante, la gama de productos suele utilizarse con asiduidad por las empresas productoras y el surtido, en el comercio detallista.

El surtido puede medirse con base en tres dimensiones (figura 6.1): amplitud del surtido, profundidad del surtido y longitud del surtido.

La amplitud del surtido viene dada por el número de líneas de las que dispone el surtido. Una línea comprende el conjunto de productos que gozan de una cierta homogeneidad que puede ser medida por sus características, su utilización, el servicio que prestan, etc. Hablaremos de surtido «ancho o extenso» o «estrecho o limitado» en función de su mayor o menor amplitud.

La profundidad de una línea es el número de referencias que componen la línea.

---

[1] *Vademécum de la distribución comercial,* Iresco, Madrid, 1982, págs. 167-168.

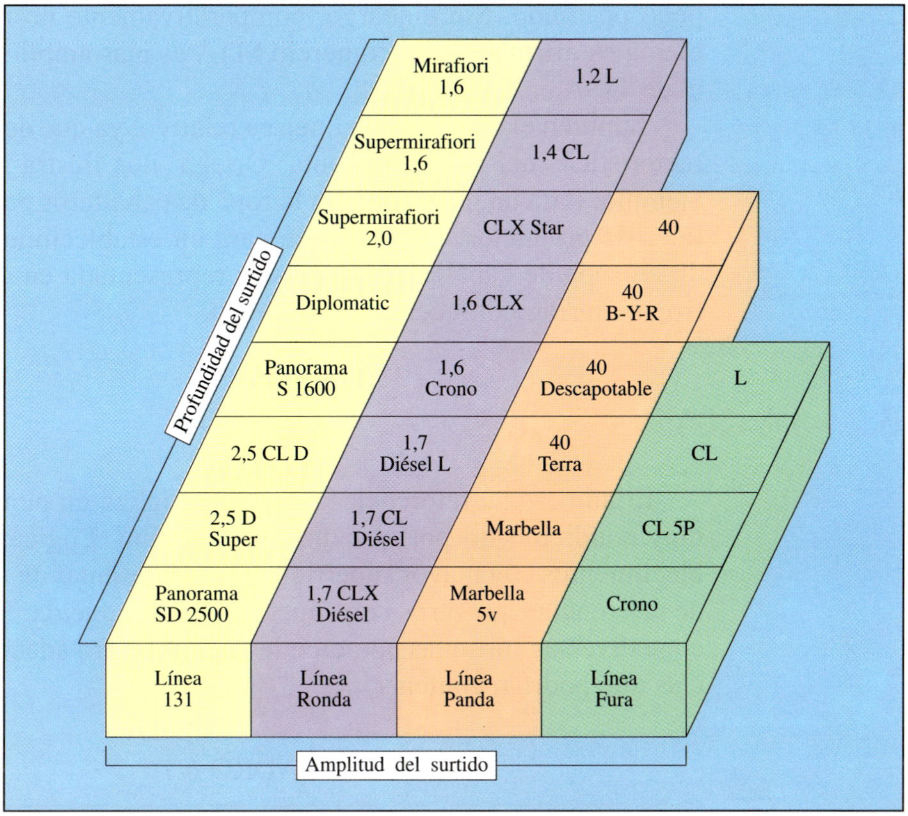

Figura 6.1. Dimensiones del surtido.

Entendemos por longitud del surtido el número total de referencias comercializadas, es decir, la suma de todas las referencias de que dispone cada línea[2].

Para finalizar este apartado debemos precisar que todos los conceptos aquí referenciados son relativos y que únicamente pueden ser considerados en términos comparativos. Es muy difícil precisar si un punto de venta posee un surtido ancho o estrecho, profundo o no, en términos absolutos. Así, por ejemplo, supongamos que la empresa TISA dispone de cinco líneas y seis referencias por línea y que la empresa SITA ocho líneas con ocho referencias cada una. Sería difícil afirmar que el surtido de SITA es ancho y profundo o que el de TISA es estrecho y

[2] *Vademécum de la distribución comercial,* ob. cit., pág. 89.

poco profundo. Sin embargo, comparativamente no hay ningún problema en afirmar que el comercio SITA es más amplio y profundo que el de TISA.

También el concepto de línea es relativo, ya que depende de las características del punto de venta. Ortega[3] nos ilustra con el siguiente ejemplo: Para un gran almacén la ropa de caballeros puede ser una sola línea de productos, mientras que para un establecimiento especializado en ropa de caballero puede estar representada en diferentes líneas (ropa interior, confección, punto, etc.).

6.2. LA CLASIFICACIÓN DEL SURTIDO

El número de referencias que comercializa un punto de venta está muy condicionado por el tamaño del mismo. Lógicamente, los establecimientos con mayor superficie suelen presentar un número más alto de referencias que otros con superficie más reducida. El cuadro 6.1 recoge diversas fórmulas comerciales y un número adecuado de referencias que podrían contener[4].

CUADRO 6.1

Número de referencias según forma comercial	
Tipos de establecimientos	**Número de referencias**
Grandes almacenes	40.000-60.000
Grandes hipermercados	35.000-60.000
Hipermercados	20.000-35.000
Grandes supermercados	4.000-7.000
Supermercados	2.500-5.000
Almacenes populares	7.000-10.000
Superservicios	800-1.000

[3] Ortega, E.: *El nuevo diccionario de Marketing,* Esic, Madrid, 1990, págs. 262-263.
[4] Dayan, A., y otros: *Le merchandising,* PUF, París, 1990, pág. 36.

En el cuadro 6.2 mostramos una serie de modelos de surtido en función de superficies que oscilan de 100 a 1.000 metros cuadrados y que suponen, respectivamente, de 1.000 a 3.000 referencias[5].

CUADRO 6.2

Referencias según el tamaño del establecimiento						
Secciones	**Dimensiones del libre-servicio (m²)**					
	100	**150**	**200**	**300**	**550**	**1.000**
Alimentación general	450	500	500	600	680	750
Bebidas y licores	120	140	160	190	200	250
Productos lácteos	115	115	115	135	150	165
Charcutería	20	25	25	45	80	105
Congelados	50	60	60	75	95	95
Droguería y perfumería	245	365	325	350	385	420
Otras		135	205	300	610	1.215
Total	1.000	1.240	1.390	1.695	2.200	3.000

No obstante, estas cifras son meramente indicativas; así, en un supermercado de 1.000 metros cuadrados ubicado en Sevilla capital observamos que poseían 2.159 referencias, que detallamos en el cuadro 6.3.

CUADRO 6.3

Referencias de un supermercado de 1.000 m²	
Familias de productos	**Referencias**
Perfumería	125
Artículos para baño (jabón, gel...)	126
Alta limpieza	143

[5] Salén, H.: *Distribución y Merchandising,* Distribución Consulting, Barcelona, 1987, página 148.

CUADRO 6.3 *(continuación)*

Familias de productos	Referencias
Hogar (vajillas)	95
Bollería y mermeladas	75
Panadería y magdalenas	83
Celulosa	33
Detergentes	7
Aceite, vinagres y limón	33
Aceitunas y salsas	50
Legumbres	53
Comida de animales	34
Conservas	88
Conservas (pescado)	90
Flanes y alimentos infantiles	40
Caramelos	12
Pan	5
Harinas y pastas	83
Chocolates, bombones y cacao	68
Café e infusiones	77
Verdura y fruta	33
Leche y batidos	32
Lácteos	110
Verduras congeladas	51
Precocinados	57
Frutos secos	28
Patatas fritas	14
Huevos	3
Especias	29

CUADRO 6.3 *(continuación)*

Familias de productos	**Referencias**
Pescadería	28
Charcutería	190
Carnicería	190
Preembalados	190
Bebidas	
Ginebras	9
Anís y ron	12
Martinis y ponches	10
Licores	12
Whiskys	12
Zumos	21
Refrescos y cervezas	85
Tintos, blancos, finos y cavas	67
Total	2.159

La clasificación del surtido consiste en ordenar este conjunto de miles o cientos de referencias en una serie de niveles. La clasificación implica necesariamente la formación de un árbol o pirámide de diferentes niveles, cuyo número estará en función de las referencias del punto de venta.

La clasificación del surtido conduce, por tanto, a la constitución de una serie de niveles etiquetados con un nombre. Este nombre tiene una doble finalidad: distinguir los niveles entre sí e identificar niveles de mayor o menor rango. Sin embargo, este último fin no suele cumplirse, ya que no existe un acuerdo unánime sobre los nombres y sobre los rangos de los mismos[6].

---

[6] Fady, A., y Seret, M.: *Le merchandising techniques modernes du commerce de détail,* Vuibert, París, 1985, págs. 58-59.

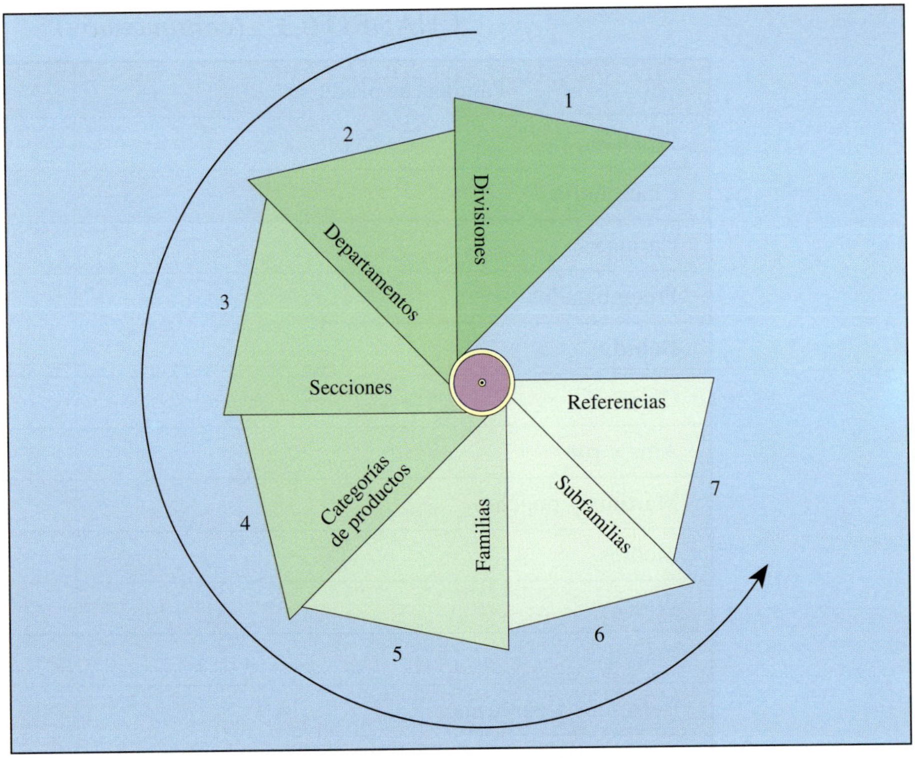

Figura 6.2. Niveles de un surtido.

No obstante, creemos conveniente relacionar e identificar los principales nombres que se les asignan a los distintos niveles, partiendo de la totalidad del surtido y llegando a la referencia (figura 6.2).

1. Divisiones. También denominados grupos. Por ejemplo, alimentación, no alimentación.
2. Sectores o departamentos. Constituyen los grandes centros de actividad de un comercio. Ejemplos: ultramarinos, perecederos, bazar, electrodomésticos, textil.
3. Secciones. Son unidades de negocio administrativas y contables, al frente de cada sección se encuentra el jefe de sección. Ejemplos: droguería, caballeros, charcutería, frutería, congelados.
4. Categoría de productos. Se corresponden con una unidad de necesidad. Responden a un finalidad global idéntica[7].

---

[7] Fady, A., y Seret, M.: Ob. cit., pág. 58.

La definición de categoría puede ser abordada desde dos puntos de vista diferentes[8]:

1. El consumidor. Una categoría es un conjunto de artículos similares entre los cuales el consumidor decide cuál compra.
2. El detallista. Categoría son agrupaciones lógicas de marcas y artículos en unidades comerciales estratégicamente vinculadas.

En los últimos años está ampliamente difundida una nueva forma de gestión del surtido que se denomina «gestión por categorías» *(category management).*

La gestión por categorías tiene como requisito previo el definir claramente qué es una categoría o, lo que es lo mismo, cuáles son las necesidades de los individuos. Una vez categorizadas estas necesidades se procede a la implantación de los productos en el comercio por categorías. Según cómo se defina una categoría un producto podrá estar ubicado en varios sitios, ya que puede responder a diferentes necesidades. El problema fundamental de la gestión de categorías radica precisamente en cómo fijar las mismas.

Entre las secciones y categorías de productos, en los grandes establecimientos aparecen, a veces, nuevos niveles con nombres como líneas de productos, subsecciones, etc.

5. Familias. Corresponden a una serie de artículos que responden a una misma necesidad.
6. Subfamilias. Son las divisiones que se marcan dentro de una familia. En algunas actividades comerciales se utiliza la denominación de modelo.
7. Referencias. También denominadas series o, incluso, artículos. Una referencia designa un artículo específico que comercializa un punto de venta.

   Las referencias son las unidades de venta; habrá tantas referencias como marcas, tamaños, envases, modelos, colores, precios, etc., disponga el establecimiento[9]. Por tanto, es acon-

[8] García, A.: *Rentabilidad del distribuidor y el fabricante: Category management,* seminario de merchandising estratégico en el punto de venta, Valencia, octubre 92-junio 93.

[9] *Vademecum de la distribución comercial,* ob. cit., pág. 152.

sejable para los artículos en promoción tener una referencia distinta a cuando no están promocionados.

Entre familias y referencias se suelen incluir, en algunos casos, divisiones utilizando el nombre de productos y, también, artículos.

A nuestro entender, los niveles fundamentales que comprenden el surtido son los tres siguientes:

— Secciones.
— Familias.
— Subfamilias.

Estos niveles deben estar perfectamente delimitados en el surtido de un punto de venta.

Para un comercio mediano o pequeño generalmente no se precisan más de cuatro niveles (figura 6.3):

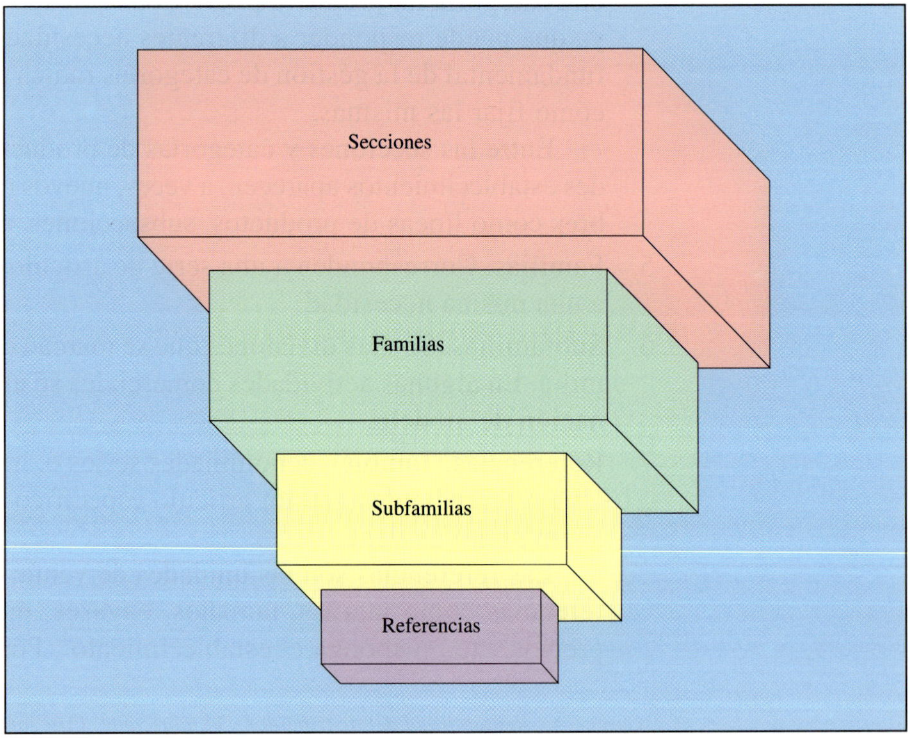

Figura 6.3.

1. Secciones.
2. Familias.
3. Subfamilias.
4. Referencias.

Con independencia de cómo se nombren los distintos niveles, lo que sí parece claro es que el último nivel lo tienen en propiedad las referencias.

Caso ilustrativo 1

Presentamos en este apartado como ejemplo ilustrativo el surtido de los grandes almacenes Andorra 2.000 ubicados en Andorra la Vella, en el Principado de Andorra.

Secciones

1. Alimentación.
2. Botellería.
3. Neveras.
4. Tabacos.
5. Bazar.
6. Perfumería.
7. Droguería.
8. Brossería.
9. Sport-confección.
10. Juguetes.
11. Hogar.
12. Vídeo-disco.
13. Relojería.
14. Óptica.
15. Electrónica.
16. Bisutería.
17. Cafetería.
18. Niños.

19. Señora.
20. Caballeros.
21. Productos al corte.
22. Colonias a granel.
23. Caramelos a granel.

Sección 1: Alimentación **Familias**	**Sección 2: Botellería** **Familias**	**Sección 3: Neveras** **Familias**
Productos lácteos	Refrescos	Quesos manchegos
Conservas cárnicas	Zumos	Yogures
Conservas de pescado	Cava y champagne	Quesos edam
Platos preparados	Cervezas	Quesos emmenthal
Conservas vegetales	Alcohol blanco	Mantequilla
Encurtidos y salazones	Vinos comunes	Embutidos cocidos
Pastas	Vinos sup. españoles	Embutidos curados
Sopas	Vinos sup. franceses	Quesos gouda
Salsas y especias	Vinos sup. resto	Quesos fundidos
Aceite	Aperitivos	Especialidades
Conservas dulces	Alcoholes	Quesos de régimen
Helados	Licores	Huevos
Arroces y legumbres	Destilerías	Marinados
Confitería	Botellería	
Aperitivos		
Harinas y purés		
Pan y pastelería		
Comida infantil		
Dietética		
Galletas		
Bombones		
Chocolates		
Cafés y desayunos		
Liquidaciones		
Productos Navidad		

Sección 4: Tabacos Familias	Sección 5: Bazar Familias	Sección 6: Perfumería Familias
Tabaco de pipa	Paraguas	Perfumería ISERN
Accesorios	Decoración	Perfumería selectiva
Puros	Decoración de la mesa	Colonias
Tabaco rubio	Accesorios para animales	Cuidado piel
Tabaco negro	Fumador	P. baño
	Viaje-marroquinería	Cara
	Papelería	Ojos
		Boca
		Manicura
		Complementos
		Línea solar

Sección 7: Droguería Familias	Sección 8: Brossería Familias	Sección 9: Sport-confección Familias
Suavizantes	Higiene corporal	Ropa de deporte
Detergentes	Higiene del cabello	Baño
Lejías	Cuidado de la piel	Deporte al aire libre
Lavavajillas	Colonias	Accesorios para zapatos
Celulosa	Limpieza bucal	Camping
Accesorios de limpieza	Higiene femenina	Pesca
Limpiadores		Artículos tenis y squash
Limpieza de calzado		
Ambientadores e insecticidas		
Accesorios del hogar		
Comida de animales y accesorios		

Sección 10: Juguetes Familias	Sección 11: Hogar Familias	Sección 12: Vídeo-Disco Familias
Educativos	Accesorios	Musicales
Peluches	Utensilios de cocina	Compact disc musical
Coches	*Gadget* cocina	Accesorios
Juguetes para niños	Artículos mesa-cocina	Películas de vídeo
Juguetes para niñas	Accesorios mesa-cocina	
Juguetes unisex	PEM cocina	
	PEM hogar	
	PEM estética	
	Accesorios auto	
	Auto-shop eléctrico	
	Electricidad	
	Herramienta manual	
	Ferretería	

Sección 13: Relojería Familias	Sección 14: Óptica Familias	Sección 15: Electrónica Familias
Cronos	Gafas Lotus	Audios
Reloj caballeros	Gafas varias marcas	Autorradios
Reloj señoras	Binoculares	Hi-Fi
Reloj infantil		Cintas de audio
Reloj sobremesa		Cintas de vídeo
Despertadores		Pilas
Accesorios para relojes		Telefonía
		Fotografía
		Vídeo
		Televisión
		Calculadoras
		Juegos electrónicos
		Máquinas de afeitar

Sección 16: Bisutería **Familias**	**Sección 17: Cafetería** **Familias**	**Sección 18: Niños** **Familias**
Varios	Cafetería	Niños de 2 a 5 años
Pendientes de plata		Niños de 6 a 16 años
		Bebés de 0 a 2 años
		Niñas de 2 a 5 años
		Niñas de 6 a 16 años

Sección 19: Señoras **Familias**	**Sección 20: Caballeros** **Familias**	**Sección 21: Productos al corte** **Familias**
Pantalones	*Overcoat*	Emmenthal al corte
Maille	*Maille*	Manchego al corte
Moda	Camisería	Embutidos al peso
Lencería	Pantalones	Varios al corte
Accesorios	Accesorios	
Textiles blanco		

Sección 22: Colonias a granel **Familias**	**Sección 23: Caramelos a granel** **Familias**
Jabones a granel	Frutos secos a granel
Colonias a granel	Caramelos a granel
Complementos a granel	

Sección 7: Droguería		
Familia: Suavizantes **Subfamilias**	**Familia: Detergentes** **Subfamilias**	**Familia: Lejías** **Subfamilias**
Suavizantes concentrados Suavizantes normales Suavizantes varios	Detergentes lavadora Detergentes mano Detergentes líquidos Detergentes prendas finas Detergentes varios	Lejía lavadora Lejía mano Lejía con detergente
Familia: Lavavajillas **Subfamilias**	**Familia: Celulosa** **Subfamilias**	**Familia: Acc. de limpieza** **Subfamilias**
Lavavajillas Lavavajillas líquido Abrillantador Varios	Pañales Papel higiénico Papel de cocina Servilletas Papel de aluminio Bolsas especiales Pañuelos de papel Compresas Infantil Varios Papel	Bolsas de basura Estropajos Esponjas Gamuzas Guantes Bayetas Escobas y cepillos Fregonas Bolsas
Familia: Limpiadores **Subfamilias**	**Familia: Amb. e insecticidas** **Subfamilias**	**Familia: Comida animal** **Subfamilias**
Limpiadores Abrillantadores Higiene WC Limpiacristales Quitagrasas Quitamanchas Limpiamuebles Papel Friegasuelos Multiusos Ceras	Ambientadores Insecticidas Antipolillas Insecticidas eléctricos Insecticidas aerosol Ambientadores eléctricos Ambientadores aerosol Varios	Comidas para perros Comidas para gatos Comidas otros animales Perros comida seca Perros comida húmeda Gatos comida seca Gatos comida húmeda Comida para pájaros Comida para peces Comida resto Accesorios animales Varios
Familia: Limpieza calzado **Subfamilias**		
Limpiadores zapatos Cremas limpiacalzados Líquidos limpiacalzados Acc. limpiacalzados Varios		

6.3. CRITERIOS DE CLASIFICACIÓN DEL SURTIDO

La clasificación del surtido puede hacerse siguiendo un orden ascendente, es decir, partiendo del nivel inferior agrupamos referencias y formamos un segundo nivel, a partir de éste un tercero y así sucesivamente. Pero también podemos seguir el camino contrario, es decir, el descendente. Procederíamos dividiendo la totalidad del surtido en grupos más homogéneos a diferentes niveles.

Los criterios de clasificación del surtido pueden ser agrupados en cuatro apartados (figura 6.4): semejanza, origen, uso y diferencias.

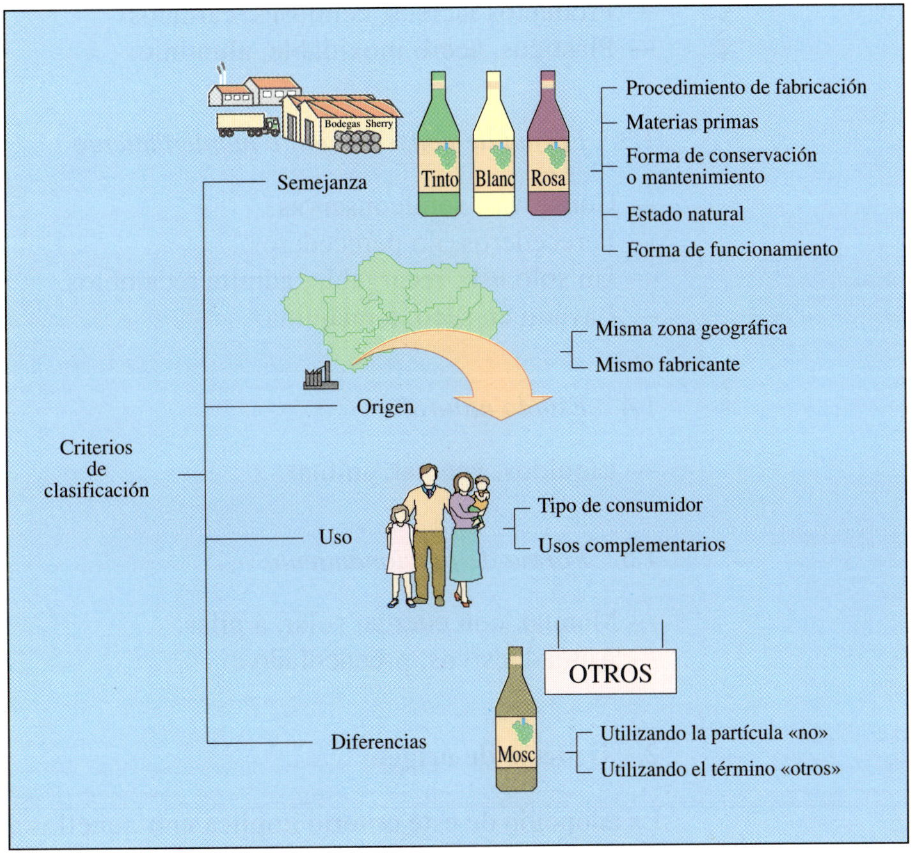

Figura 6.4. Criterios de clasificación del surtido.

1. Criterio de semejanza

El criterio de semejanza consiste en agrupar aquellos artículos dotados de una homogeneidad o similitud. La homogeneidad puede ser medida por diversos factores:

1.1. *Procedimientos de fabricación*

— Hecho a mano, fabricado en serie.
— Vinos tintos, blancos, rosados.
— Enlatados, salazones.

1.2. *Materias primas utilizadas en la fabricación*

— Productos lácteos, celulosas, cárnicos.
— Plásticos, acero inoxidable, aluminio.

1.3. *Forma de conservación o mantenimiento*

— Conservas, semiconservas.
— Perecederos, no perecederos.
— Un solo uso, recargable, admite recambios.
— Lavado en seco, a máquina.

1.4. *Estado natural*

— Líquidos, vegetal, animal.

1.5. *Forma de funcionamiento*

— Manual, con cuerda, solar, a pilas.
— Autoadhesivos, preencolados.

2. Criterio de origen

La adopción de este criterio implica unir aquellos artículos que tienen un origen común. Este criterio puede ser contemplado desde dos ángulos diferentes.

2.1. *Proceden de la misma zona geográfica*

— Vinos (Rioja, Valdepeñas, Málaga, Burdeos, etc.), porcelanas (Sévres), navajas (Albacete, Toledo), cristal (Murano, Bohemia), mármol (Carrara, Macael).

2.2. *Son del mismo fabricante o diseñador*

— Philips (televisores, ordenadores, afeitadoras, electricidad, etc.), Dior (ropa, perfumería, joyería, relojería, etc.).

3. Criterio de uso o utilización del producto

Por este criterio se colocan en una misma agrupación los artículos que van dirigidos a un tipo de consumidor o sirven para usos complementarios.

3.1. *Tipo de consumidor*

— Señora, caballero, niño.
— Productos *light,* dietéticos.

3.2. *Usos complementarios*

— Productos informáticos, camping, oficina, desayuno.

4. Criterio de diferencias

Mientras que los criterios anteriores se basaban en agrupar las referencias que presentaban unas características comunes, el criterio de diferencias consiste en buscar productos que presentan diferencias sensibles, y una vez encontrados, incluirlos en agrupaciones distintas. Dos son las formas a través de las que se lleva a cabo este criterio:

4.1. *Utilizando la partícula «no»*

Consiste en identificar una sección, categoría o familia de productos importante o clásica de un punto de venta, por ejemplo, alimentación, textil, conservas, congelados, etc. Las secciones, categorías o familias opuestas se denominarían no alimentación, no textil, no conservas, no congelados, etc.

4.2. *Utilizando el término «otros»*

Aquí, a diferencia del criterio anterior, no identificamos una sola sección, sino un conjunto (dos o más), aquellos productos que no entran en estas agrupaciones los unimos en uno distinto bajo el epígrafe de otros. Por ejemplo, una tienda textil puede tener las secciones de señora, caballero, joven, niño y «otros».

El criterio de diferencias es muy útil para formar las grandes divisiones, secciones o departamentos de un punto de venta. En el cuadro 6.4 ilustramos un ejemplo de cómo podrían ser las nueve secciones de un establecimiento comercial.

CUADRO 6.4

Secciones de un punto de venta

Alimentación	Perecederos	Conservados en frío (0)
		Conservados sin frío (1)
	No perecederos	Bebidas (2)
		No bebidas (3)
No alimentación	Personales	Textil (4)
		No textil (5)
	No personales	Equipo hogar (6)
		Consumo hogar (7)
		Otros (8)

La clasificación del surtido implica necesariamente la utilización de diversos criterios y subcriterios de forma combinada en los distintos niveles que la componen. Por tanto, una clasificación del surtido puede utilizar tantos criterios como niveles forman el mismo.

Creemos importante subrayar que la clasificación del surtido y los criterios utilizados están muy relacionados con la implantación de los artículos en el punto de venta, tema que trataremos en posteriores capítulos.

La clasificación del surtido se hace imprescindible si queremos disponer de una buena gestión comercial, ya que le va a permitir una adecuada planificación y control del punto de venta. Las ventajas son especialmente valorables desde el punto de vista administrativo y comercial.

Administrativamente las ventajas más notables son, en primer lugar, con respecto al control de la gestión económica y financiera; en segundo lugar, en la gestión de stocks, y en tercer lugar, en el almacenamiento y colocación de los productos.

Desde el punto de vista comercial la clasificación produce ventajas, en primer lugar, en la implantación y colocación de los productos, y en segundo lugar, en la orientación de la clientela del punto de venta.

6.4. SURTIDO Y ESTILO COMERCIAL

El término «surtido» lleva implícito la noción de selección de, entre todos los productos existentes en el mercado, aquellos que vamos a presentar en nuestro punto de venta para satisfacer las necesidades de nuestra clientela.

Para la elección del surtido debemos tener en cuenta dos factores: el tamaño del establecimiento y el tipo de clientela a la que pensamos dirigirnos. La elección de una determinada fórmula comercial (supermercado, gran almacén, tienda especializada, descuento, etc.) tiene influencia sobre el surtido que va a presentar un establecimiento.

La selección del surtido es una decisión compleja[10] ya que supone escoger entre un número muy alto de artículos, marcas y productores ofertados por multitud de proveedores y fabricantes. Esta elección debe hacerse siempre sin perder de vista al tipo de cliente que tenemos o pretendemos atraer hacia nuestro punto de venta y el tipo de necesidad que pensamos satisfacer.

---

[10] Dayan, A., y otros: Ob. cit., pág. 30.

Por ejemplo, no es lo mismo la satisfacción de necesidades básicas (diarias), en las que el consumidor, generalmente, no va a gastar tiempo ni realizar esfuerzo en meditar su compra[11], que la satisfacción de necesidades especiales, en las que el consumidor sí está dispuesto a destinar un mayor tiempo y esfuerzo a la compra. Parece evidente que para el éxito comercial en el segundo caso (satisfacción de necesidades especiales) el surtido deberá ser profundo, aspecto que no es imprescindible en el primer caso (necesidades básicas).

Combinando las dos dimensiones básicas del surtido, amplitud y profundidad (véase figura 6.5), podemos encuadrar, aunque con algunas limitaciones, la mayor parte de los distintos tipos de establecimientos existentes en el ámbito comercial.

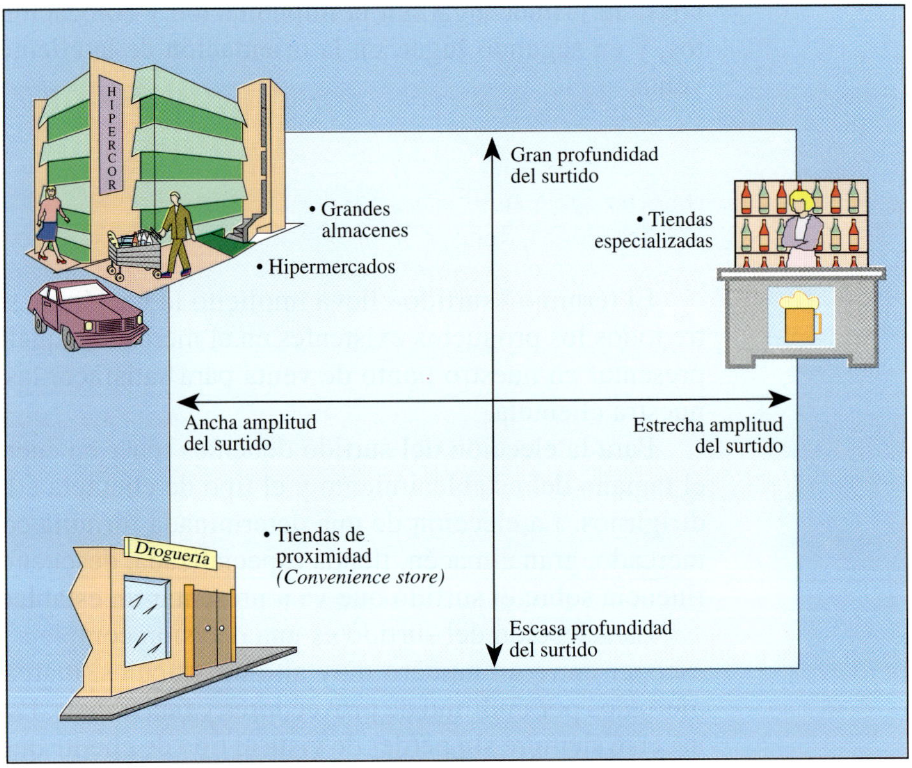

Figura 6.5.

[11] Díez, E., y Fernández, J. C.: *Distribución Comercial,* McGraw-Hill, 1993, pág. 70.

1. Ancho y profundo

Hipermercado, grandes almacenes, supermercado, ferreterías.

2. Estrecho y profundo

Tienda especializada (golosinas, lanas, quesos, franquicias, etc.), tiendas tradicionales (juguetes, joyerías, ópticas, perfumerías).

3. Ancho y poco profundo

Autoservicio, superservicio, tiendas de descuento, *tiendas de proximidad (convenience store),* comercios de pueblos pequeños (comidas, cacerolas, revistas, etc.), algunos hipermercados, almacenes populares.

4. Estrecho y poco profundo

Puestos en un mercado (pescado o naranjas), vendedor ambulante, *boutique,* tiendas de joyas, tiendas de pieles, McDonald's, tiendas de descuento, tiendas de proximidad o almacenes de conveniencia, concesionario de automóviles, tiendas del fabricante y tiendas en la fábrica.

Debemos resaltar que los conceptos de amplitud y profundidad son conceptos relativos, es decir, que en muchos casos sería muy difícil afirmar que un surtido es ancho o estrecho, o que un surtido es o no profundo. No existe una frontera establecida que nos marque a partir de cuándo o de qué nivel un surtido posee esos atributos. Por tanto, la principal utilidad que tiene el estudio de las dimensiones del surtido es poder comparar y establecer que el surtido de un comercio es más ancho o más profundo que otro.

Estas consideraciones nos conducen a que, en función de los criterios utilizados para marcar las fronteras entre amplitud y profundidad de un surtido, un mismo tipo de establecimiento se encuentre en unas clasificaciones en un cuadrante de los descritos en la figura 6.5 y en otras en otro cuadrante. A pesar de esta relatividad, existe un acuerdo unánime sobre el encuadramiento de algunas formas comerciales. Son las que nosotros hemos subrayado intencionadamente en los ejemplos mencionados anteriormente.

Para evitar estos problemas, en Francia muchos autores como, por ejemplo, Cros[12] suelen trabajar, en este punto, con una dimensión adicional, es decir, con tres dimensiones del surtido:

1. Amplitud *(ampleur)* del surtido, que viene dada por el número más o menos numeroso de las secciones de un punto de venta.
2. Anchura *(largeur)* del surtido, que viene dada por el número de familias que contiene una sección.
3. Profundidad del surtido, que se mide por el número de referencias que comprende una familia.

Las tres dimensiones del surtido se comprenden de forma sencilla en el caso de un concesionario de automóviles como el descrito en la figura 6.1. La amplitud vendría dada por el número de líneas que se comercializan (131, Ronda, Fura, etc.). La anchura serían el número de modelos de una línea (línea 131: Panorama, Diplomatic, etc.). Y, por último, la profundidad vendría dada por las posibilidades de elección dentro de cada modelo.

Por nuestra parte, nosotros consideramos que a efectos pedagógicos y de simplificación es más útil trabajar con las dos dimensiones tradicionales, aunque fijando las dimensiones de una forma diferente.

La dimensión amplitud, a nuestro entender, debe identificarse con el objetivo de un punto de venta de tratar de cubrir todas las necesidades de los clientes o, en el polo opuesto, la especialización total. La dimensión profundidad debe valorarse en función del número de referencias que comercializa un punto de venta.

Por otra parte, debemos tener en cuenta que la selección del surtido no es una decisión que se toma una vez y perdura en el tiempo, sino todo lo contrario, es una decisión que goza de cierta dinamicidad. Dos razones justifican este hecho; en primer lugar, que con el paso del tiempo los hábitos y gustos de los consumidores evolucionan; en segundo lugar, la introducción de nuevos productos en el mercado por parte de los fabricantes.

Otro aspecto que queremos resaltar en este epígrafe hace referencia a que la decisión del surtido va a definir el estilo comercial del punto

[12] Cros, V.: *Merchandiseurs a vos marques,* Presses du Management, Noisiel, 1992, páginas 38 y ss.

de venta. La *imagen* que queremos dar a nuestra clientela se debe corresponder con la imagen que los clientes perciben, a través de la selección de productos ofertados, en el interior de la sala de ventas. Por tanto, parece obvio recomendar que la selección del surtido debe formar parte de las estrategias, políticas y objetivos de una empresa comercial.

La *rentabilidad* es el último factor que vamos a tratar en este epígrafe. Parece claro que una de las máximas del comercio es que el surtido debe ser rentable. La rentabilidad de un punto de venta, indudablemente, está en función de la composición, profundidad, margen, rotación, etc., del surtido.

6.5. CUALIDADES DEL SURTIDO

Las cualidades del surtido se pueden medir a través de tres factores: coherencia, rentabilidad y fidelidad y dinamismo.

6.5.1. Surtido coherente

Un surtido debe ser coherente, es decir, debe gozar de una cierta homogeneidad y complementariedad con respecto a las necesidades que quiere satisfacer[13]. La homogeneidad tiene su reflejo en que exista armonía entre las divisiones, secciones, familias, etc., que componen el surtido. Un punto de venta que ofrece al público ordenadores e impresoras, que son artículos complementarios, hace coherente el surtido. Igualmente, ofrecer programas de ordenador, cintas, transparencias y papel de impresoras refuerzan la homogeneidad del surtido.

La armonía implica, también, que las líneas que forman el surtido tengan profundidades similares, es decir, un equilibrio entre las distintas agrupaciones. Las excepciones a este planteamiento deben estar plenamente justificadas por razones comerciales. Igualmente, un surtido no puede ser coherente si faltan productos fundamentales.

Por otra parte, la coherencia de un surtido tiene una dimensión temporal, lo que se traduce en un constante estudio del mismo y de las tendencias comerciales. Los cambios en los gustos y hábitos del consumidor unidos a la aparición de nuevos productos, pueden provocar una refor-

---

[13] Dayan, A., y otros: Ob. cit., págs. 36-37.

ma de las agrupaciones de productos existentes, bien conformando nuevos grupos o bien minorando su número.

Homogeneidad, armonía y equilibrio reflejan la coherencia del surtido, y ésta conduce al éxito comercial.

La coherencia de un surtido es sinónimo de satisfacción de la clientela. Supone una orientación hacia el mercado, una adaptación del surtido al perfil del consumidor y, de esta forma, las ventas y el éxito comercial están aseguradas.

6.5.2. Surtido rentable

El éxito comercial implica necesariamente la rentabilidad del surtido. Cada una de las referencias vendidas por un establecimiento contribuyen a formar los resultados de la empresa. Los análisis sobre la rentabilidad de los artículos vendidos son un instrumento indispensable para una moderna gestión del punto de venta.

No obstante, estos estudios que podemos calificar como de *rentabilidad directa* de los artículos no deben ser definitivos para tomar decisiones, como eliminar o disminuir el espacio de una referencia, debido a su baja rentabilidad. La rentabilidad directa debe ser complementada con la denominada *rentabilidad indirecta.*

La rentabilidad indirecta hace referencia a ciertos artículos que no siendo rentables por sí mismos, son mantenidos o utilizados por la empresa, ya que generan beneficios indirectos; estos productos tienen diversa índole[14].

1. Productos de primera necesidad

Estos productos de compra corriente y diaria figuran en primer lugar en la lista de compras de la clientela. Hacen que el comprador se desplace hacia el punto de venta, lo que contribuye a la animación del punto de venta y a generar ventas adicionales o compras por impulso.

2. Productos de ventas elevadas

Serían aquellos productos que tienen un margen bruto unitario muy reducido, pero que compensan su baja rentabilidad unitaria con un gran volumen de ventas.

[14] Fady, A., y Seret, M.: Ob. cit., pág. 85.

Igualmente, las ventas elevadas implican la llegada de compradores que pueden adquirir otros productos más rentables.

3. Productos imagen

Entrarían en esta categoría las marcas más conocidas de cualquier tipo de producto y aquellos productos o marcas elitistas. La oferta de estos artículos puede no ser rentable de forma directa para una empresa, pero sí crear una imagen positiva del punto de venta que redunde en imagen y satisfacción de la clientela.

4. Productos de acuerdos comerciales

Nos referimos en este apartado a artículos que no son rentables por sí mismos pero que el comerciante mantiene como consecuencia de acuerdos con el proveedor o fabricante.

Se produce esta situación cuando el fabricante proporciona ciertas ayudas (económicas o de otra índole) al distribuidor para que mantenga en los lineales una determinada referencia. Igualmente, cuando el proveedor negocia un paquete de productos (o el fabricante la totalidad de los productos de su marca o marcas) con el distribuidor, entre este conjunto de productos pueden encontrarse referencias muy rentables junto a otras menos rentables.

6.5.3. Surtido dinámico y fiel

La constante aparición de productos nuevos en el mercado junto con el cambio de los gustos del consumidor hacen necesaria una permanente adaptación del surtido a la clientela. Esta dinamicidad del surtido no debe estar, sin embargo, reñida con la existencia de una fidelidad, en muchos casos, por parte de la clientela a una marca o a un tipo de producto. Si queremos satisfacer y mantener a nuestros consumidores debemos mantener un equilibrio entre renovación del surtido y permanencia de las referencias que gozan de una fidelidad por parte de nuestros clientes.

TÉRMINOS CLAVE

Amplitud del surtido. Número de líneas que comprende un surtido.
Categoría de productos. Se corresponden con una unidad de necesidad.
Departamentos o sectores. Constituyen los grandes centros de actividad de un comercio.
Familia. Conjunto de artículos que responden a una misma necesidad.
Gama de productos. Conjunto de referencias o productos que una empresa produce o comercializa.
Línea. Conjunto de productos homogéneos.
Longitud del surtido. Suma de todas las referencias de que dispone cada línea.
Profundidad de una línea. Número de referencias que contiene una línea.
Referencia. Término que identifica un artículo específico.
Secciones. Unidades de negocio administrativas y contables.
Surtido. Conjunto de referencias o artículos que comercializa un punto de venta.
Surtido coherente. Es el que goza de una cierta homogeneidad y complementariedad con respecto a las necesidades que se quieren satisfacer.

PROYECTO SUGERIDO

Clasifique el surtido de un punto de venta, relacionando los diferentes criterios de clasificación utilizados. Analice el surtido y el cumplimiento de las cualidades requeridas. Igualmente, estudie la correspondencia entre estilo comercial y surtido ofertado.

7 Gestión del surtido

7.1. Criterios de gestión del surtido
7.2. Métodos de determinación del surtido
7.3. Introducción de nuevas referencias

7.1. CRITERIOS DE GESTIÓN DEL SURTIDO

La gestión del surtido tiene su eje central en la selección de las referencias que en cada momento un punto de venta va a ofertar a su clientela. La determinación de cuáles son las referencias más o menos interesantes para una empresa debe hacerse utilizando una serie de criterios objetivos establecidos previamente.

Los criterios más utilizados en la práctica pueden ser clasificados en dos grandes grupos: criterios cuantitativos y criterios cualitativos.

1. Criterios cuantitativos

Los criterios cuantitativos permiten una fácil medición y, por consiguiente, son los más utilizados.

Todos los criterios cuantitativos que exponemos continuación se mueven en una misma dirección. Cuanto más alto es el valor alcanzado más útil es el producto para la empresa distribuidora y, por tanto, la referencia se hace imprescindible dentro del surtido. Por el contrario, cuando por un criterio una referencia presenta una valor muy bajo, ese producto tiene, generalmente, dificultades para permanecer en el surtido de un punto de venta.

1. *Ventas*

Las ventas es un criterio profusamente utilizado por las empresas de distribución en el análisis del surtido. Indudablemente, cuanto más altas sean las ventas de un producto mayor será su utilidad para el punto de venta. Y, por el contrario, los productos de menor venta son, generalmente, los de menor utilidad.

Las ventas pueden ser expresadas en unidades monetarias o en unidades físicas. Ventas en unidades monetarias (cifra de negocios) es, sin duda, el indicador más utilizado para valorar la conveniencia o no de un producto para una empresa comercial. No obstante, podemos utilizar, de forma alternativa o conjunta, las ventas en unidades físicas, es decir, el número de unidades vendidas de un producto. Hay que recordar que algunos productos con ventas muy altas tienen un precio reducido y, por tanto, una baja cifra de negocios, y, sin embargo, son muy útiles para un comercio ya que proporcionan un flujo de personas hacia el establecimiento contribuyendo a la animación del mismo y a fomentar las ventas por impulso y complementarias.

Una forma muy extendida de análisis del surtido consiste en la utilización del análisis «ABC» y la «regla 20/80».

El *método ABC* tiene por objetivo dividir el conjunto de referencias, según la variable estudiada, en tres grupos: A, B y C.

Para efectuar este análisis procederemos de la siguiente forma:

1. Ordenamos los artículos según su volumen de ventas, de mayor a menor.
2. Obtenemos los porcentajes sobre el total de ventas y sobre el total de artículos.
3. Calculamos los porcentajes acumulados de ventas y artículos.
4. Representamos gráficamente los resultados de la siguiente forma: en el eje de abscisas los porcentajes acumulados que representan los artículos, y en el eje de ordenadas el porcentaje acumulado del volumen de ventas.

La clase A (primer grupo) incluye un grupo reducido de referencias entre el 5 y el 15 %, que son las más importantes respecto al criterio estudiado. La clase B (segundo grupo) incluye las referencias de importancia media con respecto a la variable analizada; este grupo está formado por un 20 ó 30 % de las referencias siguientes a las del grupo anterior. Por último, la clase C (grupo tercero) está formado por las referencias menos importantes; es el grupo más numeroso, entre el 65 y el 75 %, y comprende las restantes referencias no incluidas en los grupos precedentes.

Algunos autores (Fady y Seret[1], Dayan[2] y Cross[3]) proponen como resultados óptimos del análisis ABC los recogidos en el cuadro 7.1.

CUADRO 7.1

Valores óptimos del surtido según análisis ABC				
	Fady y Seret Dayan		**Cros**	
	% Referencias	**% Ventas**	**% Referencias**	**% Ventas**
A	10	65	10	50
B	25	25	20	30
C	65	10	70	20
Total	100	100	100	100

Por tanto, vemos que no existe una convergencia total de opiniones en lo que respecta a la constitución de un surtido ideal que sirva como referencia o marque el camino a seguir.

La regla 20/80 o ley de Pareto[4] —trasladada al ámbito del surtido— se enunciaría de la siguiente forma: El 20 % de los productos proporcionan el 80 % de los ingresos y, por el contrario, el 80 % de los productos restantes contribuyen con el 20 % de los ingresos.

Esto quiere indicar que una parte pequeña de las referencias (20-30 %) tiene una importancia decisiva en el surtido ya que obtienen la mayor parte de las ventas (70-80 %) de una sección o departamento. Análogamente, un alto número de referencias tienen una importancia muy reducida en el surtido porque obtienen unas ventas muy bajas.

[1] Fady, A., y Seret, M.: *Le merchandising techniques modernes du commerce de détail,* Vuibert, París, 1985, pág. 82.

[2] Dayan, A., y otros: *Le merchandising,* PUF, París, 1990, pág. 40.

[3] Cros, V.: *Merchandiseurs a vos marques,* Presses du management, Noisiel, 1992, pág. 66.

[4] La ley de Pareto fue enunciada por el economista italiano Vilfredo Pareto, según la cual existe una relación entre la cuantía de la renta y el número de personas que la perciben, que viene dada por la expresión matemática: $Log\ N = Log\ A - a\ log\ X$. Siendo: A = Constante; a = Constante; N = Número de personas que perciben la renta X, y X = Cuantía de la renta (Ortega, E.: *El nuevo diccionario de Marketing,* Esic, Madrid, 1990, pág. 255).

Según Mouton[5], una familia de productos en un autoservicio consigue un nivel óptimo cuando el 20 % de las referencias representan del 70 al 80 % de las ventas y el 50 % de las referencias entre el 90 y el 95 % de las ventas (figura 7.1).

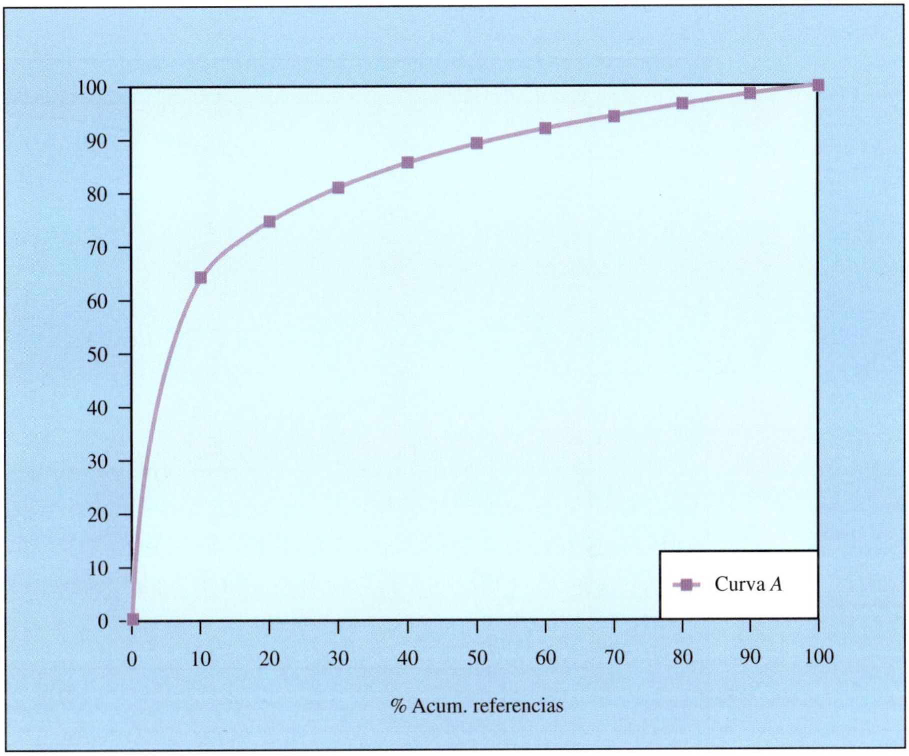

Figura 7.1.

La curva *A* (curva normal) que expresa esta relación es la siguiente:

$$\% \text{ Ventas} = 36{,}39 \text{ Log } (\% \text{ Referencias}) + 27{,}22$$

Cuando (con datos reales de una empresa) trazamos esta curva podemos encontrarnos con una curva similar a la de la figura 7.1 o distinta. Una figura con diferencias sustanciales a la ley de Pareto es una situación no deseable para una empresa; se debe a precios incoheren-

[5] Mouton, D.: *Merchandising estratégico,* Gestión 2.000, Barcelona, 1989, págs. 88-89.

tes, implantación deficiente... y a un surtido no adaptado a la clientela. La experiencia confirma que este último factor es la razón principal de no conseguir el óptimo de ventas. Podemos considerar dos situaciones diferentes: cuando la curva de la empresa sigue un camino por encima de la curva normal (curva *M)* o cuando sigue un camino inferior (curva *N*) (figura 7.2).

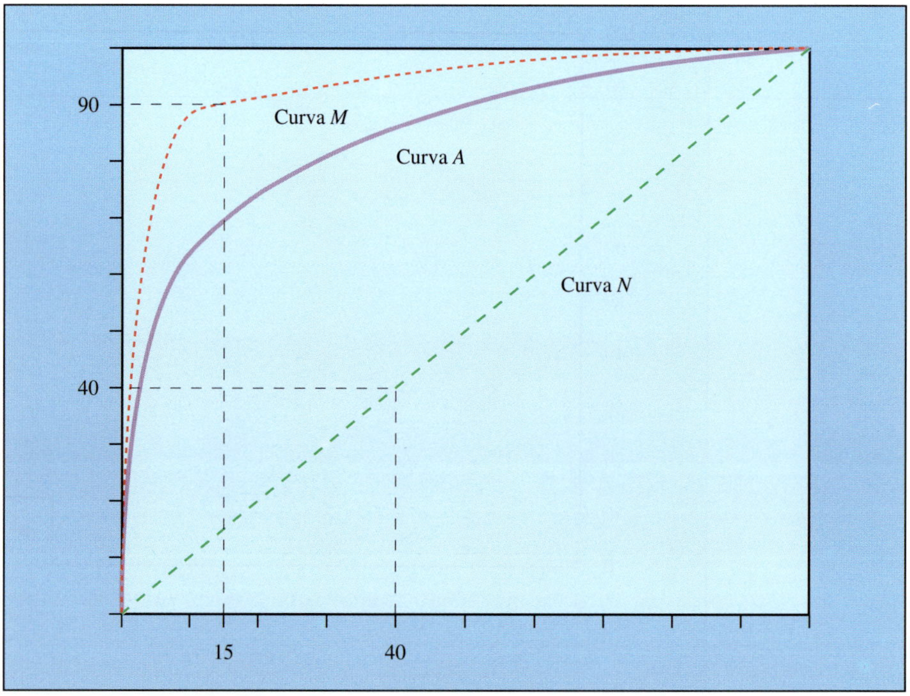

Figura 7.2.

La curva *M* indica que el 15 % de los artículos producen el 90 % de las ventas; por tanto, la mayor parte de las ventas son realizadas por un número muy reducido de referencias. El problema que presenta este surtido es la insuficiencia de referencias, que obliga a la concentración de las ventas en las pocas ofrecidas.

La curva *N* expresa que el 40 % de las referencias proporcionan el 40 % de la cifra de negocios en esa familia. El problema aquí radica, generalmente, en el excesivo número de referencias que acarrea que cada artículo no tenga las dimensiones mínimas y, consecuentemente, las marcas líderes pierdan su papel preponderante.

2. *Margen*

La diferencia entre «precio de venta» (P_V) y «precio de coste» (P_C) se denomina margen bruto comercial, beneficio bruto unitario o, también, contribución, ya que cada producto contribuye en esa diferencia a cubrir los costes fijos de una empresa.

A nuestro entender, puede hablarse indistintamente de «beneficio bruto unitario» o «margen bruto unitario». No obstante, creemos más aconsejable la utilización del término beneficio bruto para niveles agregados de productos (sección, familia, subfamilia). El margen bruto, a diferencia del beneficio bruto, que se da en valores absolutos, suele expresarse en porcentajes o en tanto por uno y se utiliza para referirse generalmente a una unidad de producto.

Siguiendo esta terminología[6], el margen bruto de un producto puede expresarse de dos formas:

1. Margen bruto sobre ventas, cuya expresión es:

$$MB_V = \frac{P_V - C_{V_u}}{P_V} \times 100$$

siendo

MB_V = Margen bruto sobre el precio de venta de un producto.

El margen bruto suele expresarse en porcentaje, es decir, multiplicado por 100 y, con menor frecuencia, en tanto por uno (se suprimiría el producto por 100).

2. Margen bruto sobre costes, cuya fórmula es la siguiente:

$$MB_C = \frac{P_V - C_{V_u}}{P_C} \times 100$$

siendo

MB_C = Margen bruto sobre el precio de coste.

Este criterio, en cierta medida, se contrapone al criterio de ventas. Generalmente, los productos más vendidos son los que se comerciali-

[6] Díez, E. C., y Fernández, J. C.: *Distribución Comercial,* McGraw-Hill, Madrid, 1992, páginas 21 y ss.

zan con un margen más reducido y, por el contrario, los productos de mayor margen suelen ser los menos vendidos.

Por consiguiente, muchos comerciantes cometen un error cuando se dejan deslumbrar por referencias que proporcionan un elevado margen porque, probablemente, sus ventas serán muy escasas.

3. *Beneficio bruto*

Cuando nombramos el criterio del beneficio bruto de un producto nos referimos a la siguiente expresión:

$$BB = (P_V - P_C)Q$$

siendo

BB = Beneficio bruto
Q = Unidades vendidas.

4. *Beneficio neto*

El beneficio neto (BN) de un producto se obtendría deduciendo del beneficio bruto los costes fijos ocasionados por el mismo.

$$BN = BB - Cf$$

5. Rentabilidad de las ventas

La rentabilidad es uno de los vocablos que con más frecuencia se utilizan en el mundo económico. La búsqueda de rentabilidad es una condición *sine qua non* para el éxito de los negocios.

Puede hablarse de distintos tipos de rentabilidades: rentabilidad de la empresa, rentabilidad de las ventas, rentabilidad de un producto, etc.

El concepto teórico de rentabilidad no suscita ninguna polémica. Definimos la rentabilidad como un cociente entre el beneficio y el capital necesario que ha hecho posible ese beneficio. La obtención práctica del ratio rentabilidad precisa matizar el apellido de la misma. Necesitamos saber a qué tipo de rentabilidad nos referimos para proceder al cálculo de la misma.

Entonces, la dificultad estriba en identificar los valores que debemos colocar en el cociente de la rentabilidad.

La rentabilidad suele expresarse en porcentaje; por consiguiente, su fórmula es la siguiente:

$$\text{Rentabilidad} = \frac{\text{Beneficio}}{\text{Capital}} \times 100$$

La *rentabilidad de las ventas* se define, frecuentemente, como el cociente entre el beneficio bruto obtenido con las ventas y el volumen de ventas o ingresos obtenidos.

Podemos decir, que el volumen de ventas no constituye el capital desembolsado por una empresa distribuidora para obtener un beneficio. El capital o la inversión realizada y, por tanto, el denominador del cociente de la rentabilidad, debe ser lo que le han costado a la firma las ventas realizadas.

Siendo

R_V = Rentabilidad de las ventas.

Definimos la rentabilidad de las ventas por la siguiente fórmula:

$$R_V = \frac{\text{Beneficio bruto}}{\text{Coste de las ventas}} \times 100$$

Llamaremos rendimiento de las ventas al cociente entre el beneficio bruto y el volumen de ventas.

$$Rdt._V = \frac{\text{Beneficio bruto}}{\text{Volumen de ventas}} \times 100$$

6. *Rotación*

La rotación es uno de los objetivos que debe establecer toda empresa comercial y, especialmente, las dedicadas al comercio al por menor.

Existe una relación directa entre rotación y resultados corporativos; por ello, altas rotaciones son sinónimo de beneficios elevados.

Para definir la rotación es indispensable referirnos a un período concreto de tiempo: año, mes, etc. La rotación se conceptualiza por medio del denominado *coeficiente de rotación,* que es el cociente entre el coste de las ventas y el stock medio.

$$CR = \frac{\text{Coste de las ventas}}{SM}$$

donde

CR = Coeficiente de rotación.
SM = Stock medio del período de tiempo considerado en el coeficiente de rotación.

Debemos hacer algunas precisiones sobre el coeficiente de rotación. En primer lugar, muchos autores ubican en el numerador el volumen de ventas; nosotros creemos que es más correcto y más útil a efectos prácticos considerar el coste de las ventas. En segundo lugar, el concepto de stock medio y la forma de obtenerlo será tratado, en profundidad, en posteriores capítulos.

Las implicaciones comerciales de la rotación son muy importantes:

1. Rotación es sinónimo de beneficio.
2. El coeficiente de rotación indica el número de veces que en el período recuperamos la inversión realizada. Cuando una empresa distribuidora compra productos desembolsa el coste de los mismos, y cuando los vende recupera el dinero invertido más los beneficios si los hubiere. Por ejemplo, si el coeficiente de rotación es igual a 3, esto significa que hemos recuperado tres veces nuestro capital y hemos obtenido tres veces beneficios en el período de tiempo considerado. Por tanto, cuanto más alta sea la rotación más altos serán los beneficios del capital invertido.
3. Los productos o actividades comerciales no tienen la misma rotación. Hay negocios de rotación diaria (prensa, panadería) y otros de escasa rotación anual (joyería). Lo ideal para un empresario es fijar un objetivo que consista en lograr una rotación por encima de la media del sector.
4. Las preferencias de las empresas distribuidoras por los artículos de mayor rotación son, lógicamente, consecuencia de los apartados anteriores.

7. *Rentabilidad*

El concepto de rentabilidad de una firma comercial se expresa como:

$$R_E = \frac{\text{Beneficio}}{\text{Capital}} \times 100$$

en donde

RE = Rentabilidad de la empresa.

La rentabilidad de una sección o una familia de productos puede establecerse de la siguiente forma:

$$R_X = \frac{\text{Beneficio bruto}}{SM} \times 100$$

siendo

R_X = Rentabilidad de la sección o familia de productos X.

$$R_X = \frac{\text{Beneficio}}{\text{Coste de ventas}} \times 100 \frac{\text{Coste de ventas}}{SM}$$

o lo que es lo mismo

$$\text{Rentabilidad} = \text{Rentabilidad de las ventas} \times \text{Rotación}$$

El análisis de esta fórmula nos permite inferir que para lograr una mayor rentabilidad disponemos de dos factores que nos conducen a dicho objetivo: la rentabilidad de las ventas y la rotación.

Rentabilidad de las ventas y rotación, generalmente, suelen ser de efectos contrarios. Los artículos de mayor rotación suelen ser los que presentan menor margen y, consecuentemente, rentabilidad de ventas reducida (salvo que el número de unidades vendidas sea muy elevado). Por contra, los artículos de márgenes más altos cuya rentabilidad de las ventas es muy alta suelen rotar muy poco.

Para lograr una alta rentabilidad necesitamos que el producto de rentabilidad de las ventas por rotación sea lo más alto posible. Luego parece evidente que sería un error tanto una política de sección de productos de gran margen y poca rotación (con la posibilidad de quedar obsoletos), como la política de productos de mucha rotación y margen reducido. Lógicamente, debemos realizar una selección de productos adecuada con el objetivo de lograr una adecuada rentabilidad de la empresa.

Finalmente, podemos afirmar, a modo de resumen, que la rentabilidad depende de tres factores:

— Margen.
— Ventas realizadas.
— Rotación.

Estos tres factores son independientes, aunque están relacionados estrechamente, y colaboran para conseguir la rentabilidad de una empresa. De igual forma, podemos establecer que cada producto, grupo de productos, familias, subsecciones, etc., con su rentabilidad, margen, ventas y rotación contribuyen a formar los resultados globales de la empresa.

8. *Rendimiento e índice de rendimiento del lineal*

El rendimiento del lineal (*RL*) y el índice de rendimiento del lineal (*IRL*) son elementos muy importantes para valorar y comparar entre las distintas familias, secciones, etc., que componen el surtido de un punto de venta.

El rendimiento del lineal se obtiene a través de la siguiente fórmula:

$$RL = \frac{BB}{\text{Lineal}}$$

El índice de rendimiento del lineal, por su parte, es como sigue:

$$IRL = \frac{RL \times CR}{1.000}$$

El valor del divisor 1.000 u otro cualquiera (100, 10.000) tiene como objetivo conseguir valores del índice que posibiliten comparaciones en niveles más racionales.

A nuestro entender, el índice de rendimiento del lineal es el mejor criterio cuantitativo, de los descritos hasta el momento, para una eficaz gestión del surtido.

2. Criterios cualitativos

Los criterios cualitativos son de difícil valoración y arrastran una cierta subjetividad. Por estas razones son menos utilizados, aunque no dejan de ser importantes y obligatorios para un completo análisis del surtido.

La utilización exclusiva de criterios cuantitativos produce errores graves en la determinación del surtido que hacen imprescindible la adición de algún criterio cualitativo. Podemos destacar entre estos últimos los siguientes:

9. *Imagen*

Anteriormente nos hemos referido al surtido como un factor crucial en la imagen de un establecimiento. Determinados productos o marcas son básicos en la configuración de la imagen de un punto de venta. La eliminación del surtido de estas referencias por sus bajos resultados según criterios cuantitativos puede ocasionar en la clientela distorsiones importantes en la imagen del establecimiento.

Es indudable que si el cliente no encuentra las marcas o productos que busca la imagen del comercio le quedará menguada.

10. *Notoriedad*

La notoriedad hace referencia al número de personas que conocen una determinada marca o producto.

Notoriedad e imagen están estrechamente relacionadas. Generalmente, las marcas más conocidas tienen una buena imagen y gozan del favor del público. Por contra, las marcas menos notorias suelen tener una baja imagen y ser recibidas con reticencias. Los vínculos entre notoriedad e imagen han llevado a que numerosas personas utilicen estos dos criterios como si fuesen el mismo concepto. Sin embargo, esto constituye un error, ya que son criterios claramente diferenciados. Así, podemos encontrarnos con marcas muy conocidas pero que tiene una imagen deficiente y, en el extremo opuesto, marcas de muy poca notoriedad pero con imagen óptima para aquellos que la conocen. También es muy frecuente que una marca que goza de gran notoriedad pueda disfrutar de una buena imagen para una parte de sus conocedores y la otra parte la visualice como de imagen baja.

11. *Esenciabilidad*

Un artículo esencial dentro del surtido, como su nombre indica, hace imprescindible la presencia dentro del mismo con independencia de su rentabilidad.

Hay que precisar que estos criterios pueden ser utilizados para efectuar análisis y comparaciones a diferentes escalas: secciones, familias, referencias, etc.

Caso ilustrativo 1

Lluimar, S. A., es una cadena de supermercados. El objeto de nuestro caso es el estudio de datos obtenidos en uno de los supermercados (de 1.500 metros cuadrados) perteneciente a esta cadena y que está ubicado en la margen izquierda de la ría de Bilbao. Los datos recogidos en los cuadros 7.2 y 7.3 son las estadísticas de la familia de cafés durante un período de 20 días. Esta familia está dividida a su vez en tres subfamilias cuyas referencias comienzan por 60, 61 y 62, respectivamente. La subfamilia 60 consta de 9 referencias, la subfamilia 61, de 23, y la subfamilia 62, de 15.

CUADRO 7.2

Referencias	**Unidades vendidas**	**Precio de venta**	**Volumen de ventas**	**Beneficio bruto**	**Margen s/ventas (%)**
Subfamilia (60)					
6020	18	353,00	6.354	767	12,07
6039	19	250,00	4.750	560	11,79
6040	13	393,00	5.109	547	10,71
6041	0		0	0	
6080	251	92,99	23.340	2.975	12,75
6081	16	240,00	3.840	455	11,85
6082	50	229,00	11.450	1.088	9,50
6083	0		0	0	
6091	62	58,00	3.596	502	13,96
Total	429		58.439	6.894	**11,80**

CUADRO 7.2 *(continuación)*

Referencias	Unidades vendidas	Precio de venta	Volumen de ventas	Beneficio bruto	Margen s/ventas (%)
Subfamilia (61)					
6106	1	701,00	701	76	10,84
6107	9	323,22	2.909	275	9,45
6108	45	288,96	13.003	729	5,61
6121	85	316,00	26.860	4.317	16,07
6126	7	645,00	4.515	236	5,23
6140	4	698,00	2.792	253	9,06
6141	285	206,22	58.773	3.198	5,44
6142	223	208,80	46.562	3.077	6,61
6150	0		0	0	
6151	17	323,06	5.492	517	9,41
6152	87	326,05	28.366	4.528	15,96
6153	31	302,00	9.362	834	8,91
6157	57	279,00	15.903	669	4,21
6158	0	0,00	0	0	
6159	1	677,00	677	76	11,23
6161	24	279,00	6.696	388	5,79
6162	0	0,00	0	0	
6164	2	383,00	766	80	10,44
6170	434	279,08	121.121	16.701	13,79
6174	16	256,00	4.096	784	19,14
6175	15	297,00	4.455	278	6,24

CUADRO 7.2 *(continuación)*

Referencias	**Unidades vendidas**	**Precio de venta**	**Volumen de ventas**	**Beneficio bruto**	**Margen/s ventas (%)**
6176	11	238,00	2.618	758	28,95
6177	20	238,00	4.760	860	18,07.
Total	1.374		360.427	38.634	**10,72**
Subfamilia (62)					
6216	30	119,87	3.596	1.147	31,90
6217	33	125,00	4.125	265	6,42
6220	2	434,00	868	166	19,12
6221	5	727,00	3.635	753	20,72
6222	7	582,00	4.074	728	17,87
6223	4	307,00	1.228	152	12,38
6230	87	121,95	10.610	377	3,55
6232	77	466,00	35.882	3.246	9,05
6234	0		0	0	
6235	2	524,00	1.048	99	9,45
6237	0		0	0	
6248	24	821,00	19.704	554	2,81
6264	54	409,00	22.086	2.571	11,64
6280	23	727,00	16.721	208	1,24
6290	3	331,00	993	118	11,88
Total	351		124.570	10.384	**8,33**
Total familia	2.154		543.437	55.912	**10,29**

CUADRO 7.3

Referencia	Lineal (cm)	Frontal (cm)	Núm. de frontales	Stock inicial	Stock final	Stock medio (SM)
Subfamilia (60)						
6020	27	9	3	931	2.794	1.862,50
6039	40	8	5	3.308	3.087	3.197,50
6040	40	10	4	2.106	5.968	4.037,00
6041	24	6	4	2.955	2.955	2.955,00
6080	72	6	12	6.572	5.680	6.126,00
6081	40	8	5	2.513	3.316	2.914,50
6082	32	8	4	3.316	5.389	4.352,50
6083	24	8	3	2.878	2.878	2.878,00
6091	66	6	11	3.493	2.894	3.193,50
Total	365			28.072	34.961	31.516,50
Subfamilia (61)						
6106	20	10	2	3.750	3.125	3.437,50
6107	32	8	4	3.219	6.439	4.829,00
6108	56	8	7	15.548	14.185	14.866,50
6121	56	8	7	16.973	29.437	23.205,00
6126	30	10	3	6.113	9.170	7.641,50
6140	42	14	3	1.904	6.980	4.442,00
6141	48	8	6	1.755	10.140	5.947,50
6142	40	8	5	1.950	8.385	5.167,50
6150	45	9	5	9.809	9.809	9.809,00
6151	24	8	3	3.219	5.268	4.243,50
6152	40	8	5	2.466	4.932	3.699,00
6153	32	8	4	5.227	3.301	4.264,00

CUADRO 7.3 (*continuación*)

Referencia	Lineal (cm)	Frontal (cm)	Núm. de frontales	Stock inicial	Stock final	Stock medio (SM)
6157	56	8	7	41.693	26.459	34.076,00
6158	40	8	5	4.688	4.688	4.688,00
6159	20	10	2	3.004	2.403	2.703,50
6161	24	8	3	5.257	5.257	5.257,00
6162	50	10	5	11.761	9.623	10.692,00
6164	40	10	4	9.605	8.919	9.262,00
6170	56	8	7	12.271	29.113	20.692,00
6174	24	8	3	5.589	2.277	3.933,00
6175	32	8	4	7.518	10.024	8.771,00
6176	24	8	3	2.743	4.431	3.587,00
6177	32	8	4	6.240	9.360	7.800,00
Total	863			182.302	223.725	203.013,50
Subfamilia (62)						
6216	26	13	2	2.160	1.871	2.015,50
6217	26	13	2	4.210	3.157	3.683,50
6220	18	6	3	3.159	2.457	2.808,00
6221	24	8	3	4.035	4.611	4.323,00
6222	24	8	3	3.824	3.346	3.585,00
6223	18	6	3	2.421	4.573	3.497,00
6230	39	13	3	(353)	3.529	1.588,00
6232	18	6	3	5.934	8.900	7.417,00
6234	30	10	3	2.814	2.814	2.814,00
6235	24	8	3	7.589	6.640	7.114,50
6237	21	7	3	7.674	7.674	7.674,00

CUADRO 7.3 *(continuación)*

Referencia	Lineal (cm)	Frontal (cm)	Núm. de frontales	Stock inicial	Stock final	Stock medio (SM)
6248	24	8	3	10.373	5.585	7.979,00
6264	18	6	3	5.421	11.925	8.673,00
6280	24	8	3	6.461	7.179	6.820,00
6290	30	10	3	3.790	2.915	3.352,50
Total	364			69.512	77.176	73.344,00
Total familia	1.592			279.886	335.862	307.874,00

Solución

Ventas

El análisis por el criterio de ventas se recoge en el cuadro 7.4.

CUADRO 7.4

Subfamilias	Volumen de ventas (%)	Unidades vendidas (%)
Sub60	10,75	19,91
Sub61	66,32	63,79
Sub62	22,93	16,30
Total	100	100

Observamos que dentro de la familia cafés la subfamilia 61 es la más importante ya que proporciona un 66,32 % de la cifra de negocios; en segundo lugar, la subfamilia 62, y en último lugar, la 60. Los resultados del análisis en términos de unidades vendidas son similares para la subfamilia 61, pero cambian radicalmente para la familia 60, que ocupa el segundo lugar, y la familia 62, que desciende al último.

Para la aplicación del método ABC a la familia de cafés debemos elaborar el cuadro 7.5.

CUADRO 7.5

Referencias	Referencias acumuladas (%)	Volumen de ventas	Ventas (%)	Ventas acumuladas (%)
6170	2,13	121.121	22,29	22,29
6141	4,26	58.773	10,82	33,10
6142	6,38	46.562	8,57	41,67
6232	8,51	35.882	6,60	48,27
6152	10,64	28.366	5,22	53,49
6121	12,77	26.860	4,94	58,44
6080	14,89	23.341	4,30	62,73
6264	17,02	22.086	4,06	66,80
6248	19,15	19.704	3,63	70,42
6280	21,28	16.721	3,08	73,50
6157	23,40	15.903	2,93	76,42
6108	25,53	13.003	2,39	78,82
6082	27,66	11.450	2,11	80,92
6230	29,79	10.610	1,95	82,88
6153	31,91	9.362	1,72	84,60
6161	34,04	6.696	1,23	85,83
6020	36,17	6.354	1,17	87,00
6151	38,30	5.492	1,01	88,01
6040	40,43	5.109	0,94	88,95
6177	42,55	4.760	0,88	89,83
6039	44,68	4.750	0,87	90,70
6126	46,81	4.515	0,83	91,53
6175	48,94	4.455	0,82	92,35
6217	51,06	4.125	0,76	93,11

CUADRO 7.5 (*continuación*)

Referencias	Referencias acumuladas (%)	Volumen de ventas	Ventas (%)	Ventas acumuladas (%)
6174	53,19	4.096	0,75	93,86
6222	55,32	4.074	0,75	94,61
6081	57,45	3.840	0,71	95,32
6221	59,57	3.635	0,67	95,99
6091	61,70	3.596	0,66	96,65
6216	63,83	3.596	0,66	97,31
6107	65,96	2.909	0,54	97,85
6140	68,09	2.792	0,51	98,36
6176	70,21	2.618	0,48	98,84
6223	72,34	1.228	0,23	99,07
6235	74,47	1.048	0,19	99,26
6290	76,60	993	0,18	99,45
6220	78,72	868	0,16	99,61
6164	80,85	766	0,14	99,75
6106	82,98	701	0,13	99,88
6159	85,11	677	0,12	100,00
6158	87,23	0	0,00	100,00
6150	89,36	0	0,00	100,00
6162	91,49	0	0,00	100,00
6234	93,62	0	0,00	100,00
6237	95,74	0	0,00	100,00
6083	97,87	0	0,00	100,00
6041	100,00	0	0,00	100,00
Total		543.437		

El análisis ABC de la familia de cafés se aproxima, extraordinariamente, al óptimo del surtido fijado por Cros (véase cuadro 7.6).

CUADRO 7.6

	Familia de cafés		Cros	
	% Referencias	**% Ventas**	**% Referencias**	**% Ventas**
A	10,64	53,49	10	50
B	21,27	31,11	20	30
C	68,09	15,40	70	20
Total	100	100	100	100

Igualmente, se cumplen los porcentajes establecidos por Mouton, ya que el 21,28 % de las referencias proporcionan el 73,50 % de las ventas de la familia y el 51,06 % de las referencias, el 93,11 % de las ventas. Por tanto, los análisis de ventas para los cafés de este supermercado resultan satisfactorios.

Margen

El cuadro 7.7 muestra las diez referencias más vendidas, que representan el 73,50 % de las ventas de la familia de cafés.

Observamos que no hay correspondencia entre las referencias más vendidas y los menores márgenes practicados. Efectivamente, la referencia de mayores ventas dentro de la familia, la 6170 con el 22,29 %, se comercializa con un margen del 13,79 %, superior al rendimiento medio de la familia, que es del 10,29 %. Igualmente, esto sucede con otras cuatro referencias, 6152, 6121, 6080 y 6264.

La familia de cafés tiene un margen medio del 10,29 %. La sub60 es la más rentable, con un margen del 11,80, en segundo lugar, la sub61, con 10,72 %, y la menos rentable es la sub62, con un valor del 8,33 %.

Beneficio bruto

La sub61 (la de mayores ventas) es la que proporciona un mayor beneficio bruto a la familia de cafés de este establecimiento, concreta-

CUADRO 7.7

Referencias	Referencias acumuladas (%)	Volumen de ventas	Ventas (%)	Ventas acumuladas (%)	Margen s/ventas (%)
6170	2,13	121.121	22,29	22,29	13,79
6141	4,26	58.773	10,82	33,10	5,44
6142	6,38	46.562	8,57	41,67	6,61
6232	8,51	35.882	6,60	48,27	9,05
6152	10,64	28.366	5,22	53,49	15,96
6121	12,77	26.860	4,94	58,44	16,07
6080	14,89	23.341	4,30	62,73	12,75
6264	17,02	22.086	4,06	66,80	11,64
6248	19,15	19.704	3,63	70,42	2,81
6280	21,28	16.721	3,08	73,50	1,24

mente el 69 %. La sub62 obtiene el 18,6 % del beneficio bruto, y la sub60, el 12,3 %. Existe una estricta correspondencia, en este caso, entre mayores ventas y beneficio bruto generado por las subfamilias.

Rentabilidad de las ventas

La rentabilidad de las ventas de las tres subfamilias y la de la familia de cafés se dan a continuación:

$$R_{V60} = \frac{6.894}{58.439 - 6.894} \times 100 = 13,37\ \%$$

$$R_{V61} = 12\ \%$$

$$R_{V62} = 9,09\ \%$$

$$R_{V_{fam.}} = 11,46\ \%$$

La rentabilidad de las ventas de la familia es del 11,46 %. La sub61, que es la de mayores ventas, se alinea en este porcentaje. Como es lógico, la subfamilia de menores ventas es la que proporciona una mayor rentabilidad, ya que los márgenes de sus referencias son más altos. En cambio, no parece muy racional, desde un análisis externo, el margen reducido de la sub62.

Rotación[7]

Los coeficientes de rotación (CR) de la familia y subfamilia son los siguientes:

$$CR_{fam.} = 1{,}58$$

$$CR_{60} = \frac{51.545}{31.516{,}5} = 1{,}63$$

$$CR_{61} = \frac{321.793}{203.013{,}5} = 1{,}58$$

$$CR_{62} = \frac{114.186}{73.344} = 1{,}55$$

Los resultados son concluyentes: la rotación de la familia y subfamilia es muy semejante y se sitúa en el período estudiado en 1,58.

Rentabilidad

Las rentabilidades (R) de la familia de cafés y sus subfamilias son las siguientes:

$$R_{fam.} = 11{,}46\ \% \times 1{,}58 = 18{,}16\ \%$$

$$R_{60} = 13{,}37\ \% \times 1{,}63 = 21{,}87\ \%$$

$$R_{61} = 12\ \% \times 1{,}58 = 19{,}03\ \%$$

$$R_{62} = 9{,}09\ \% \times 1{,}55 = 14{,}15\ \%$$

El análisis de los resultados de la rentabilidad, en este caso, se corresponde con el de la rentabilidad de las ventas. La rentabilidad de las

[7] Los datos del problema se refieren a un período de tiempo de veinte días. Los cálculos del stock medio y la rotación precisan, para obtener conclusiones significativas, un período mayor. Por tanto, obtenemos estos valores únicamente con efectos ilustrativos y a título de ejemplo.

ventas es el primer multiplicando de la rentabilidad; el segundo, la rotación, que como tiene resultados semejantes para la totalidad de la familia y subfamilias, no altera el producto y, por tanto, la rentabilidad depende únicamente de la rentabilidad de las ventas.

Rendimiento e índice de rendimiento del lineal

Los cálculos para la familia y subfamilias son los siguientes:

$$RL_{fam.} = \frac{55.912}{15,92} = 3.512$$

$$RL_{60} = \frac{6.894}{3,65} = 1.888,8$$

$$RL_{61} = \frac{38.634}{8,63} = 4.477$$

$$RL_{62} = \frac{10.384}{3,64} = 2.852,74$$

Es evidente que la subfamilia que presenta un mayor rendimiento del lineal es, con diferencia, la 61 (4.477 pesetas por metro de lineal). Las subfamilias 60 y 62 presentan valores muy inferiores a la media de la familia.

$$IRL_{fam.} = \frac{3.512 \times 1,58}{100} = 55,48$$

$$IRL_{60} = \frac{1.888,8 \times 1,63}{100} = 30,78$$

$$IRL_{61} = \frac{4.477 \times 1,58}{100} = 70,73$$

$$IRL_{62} = \frac{2.852,74 \times 1,55}{100} = 44,21$$

El índice de rendimiento del lineal no muestra claramente la superioridad de la subfamilia 61 sobre las otras dos. Parece claro que la segunda subfamilia en importancia es la 62 y que la de menor valor para el punto de venta es la subfamilia 60.

7.2. MÉTODOS DE DETERMINACIÓN DEL SURTIDO

La determinación del surtido utilizando estos criterios (cualitativos y cuantitativos) ha dado lugar a una serie de modelos que vamos a describir a continuación. Estos modelos posibilitan el análisis, estudio, eliminación, etc., de los componentes del surtido de un establecimiento. Aunque algunos son más útiles que otros en determinadas situaciones, todos ellos tienen en común que son herramientas que posibilitan la determinación del surtido. Debemos decir que estos modelos no son excluyentes; por el contrario, en ciertos aspectos podemos considerarlos complementarios. Por tanto, creemos que puede ser muy interesante, en muchos casos, utilizar más de uno de estos modelos para realizar un estudio que podamos calificar de completo.

7.2.1. Método del número mínimo y máximo de referencias

Este procedimiento consta de los siguientes pasos:

Paso I. Número mínimo de referencias

Como hemos dicho anteriormente el surtido debe estar adaptado a la demanda, es decir, debe cubrir las necesidades de su clientela. Hay que recordar que cada familia de productos es la encargada de cubrir un necesidad distinta. Los consumidores presentan, normalmente, un cierto grado de heterogeneidad con respecto a cómo cubrir una necesidad; por ello, es preciso dividirlos en grupos más homogéneos que pueden ser denominados tipos o segmentos.

Por tanto, un establecimiento que quiera satisfacer las necesidades de sus clientes debe tratar de presentar por familia de productos una referencia para cada uno de los segmentos de consumidores.

Por ejemplo, para la familia «vinos de mesa», considerando las variables: variedades: 3 (blanco, rosado y tinto); calidades: 5 (mesa, normal, crianza, reserva y gran reserva), y 2 tipos de envases (para el común, botella y brik de un litro, y para los restantes, botella de 0,75 y 0,375 litros), obtendríamos 30 segmentos.

En principio, si quisiéramos servir a todos los segmentos el «número mínimo de referencias» abarcaría la totalidad de los mismos, es decir, 30 (véase el cuadro 7.8). Sin embargo, es obvio que el tamaño

CUADRO 7.8

Segmentos de consumidores de vinos				
		Vino blanco	**Vino rosado**	**Vino tinto**
Vino de mesa	Brik 1 litro	1	2	3
	Botella 1 litro	4	5	6
Vino normal	Botella 0,75	7	8	9
	Botella 0,375	10	11	12
Vino de crianza	Botella 0,75	13	14	15
	Botella 0,375	16	17	18
Vino de reserva	Botella 0,75	19	20	21
	Botella 0,375	22	23	24
Vino gran reserva	Botella 0,75	25	26	27
	Botella 0,375	28	29	30

del punto de venta, la especialización, el tipo de cliente, etc., harían que pudiéramos descartar algunos de estos segmentos. Así, en nuestro ejemplo se trata de un supermercado de descuento en un barrio familiar en Andalucía. Es fácil pensar que los productos de hostelería (todas las botellas de 0,375 litros) y los grandes reservas serían segmentos que no entran en la clientela del establecimiento. Igualmente, no se beben los vino comunes rosados. Por tanto, el número mínimo de referencias podría fijarse en 13 (véase el cuadro 7.9).

CUADRO 7.9

Segmentos de consumidores de vinos				
		Vino blanco	**Vino rosado**	**Vino tinto**
Vino de mesa	Brik 1 litro	1	—	2
	Botella 1 litro	3	—	4
Vino normal	Botella 0,75	5	6	7
Vino de crianza	Botella 0,75	8	9	10
Vino de reserva	Botella 0,75	11	12	13

Paso II. Número máximo de referencias

Para obtener el número máximo de referencias de una familia de productos que podemos ubicar en un lineal debemos decidir con antelación sobre dos apartados: en primer lugar, los metros de lineal otorgados a dicha familia, y en segundo lugar, el lineal mínimo fijado para la visualización de una referencia.

Si en nuestro ejemplo el lineal disponible para «vinos de mesa» ha sido fijado en 2,66 metros (dos elementos de 1,33 metros) y decidimos una implantación en cinco niveles, el lineal desarrollado será de $2{,}66 \times 5 = 13{,}30$.

El lineal mínimo de visualización de una referencia depende del tipo de establecimiento (tamaño, forma de compra, etc.) y puede oscilar entre 20 y 60 centímetros. Si en nuestro ejemplo este valor lo fijamos en 35 cm, el *número máximo de referencias* vendría dado por la siguiente expresión:

$$\text{Núm. máx. ref.} = \frac{\text{Lineal desarrollado disponible}}{\text{Lineal mínimo de una referencia}} = \frac{13{,}30}{0{,}35} = 38$$

Es decir, el número de referencias que podemos colocar en nuestras estanterías es de 38.

Paso III. Distribución por segmentos

Para efectuar este paso debemos conocer la cuota de mercado de los diferentes segmentos. Supongamos, a título de ejemplo, para nuestro caso que estos valores son los que describimos en el cuadro 7.10.

El número de referencias que le corresponden a cada segmento, en función de la cuota de mercado, se obtendría:

$$\frac{\text{Cuota de mercado} \times \text{Número máximo de referencias}}{100}$$

Estos cálculos se reflejan en la columna 3 del cuadro 7.10. El reparto de las 38 referencias, una vez que hemos aproximado los decimales, sería el que mostramos en la columna 4 de dicho cuadro.

CUADRO 7.10

Segmento	**Cuota de mercado**	**Número de referencias**	**Número de referencias**
1	15 %	5,7	6
2	20 %	7,6	8
3	20 %	7,6	8
4	25 %	9,5	9
5	5 %	1,9	2
6	2 %	0,76	1
7	5 %	1,9	2
8	1 %	0,38	
9	5 %	1,9	2
10	0,5 %	0,19	
11	0,5 %	0,19	
12	0,5 %	0,19	
13	0,5 %	0,19	
Total	100 %	38	38

Paso IV. Correcciones

A la vista de la distribución de las referencias por segmentos realizada en el apartado anterior, es frecuente que se impongan una serie de modificaciones. En efecto, si en nuestro caso observamos los vinos de mesa blancos, deberían ofertarse seis referencias en envase brik y ocho en botellas de litro; los tintos, en ocho y nueve referencias, respectivamente. Las características de los consumidores de este segmento hacen considerar que este número de referencias es muy alto y que con cinco referencias, para los segmentos de vinos comunes, sería más que suficiente.

Por consiguiente, disponemos de espacio para 11 referencias adicionales (provenientes: una del segmento 1, tres del segmento 2, tres del segmento 3 y cuatro del segmento 4). Las decisiones a tomar pueden ser muy diversas:

— Adjudicar una referencia a todos o parte de los segmentos a los que no les ha correspondido en el reparto ninguna referencia.
— Aumentar el número de referencias en otros segmentos.
— Adjudicar un mayor espacio a referencias líderes, sobre todo en los segmentos de mayor cuota de mercado.
— Eliminar un nivel de exposición si así se mejora la presentación.
— Reducir el lineal de esta familia, siempre que las circunstancias del punto de venta lo aconsejen.
— Introducir segmentos nuevos para aumentar clientes o dar mayor elección.
— Etcétera.

Paso V. Elección de las referencias

El último paso, una vez que sabemos el número de referencias de cada segmento, es proceder a su elección, es decir, qué marcas van a ser las referencias elegidas para el lineal del punto de venta.

7.2.2. Método inspirado en la «regla 20/80»

Este método se debe a Masson y Wellhoff[8]. Está basado, como su nombre indica, en la ley de Pareto o regla 20/80: el 20 % de las referencias proporcionan el 80 % de los ingresos y, por el contrario, el 80 % de los productos restantes contribuyen con el 20 % de los ingresos.

El método que vamos a describir se realiza utilizando únicamente criterios cuantitativos y se lleva a cabo de la forma siguiente.

Paso I. Selección de criterios

Lo primero que debemos efectuar es seleccionar los criterios a utilizar. Los criterios elegidos deben estar en consonancia con los objetivos de la empresa distribuidora. El número de criterios propuesto por

[8] Masson, J. E., y Wellhoff, A.: *El merchandising. Rentabilidad y gestión del punto de venta,* Deusto, Bilbao, 1984, págs. 60-65.

Masson y Wellhoff es tres, pero no hay inconveniente alguno para incrementar o reducir su cuantía en una unidad. Entre éstos debemos fijar cuál es el criterio más importante. Esta decisión tiene gran relevancia, ya que todo el modelo va a girar en torno a esta variable.

Supongamos que estamos analizando el surtido de una familia de productos y elegimos tres criterios: ventas, beneficio bruto y unidades vendidas. Igualmente, fijamos las ventas como en la variable fundamental del negocio.

Acompañaremos la explicación teórica con la aplicación al caso ilustrativo 1.

1. *Criterio volumen de ventas*

Como el criterio principal son las ventas, obtenemos la curva de ventas acumuladas (figura 7.3). Los datos para trazar la figura 7.3 se han obtenido del cuadro 7.5. Representamos en ordenadas los porcentajes de ventas acumuladas y en abscisas el porcentaje de referencias acumuladas.

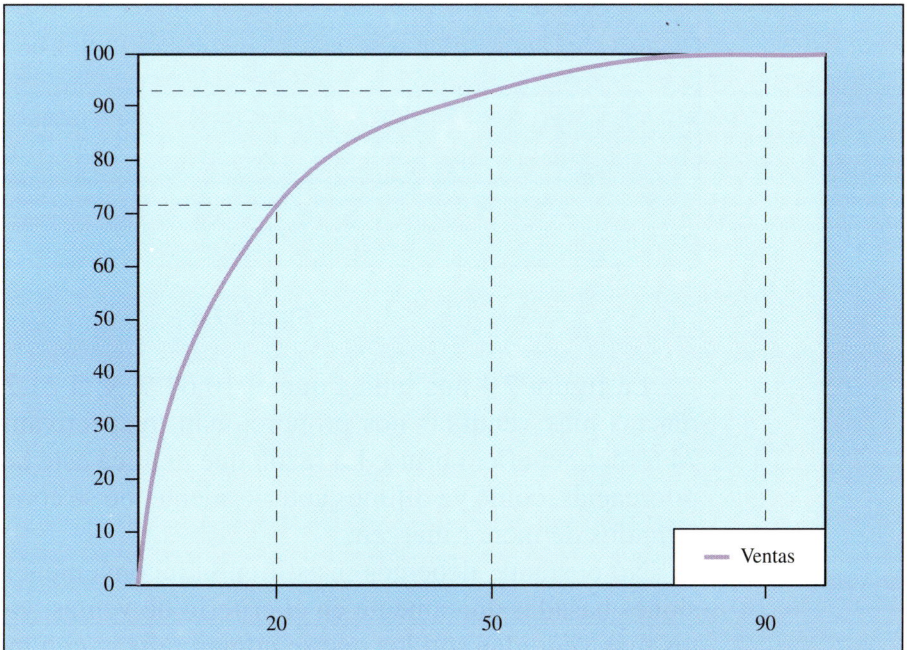

Figura 7.3.

2. *Beneficio bruto*

El segundo criterio elegido era el del beneficio bruto. Operamos de forma similar a como lo hicimos en el cuadro 7.5 y obtenemos el cuadro 7.11. La figura 7.4 es representativa de la curva de beneficio bruto. Conviene precisar que para delinear esta figura se mantiene el orden de las referencias de la figura 7.3.

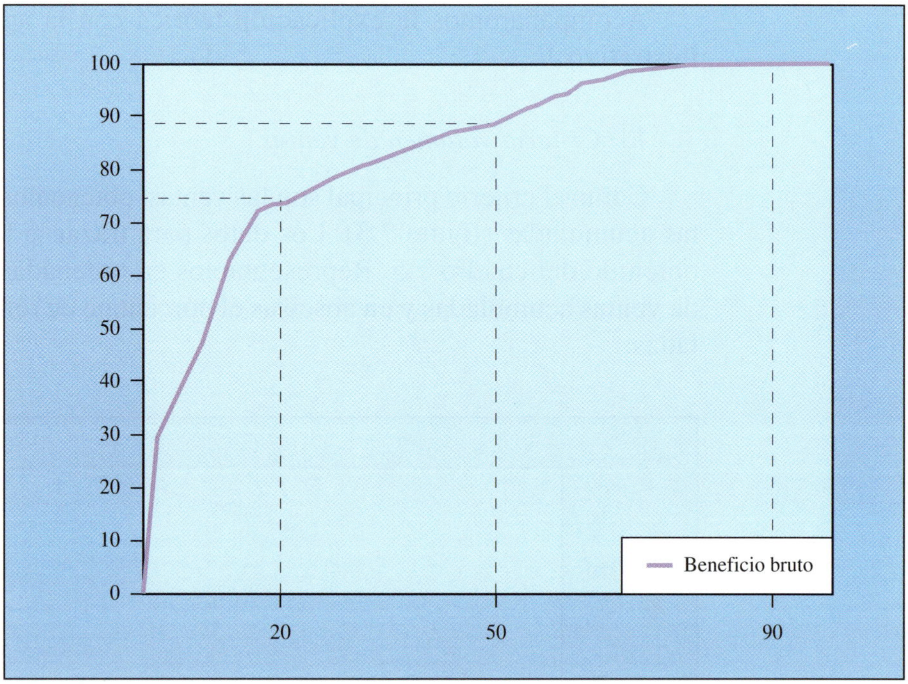

Figura 7.4.

La figura 7.4 nos indica que el 10,64 % y el 21,28 % de las referencias más vendidas nos proporcionan, respectivamente, el 55 % y 74 % del beneficio bruto. La razón que explica este hecho es que estas referencias, como ya dijimos anteriormente, no se corresponden con los artículos de menor margen.

No obstante, debemos insistir en la inconveniencia de tomar decisiones basadas únicamente en el criterio de ventas, ya que los productos más vendidos son los que se comercializan con menor margen. La eliminación de productos de venta baja puede hacer que nuestros beneficios bajen sustancialmente.

CUADRO 7.11

Referencias	Referencias acumuladas (%)	Ventas acumuladas (%)	Beneficio bruto acumulado (%)	Unidades acumuladas (%)
6170	2,13	22,29	29,87	20,15
6141	4,26	33,10	35,59	33,38
6142	6,38	41,67	41,09	43,73
6232	8,51	48,27	46,90	47,31
6152	10,64	53,49	55,00	51,35
6121	12,77	58,44	62,72	55,29
6080	14,89	62,73	68,04	66,95
6264	17,02	66,80	72,64	69,45
6248	19,15	70,42	73,63	70,57
6280	21,28	73,50	74,00	71,63
6157	23,40	76,42	75,20	74,28
6108	25,53	78,82	76,50	76,37
6082	27,66	80,92	78,45	78,69
6230	29,79	82,88	79,12	82,73
6153	31,91	84,60	80,61	84,17
6161	34,04	85,83	81,31	85,28
6020	36,17	87,00	82,68	86,12
6151	38,30	88,01	83,60	86,91
6040	40,43	88,95	84,58	87,51
6177	42,55	89,83	86,12	88,44
6039	44,68	90,70	87,12	89,32
6126	46,81	91,53	87,54	89,65
6175	48,94	92,35	88,04	90,34
6217	51,06	93,11	88,51	91,88

CUADRO 7.11 *(continuación)*

Referencias	Referencias acumuladas (%)	Ventas acumuladas (%)	Beneficio bruto acumulado (%)	Unidades acumuladas (%)
6174	53,19	93,86	89,92	92,62
6222	55,32	94,61	91,22	92,94
6081	57,45	95,32	92,03	93,69
6221	59,57	95,99	93,38	93,92
6091	61,70	96,65	94,28	96,80
6216	63,83	97,31	96,33	98,19
6107	65,96	97,85	96,82	98,61
6140	68,09	98,36	97,27	98,79
6176	70,21	98,84	98,63	99,30
6223	72,34	99,07	98,90	99,49
6235	74,47	99,26	99,08	99,58
6290	76,60	99,45	99,29	99,72
6220	78,72	99,61	99,59	99,81
6164	80,85	99,75	99,73	99,91
6106	82,98	99,88	99,86	99,95
6159	85,11	100,00	100,00	100
6158	87,23	100,00	100,00	100
6150	89,36	100,00	100,00	100
6162	91,49	100,00	100,00	100
6234	93,62	100,00	100,00	100
6237	95,74	100,00	100,00	100
6083	97,87	100,00	100,00	100
6041	100,00	100,00	100,00	100

3. *Unidades vendidas*

Con los datos del cuadro 7.11, también podemos obtener la curva de unidades vendidas (figura 7.5) manteniendo el orden de referencias del criterio ventas y sustituyendo esta variable por las unidades vendidas.

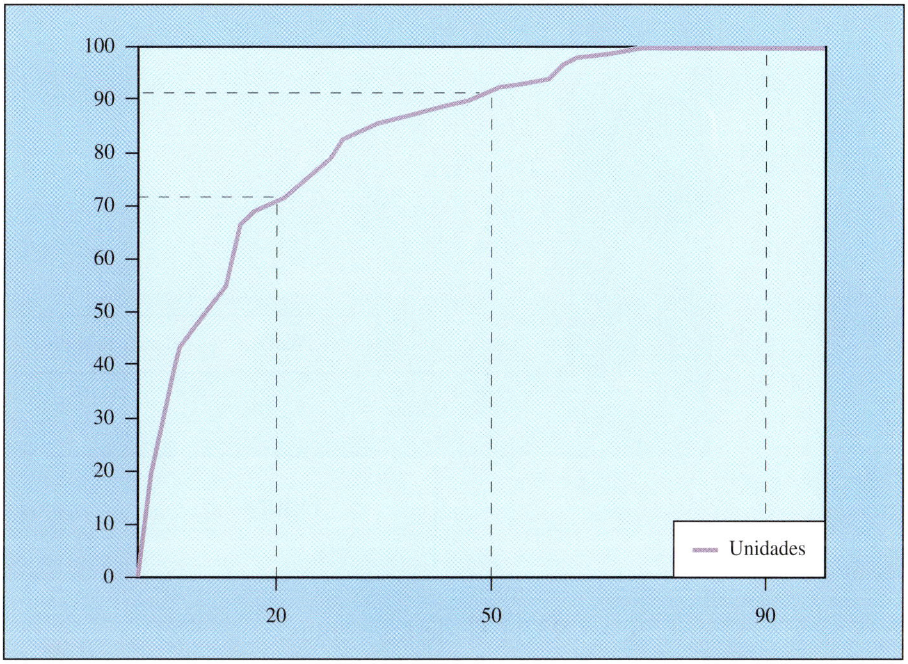

Figura 7.5.

Paso II. Análisis conjunto

La figura 7.6 es muy útil para efectuar un análisis conjunto de todas las variables consideradas. Se obtiene superponiendo las figuras que hemos dibujado anteriormente para cada uno de los criterios de forma individual.

Masson y Wellhoff proponen tres niveles de análisis que denominan surtido reducido, surtido normal y surtido completo, que se corresponden con los valores siguientes:

1. *Surtido reducido* (50 % de las referencias). El 51,06 % de las referencias proporciona:

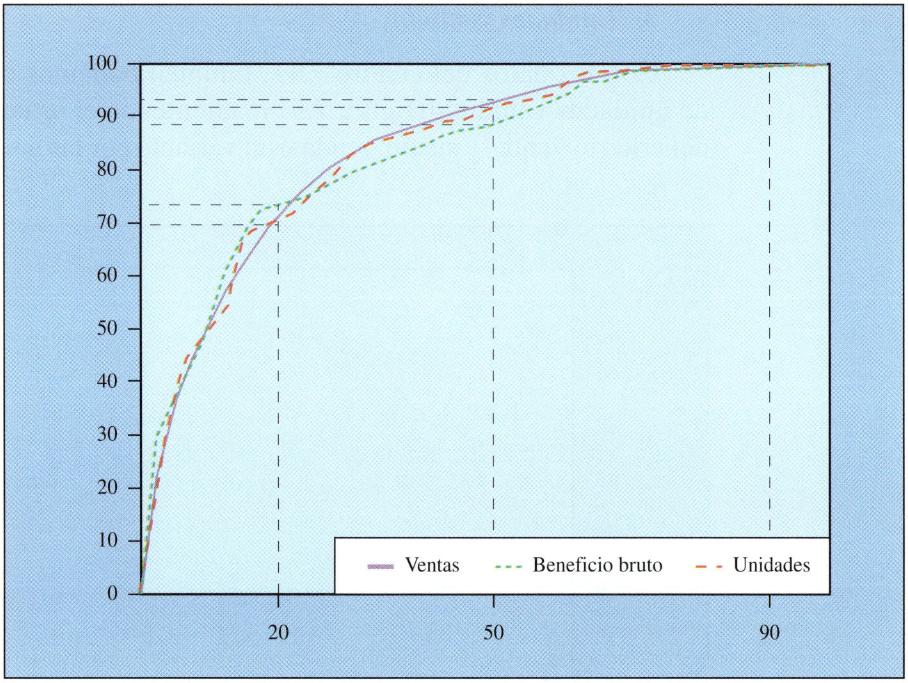

Figura 7.6.

— 93,11 % de las ventas.
— 88,51 % del beneficio bruto.
— 91,88 % de las unidades vendidas.

2. *Surtido normal* (70 % de las referencias). El 70,21 % de las referencias proporciona:

— 98,84 % del beneficio bruto.
— 98,63 % del beneficio bruto.
— 99,30 % de las unidades vendidas.

3. *Surtido completo* (90 % de las referencias). El 89,36 % de las referencias proporciona:

— 100 % de las ventas.
— 100 % del beneficio bruto.
— 100 % de las unidades vendidas.

Paso III. Toma de decisiones

El nivel del surtido completo que abarca el 90 % de las referencias y valores, generalmente próximos al 100 % en los criterios fundamentales del negocio, se nos convierte, a nuestro entender, en el instrumento básico para tomar decisiones. El 10 % de las referencias no incluidas en este análisis son las candidatas a que el responsable del surtido tome decisiones sobre las mismas. Las acciones a realizar son semejantes a las descritas en el modelo anterior.

Debemos indicar que, dependiendo del nivel de análisis del establecimiento (sección, familia, subfamilia, etc.), podríamos incluir en el apartado de toma de decisiones referencias incluidas en el surtido normal. Indudablemente, no es lo mismo eliminar una sección de un punto de venta que una referencia dentro de una subfamilia.

7.2.3. Método de Saint-Cricq y Bruel[9]

Estos autores desarrollan un método para determinar la profundidad óptima del surtido basado en dos criterios cuantitativos: demanda relativa y beneficio bruto relativo.

Como hemos dicho anteriormente, el análisis del surtido se puede realizar en diferentes niveles. Proponemos, para ilustrar este subepígrafe, el estudio de una subfamilia como, por ejemplo, el yogur natural.

Saint-Cricq y Bruel consideran necesario realizar el análisis de la subfamilia respetando las siguientes condiciones:

1. Presentar en las estanterías la totalidad de las referencias de la subfamilia en el mercado o, en su defecto, las máximas posibles. De esta forma se asegura que todas las referencias tienen la misma probabilidad de ser elegidas por los clientes del punto de venta y, además, se evita el fenómeno de sustitución de una referencia por otra si el comprador no encuentra la referencia o marca buscada.
2. Las referencias deben estar situadas en igualdad de condiciones en el lineal, es decir, misma longitud de lineal asignado, ubicación, etc.

[9] Saint-Cricq, J., y Bruel, O.: *Merchandising,* Pirámide, Madrid, 1975, págs. 198-207.

3. No deben realizarse acciones de comunicación especiales (por ejemplo, promociones) por parte de las empresas industriales que incidan de forma importante en la compra de una referencia determinada durante el período de estudio.
4. El período de experimentación puede ser bastante breve. Saint-Cricq y Bruel lo fijan en quince días.

1. Demanda relativa

La demanda relativa es un indicador de la popularidad de un artículo dentro de una familia o subfamilia de productos. Se obtiene por cociente entre el número de unidades demandadas de una referencia dividido por el número total de unidades demandadas de una subfamilia en un período de tiempo determinado. Este cociente se multiplica por 100, ya que se acostumbra a expresar este indicador en porcentajes.

Supongamos que en el mercado existen diez referencias de la subfamilia de yogur natural en las condiciones descritas. Exponemos las mismas y obtenemos en un establecimiento los resultados que refleja el cuadro 7.12.

CUADRO 7.12

Referencias	**Unidades vendidas**	**Demanda relativa (porcentaje)**
00	200	40
01	150	30
02	75	15
03	30	6
04	20	4
05	5	1
06	5	1
07	5	1
08	5	1
09	5	1
Total	500	100

En este caso, es evidente que existe una clara preferencia de nuestra clientela por un grupo reducido de referencias. El 20 % de las referencias (00, 01) representan el 70 % de las unidades vendidas. El 30 % de las referencias suponen un 85 % de las ventas. Por último, con el 50 % de las referencias alcanzamos el 95 % de las unidades vendidas, es decir, satisfacemos a 95 de cada 100 clientes que compran este producto en el establecimiento.

2. Beneficio bruto relativo

Este criterio es expresivo de la cuota de beneficio que obtiene una referencia en un punto de venta con respecto al beneficio obtenido por la familia a la que pertenece. Este indicador también suele expresarse en porcentaje.

Para obtener el beneficio bruto relativo procedemos de la siguiente forma (véase el cuadro 7.13): en primer lugar, obtenemos el beneficio bruto de cada referencia (multiplicando el número de unidades vendi-

CUADRO 7.13

Referencias	**Unidades vendidas**	**Margen unitario**	**Beneficio bruto**	**Beneficio bruto relativo (%)**
00	200	0,5	100	16,26
01	150	1	150	24,40
02	75	1	75	12,20
03	30	2	60	9,75
04	20	2	40	6,50
05	5	4	20	3,25
06	5	4	20	3,25
07	5	5	25	4,06
08	5	10	50	8,13
09	5	15	75	12,20
Total	500		615	100

das por su margen unitario); en segundo lugar, calculamos el beneficio bruto relativo de cada referencia (dividimos el beneficio bruto de cada referencia por el beneficio bruto total y este cociente se multiplica por cien).

El 20 % de las referencias (00, 01) únicamente consiguen el 40,66 % del beneficio bruto. Con el 30 % de las referencias (00, 01, 02) alcanzamos el 52,86 % del beneficio bruto. Por último, el 50 % de las referencias (00, 01, 02, 09 y 03) obtiene el 74,81 % del beneficio bruto.

3. Análisis conjunto de demanda y beneficio

Los resultados del análisis de cada uno de los criterios propuestos ponen de manifiesto que no es conveniente tomar decisiones con base en un único criterio. Se impone, por consiguiente, un estudio conjunto de la demanda y el beneficio.

El procedimiento propuesto conduce a una clasificación de las referencias que componen el surtido. Primeramente, obtenemos la puntuación total de cada referencia mediante la adición de sus respectivos porcentajes y, a continuación, de acuerdo con esta puntuación ordenamos las referencias de mayor a menor puntuación (cuadro 7.14).

CUADRO 7.14

Referencia	00	01	02	03	04	05	06	07	08	09
Demanda relativa	40	30	15	6	4	1	1	1	1	1
Beneficio bruto relativo	16,26	24,40	12,20	9,75	6,50	3,25	3,25	4,06	8,13	12,20
Puntuación	56,26	54,40	27,20	15,75	10,50	4,25	4,25	5,06	9,13	13,20
Clasificación	1.º	2.º	3.º	4.º	6.º	10.º	9.º	8.º	7.º	5.º

Existe la posibilidad de considerar que los dos criterios no tienen la misma importancia y, por tanto, efectuar una ponderación diferencial antes de proceder a la suma.

Si realizamos un análisis del 50 % de las referencias (00, 01, 02, 03 y 09) observamos que obtenemos el 92 % de las ventas y el 74,81 %

del beneficio bruto. Si subimos al 70 % (00, 01, 02, 03, 09, 08 y 04) superamos el 89 % del beneficio bruto y conseguimos el 97 % de la demanda.

La toma de decisiones, similar a la realizada para los métodos descritos anteriormente, debe efectuarse en este caso, a nuestro entender, sobre el 30 % de las referencias peor colocadas por ambos criterios, es decir, 06, 07 y 08.

Hay que precisar que, desde nuestro punto de vista, el procedimiento que acabamos de describir puede mejorarse aumentando el número de variables en una unidad. Esta variable puede ser cuantitativa, como las dos propuestas más arriba, o cualitativa, como, por ejemplo, la imagen de marca. En este caso se podría utilizar una escala de 0 a 100 para cada referencia que se adicionaría a la puntuación obtenida por los restantes criterios.

También creemos conveniente resaltar que cuando una referencia por cualquier criterio de los elegidos se sitúe en los primeros lugares, aunque por otros criterios obtenga una puntuación ínfima que pueda situarla entre las referencias candidatas a la eliminación, pensamos que debe permanecer en el surtido.

7.2.4. Método propuesto

El método que proponemos se basa en el análisis ABC[10], que es muy popular y utilizado en diversos campos empresariales.

El proceso consta de los siguientes pasos:

Paso I. Seleccionar criterios

Las variables seleccionadas, como en métodos anteriores, deben ser las de mayor importancia para el negocio (ventas, margen, etc.). Pueden elegirse tanto variables cuantitativas como cualitativas.

Recomendamos que el número de variables elegidas no sea superior a cuatro. Se puede establecer una ponderación para resaltar cuándo algún criterio es más importante que los demás.

---

[10] Este método está fundamentado en el análisis ABC descrito en el libro *Gestión de stocks*, Iresco, Madrid, 1982, págs. 71-85.

Paso II. Aplicación del método ABC

El método ABC tiene por objetivo dividir el conjunto de referencias, según la variable estudiada, en tres grupos: A, B y C.

Supongamos que en el paso anterior, para el caso ilustrativo 1, hemos seleccionado tres criterios: ventas, beneficio bruto y unidades vendidas. Por tanto, debemos realizar para cada una de estas variables un análisis ABC.

Para efectuar este estudio elegimos una primera variable (ventas) y procedemos a la obtención del cuadro 7.5.

Incluimos en la clase A un grupo reducido de referencias (el 10,64 %), concretamente las cinco primeras (6170, 6141, 6142, 6232 y 6152), que son las más importantes respecto al criterio estudiado. La clase B comprende las referencias de importancia media con respecto a la variable analizada; este grupo lo forman las diez referencias siguientes (21,3 %) a las del grupo anterior. Por último, la clase C está formada por las referencias menos importantes, es el grupo más numeroso y comprende las restantes referencias no incluidas en los grupos precedentes.

Análogamente, repetimos el proceso con las restantes variables seleccionadas y obtenemos los cuadros 7.15 y 7.16.

CUADRO 7.15

Referencias	Referencias acumuladas (%)	Beneficio bruto	Beneficio bruto acumulado (%)
6170	2,13	16.701	29,87
6152	4,26	4.528	37,97
6121	6,38	4.317	45,69
6232	8,51	3.246	51,50
6141	10,64	3.198	57,22
6142	12,77	3.077	62,72
6080	14,89	2.975	68,04
6264	17,02	2.571	72,64

CUADRO 7.15 *(continuación)*

Referencias	Referencias acumuladas (%)	Beneficio bruto	Beneficio bruto acumulado (%)
6216	19,15	1.147	74,69
6082	21,28	1.088	76,64
6177	23,40	860	78,18
6153	25,53	834	79,67
6174	27,66	784	81,07
6020	29,79	767	82,44
6176	31,91	758	83,80
6221	34,04	753	85,15
6108	36,17	729	86,45
6222	38,30	728	87,75
6157	40,43	669	88,95
6039	43,55	560	89,95
6248	44,68	554	90,94
6040	46,81	547	91,92
6151	48,94	517	92,84
6091	51,06	502	93,74
6081	53,19	455	94,55
6161	55,32	388	95,24
6230	57,45	377	95,91
6175	59,57	278	96,41
6107	61,70	275	96,90
6217	63,83	265	97,37
6140	65,96	253	97,82
6126	68,09	236	98,24

CUADRO 7.15 *(continuación)*

Referencias	Referencias acumuladas (%)	Beneficio bruto	Beneficio bruto acumulado (%)
6280	70,21	208	98,61
6220	72,34	166	98,91
6223	74,47	152	99,18
6290	76,60	118	99,39
6235	78,72	99	99,57
6164	80,85	80	99,71
6106	82,98	76	99,85
6159	85,11	76	100
6234	87,23	0	100
6237	89,36	0	100
6150	91,49	0	100
6158	93,62	0	100
6162	95,74	0	100
6083	97,87	0	100
6041	100,00	0	100
Total		55.912	

CUADRO 7.16

Referencias	Referencias acumuladas (%)	Unidades vendidas	Unidades vendidas acumuladas (%)
6170	2,13	434	20,15
6141	4,26	285	33,38
6080	6,38	251	45,03

CUADRO 7.16 *(continuación)*

Referencias	Referencias acumuladas (%)	Unidades vendidas	Unidades vendidas acumuladas (%)
6142	8,51	223	55,39
6230	10,64	87	59,42
6152	12,77	87	63,46
6121	14,89	85	67,41
6232	17,02	77	70,98
6091	19,15	62	73,86
6157	21,28	57	76,51
6264	23,40	54	79,02
6082	25,53	50	81,34
6108	27,66	45	83,43
6217	29,79	33	84,96
6153	31,91	31	86,40
6216	34,04	30	87,79
6248	36,17	24	88,90
6161	38,30	24	90,02
6280	40,43	23	91,09
6177	42,55	20	92,01
6039	44,68	19	92,90
6020	46,81	18	93,73
6151	48,94	17	94,52
6081	51,06	16	95,26
6174	53,19	16	96,01
6175	55,32	15	96,70
6040	57,45	13	97,31

CUADRO 7.16 *(continuación)*

Referencias	Referencias acumuladas (%)	Unidades vendidas	Unidades vendidas acumuladas (%)
6176	59,57	11	97,82
6107	61,70	9	98,24
6126	63,83	7	98,56
6222	65,96	7	98,89
6221	68,09	5	99,12
6223	70,21	4	99,30
6140	72,34	4	99,49
6290	74,47	3	99,63
6235	76,60	2	99,72
6220	78,72	2	99,81
6164	80,85	2	99,91
6106	82,98	1	99,95
6159	85,11	1	100,00
6158	87,23	0	100,00
6162	89,36	0	100,00
6237	91,49	0	100,00
6234	93,62	0	100,00
6150	95,74	0	100,00
6083	97,87	0	100,00
6041	100,00	0	100,00

Hay que precisar que, a diferencia del método descrito en el apartado 7.2.2, en que para todos los criterios el orden de las referencias era el mismo (el de la variable más significativa o elegida en primer lugar), en este método por cada criterio el orden de las referencias es distinto. Por tanto, una referencia (véase el cuadro 7.17) puede estar situada por el criterio 1 (ventas) en la clase B1 (referencia de medianas ventas, por el criterio 2 (beneficio bruto) en A2 (referencia que proporciona grandes beneficios brutos) y por el criterio 3 (unidades vendidas) en C3 (referencias de bajas unidades vendidas).

CUADRO 7.17

Criterios	Clase A	Clase B	Clase C
1. Ventas	A1 Grandes ventas	B1 Medianas ventas	C1 Bajas ventas
2. Beneficio bruto	A2 Grandes beneficios brutos	B2 Medianos beneficios brutos	C2 Bajos beneficios brutos
3. Imagen	A3 Alta imagen	B3 Mediana imagen	C3 Baja imagen

Paso III. Clasificación de las referencias

El siguiente paso nos impone ordenar las referencias de mayor a menor interés. Parece evidente que las referencias que por todos los criterios estén ubicadas en la clase A serán las más importantes y, por el contrario, las peores serán las que se sitúen por todos los criterios en la clase C. En la ordenación de las referencias se pueden suscitar algunas situaciones dudosas; por ejemplo, entre dos referencias una perteneciente a A1, B2 y C3 y otra que presenta una pertenencia exclusiva al grupo B (B1, B2 y B3). ¿Cuál debería colocarse antes que la otra? Para decidir en estas situaciones, se propone establecer una puntuación diferencial por cada referencia en función de su pertenencia a cada clase por cada criterio. Este baremo podría consistir, siempre que los criterios tuviesen el mismo peso, en asignar cinco puntos por cada vez que una referencia está en la clase A, tres puntos por pertenecer a B y un punto por cada aparición en la clase C. Si existen criterios con mayor peso que otros caben dos soluciones: puntuar de forma diferenciada esos criterios o multiplicar el baremo establecido por la ponderación.

El cuadro 7.18 muestra la aplicación de estas ideas al caso ilustrativo 1.

CUADRO 7.18

Referencias	Ventas (V1)	Beneficio bruto (V2)	Unidades vendidas (V3)	Puntuación
6141 6170	A1	A2	A3	15
6142	A1	B2	A3	13
6152 6232	A1	A2	B3	
6080 6121	B1 B1	B2 A2	A3 B3	11
6082 6153 6264	B1	B2	B3	9
6230	B1	C2	A3	
6108 6157	B1	C2	B3	7
6020 6174 6176 6177 6216	C1	B2	C3	5
6091 6217	C1	C2	B3	
6248 6280	B1	C2	C3	

CUADRO 7.18 *(continuación)*

Referencias	Ventas (V1)	Beneficio bruto (V2)	Unidades vendidas (V3)	Puntuación
6039				
6040				
6041				
6081				
6083				
6106				
6107				
6126				
6140				
6150				
6151				
6158				
6159	C1	C2	C3	3
6161				
6162				
6164				
6175				
6220				
6221				
6222				
6223				
6234				
6235				
6237				
6290				

Paso IV. Toma de decisiones

La toma de decisiones serían las ya descritas en métodos anteriores.

7.3. INTRODUCCIÓN DE NUEVAS REFERENCIAS

Una de las decisiones que afronta continuamente el responsable de la gestión del surtido es la que concierne a la introducción de nuevos productos en el mismo. La conveniencia o no de introducir nuevas referencias que son ofertadas por los proveedores es una decisión difícil ya que arrastra, generalmente, la supresión de otras del lineal.

Fady[11] considera que las variables que se deberían considerar para tomar esta decisión son las siguientes:

— Perspectivas de ventas del nuevo producto dentro de la familia de productos.
— Imagen de marca o del fabricante.
— Precio del producto.
— Calidad del producto.
— Contribución del producto al margen bruto de la familia.
— Condiciones (descuentos, promociones, pagos, etc.).
— Ventas previstas con el nuevo producto y cómo van a variar las de la familia de productos.
— ¿Qué grado de novedad aporta el producto?
— ¿Cómo son nuestras relaciones con el proveedor o fabricante?

Jallais, Orsoni y Fady[12] señalan 24 criterios de selección de productos nuevos:

— Contribución esperada en término de beneficios.
— Rapidez de aprovisionamiento por parte del proveedor.
— Calidad del producto.
— Precio competitivo.
— Publicidad hacia el cliente final.
— Volumen potencial de ventas.
— Prestigio del fabricante.
— Ventajas financieras con la introducción.
— Grado de novedad del producto.
— Promoción hacia el cliente final.

---

[11] Fady, A., y Seret, M.: Ob. cit., págs. 76-77.

[12] Jallais, J.; Orsoni, J., y Fady, A.: *Le marketing de la distribution application au point de vente,* Vuibert, París, 1987, pág. 259.

— Número de puntos de venta que distribuyen el producto.
— Razones para la creación del producto.
— Acondicionamiento del producto.
— Descripción del producto.
— Beneficio bruto.
— Grado de aceptación.
— Forma de presentar el producto por el proveedor.
— Muestras distribuidas.
— Modificaciones necesarias del lineal.
— Recomendaciones, consejos del proveedor.
— Tendencia en la evolución del mercado del producto.
— Condiciones de compra habituales.
— Influencia de los productos competidores.
— Adaptación a la demanda de los clientes del punto de venta.,

TÉRMINOS CLAVE

Beneficio bruto *(BB)*.

$$BB = (Pv - Pc)\ Q$$

Beneficio neto *(BN)*.

$$BN = BB - Cf$$

Coeficiente de rotación *(CR)*.

$$CR = \frac{\text{Coste de ventas}}{SM}$$

Esenciabilidad. Producto cuya presencia en un surtido se considera imprescindible desde el punto de vista comercial.

Índice de rendimiento del lineal *(IRL)*.

$$IRL = \frac{RL \times CR}{1.000}$$

Margen bruto comercial. Diferencia entre el precio de venta y el precio de coste.

Margen bruto sobre ventas *(MB_v)*.

$$MB_v = \frac{P_v - C_{v_u}}{P_v} \times 100$$

Margen bruto sobre costes *(MB_c)*.

$$MB_c = \frac{P_v - C_v}{P_c} \times 100$$

Método ABC. Tiene por objetivo dividir el conjunto de referencias, con base en la variable estudiada, en tres grupos, A, B y C.

Notoriedad. Número de personas que conocen una marca o producto.

Regla 20/80. El 20 % de los productos proporciona el 80 % de los ingresos.

Rendimiento de las ventas *($Rdt._v$)*.

$$Rdt._v = \frac{\text{Beneficio bruto}}{\text{Volumen de ventas}} \times 100$$

Rendimiento del lineal *(RL)*.

$$RL = \frac{BB}{\text{Lineal}}$$

Rentabilidad de la sección *(R_x)*.

$$R_x = \frac{\text{Beneficio bruto}}{SM} \times 100$$

Rentabilidad de las ventas *(R_v)*.

$$R_v = \frac{\text{Beneficio bruto}}{\text{Costes de ventas}} \times 100$$

PROYECTO SUGERIDO

Realice un análisis del surtido de un punto de venta según los criterios de gestión del surtido.

Aplique los métodos de determinación del surtido y analice las decisiones que crea oportuno tomar para mejorar el mismo en el punto de venta.

8 La codificación del surtido

8.1. Introducción
8.2. Codificación interna
8.3. El código de barras
8.4. Productos codificados en origen
8.5. Ventajas del código de barras

8.1. INTRODUCCIÓN

La codificación del surtido es uno de los aspectos claves de la gestión comercial. Los desarrollos tecnológicos actuales posibilitan una gestión comercial fácil, rápida y económica que hace unos años era totalmente impensable.

La codificación del surtido tiene como misión asignar a cada una de las referencias que lo componen un código que las diferencias entre sí. El código se formaliza mediante una clave que permite explicar y traducir el contenido del mismo.

El objetivo final de la codificación del surtido, desde nuestro punto de vista, puede ser definido como la consecución de la máxima eficiencia.

La eficiencia se determina a través de dos indicadores: eficacia y coste. La eficacia se mide por el logro de los objetivos previamente estipulados. Es fácilmente comprensible que la utilización de mayores recursos en la codificación (técnicos y humanos) posibilita alcanzar los objetivos perseguidos. Ahora bien, los recursos empresariales siempre están limitados y, además, las decisiones se toman con una orientación de economicidad. Por tanto, no es suficiente con alcanzar los objetivos fijados a la codificación comercial, sino que es necesario conseguirlos con el menor coste. Entre distintas alternativas de igual eficacia será más eficiente aquella que se realice de forma más económica.

Siguiendo esta filosofía de actuación podemos establecer como objetivos de la codificación los siguientes:

1. Identificación del producto

La identidad entre un código y un producto obliga necesariamente a que cada referencia disponga de un código distinto. Así, por ejemplo, el código 8410032002088 identifica a una conserva de filetes de anchoas en aceite de oliva de la marca Albo de 50 gramos.

2. Significación del código

La codificación debe estar estructurada de una forma lógica que permita un fácil reconocimiento del producto.

Las personas que manipulan los productos (vendedores, cajeros, recepcionistas, etc.) deben estar familiarizados con los códigos que identifican a los productos comercializados por su empresa. Un código estructurado a través de relaciones lógicas permite una más fácil comprensión y aprendizaje por parte del personal. Este requisito, imprescindible para las personas, no tiene su contrapartida en las máquinas, que no precisan una estructura lógica para reconocer un código.

3. Información sobre el producto

El código debe proporcionar la máxima información posible sobre el producto de una forma clara y diáfana. Por ejemplo, el código 423108 contiene la siguiente información:

- — Primer dígito: Sección (4) = Productos lácteos.
- — Segundo dígito: Grupo (2) = Ultrafrescos.
- — Tercer dígito: Familia (3) = Yogur.
- — Cuarto dígito: Subfamilia (1) = Natural.
- — Quinto y sexto dígito: Referencia (08) = Una unidad de la marca X.

4. Brevedad del código

La codificación debe conseguir que los códigos sean los más cortos que sea posible. Las razones son de diversa índole:

1. Por razones de coste. Cuanto más extenso sea un código, es decir, cuantos más dígitos o posiciones contenga, precisará

de una mayor tecnología y encarecerá el coste de mecanización.

2. Por razones de tiempo. Un código breve, además de menor coste, lleva consigo un tiempo más corto de procesamiento y obtención de resultados.
3. En evitación de errores. No cabe duda de que la brevedad del código repercute favorablemente en la evitación de errores de precios, pedidos, etc. Es más difícil equivocarse cuando se teclea una referencia de cinco dígitos que con una de quince dígitos.

5. Fácil mecanización

Básicamente, la codificación tiene su razón de existir en el aprovechamiento posterior de la misma a través de la mecanización.

Este apartado entraña dos aspectos íntimamente relacionados: en primer lugar, el tratamiento de los códigos en los ordenadores; en segundo lugar, la utilidad de la información obtenida. Por tanto, para el primer aspecto debemos elegir la maquinaria adecuada a nuestra codificación, y para el segundo aspecto, los programas que nos permitan obtener la información que precisamos de una forma nítida. Todas estas consideraciones deben efectuarse con una óptica de economicidad, es decir, deben comprarse los ordenadores y programas que resulten eficaces para conseguir los objetivos perseguidos.

6. Ampliación de la codificación

El constante desarrollo del comercio y la aparición de nuevos productos trae consigo que con cierta frecuencia haya que introducir nuevas referencias en el surtido y asignarles los códigos correspondientes. Un sistema de codificación bien realizado debe permitir la adición de nuevas secciones, categorías, familias, referencias, etc., sin que tengamos que modificar el sistema de codificación en vigor.

Por tanto, el sistema de codificación debe permitir la ampliación con dos requisitos añadidos: que no aumente el número de dígitos (aspecto que va en contra de la brevedad) y que no precise dividir secciones, familias o subfamilias (aspecto negativo a la hora del reconocimiento del producto).

8.2. CODIFICACIÓN INTERNA

Los sistemas de codificación interna se concretan en un código que se le asigna a una referencia. Los códigos pueden ser de tres clases: numéricos, alfabéticos y alfanuméricos.

8.2.1. Códigos numéricos

La codificación numérica es la más utilizada y, por tanto, ha desarrollado múltiples sistemas de codificación. Los más conocidos son los siguientes:

1. Codificación correlativa.
2. Codificación decimal.
3. Codificación con múltiplos de 11.

1. Codificación correlativa

La codificación correlativa consiste en asignar a cada una de las referencias un número de orden correlativo.

La principal ventaja de la codificación correlativa radica en que los códigos gozan de la mayor brevedad; sin embargo, desde el punto de vista de la significación la codificación correlativa no es la adecuada. No obstante, podemos obviar este problema si asignamos a los artículos de mayor venta números comprendidos entre 00 y 99.

Pensamos que esta forma de codificar no tiene gran utilidad y que únicamente podría justificarse en un pequeño comercio que comercializase un surtido muy reducido. Y, aun en este caso, lo recomendable sería la utilización de una codificación y mecanización adaptada al tamaño del punto de venta, cuyo coste siempre es reducido en comparación con las ventajas que permite obtener.

2. Código decimal

Las codificaciones decimales son las más utilizadas para codificar las referencias de un establecimiento comercial. Cada dígito permite 10 clases (números 0 a 9) que, normalmente, no requieren grandes esfuerzos de memorización y, por consiguiente, facilitan un fácil reconocimiento del producto referenciado.

Generalmente, las diez clases que permiten cada posición no se deben agotar para facilitar la introducción de nuevas referencias, familias, secciones, etc. Por otra parte, en ciertos casos, como es en el de las referencias de una familia o subfamilia, si se necesita no deben existir problemas en asignar dos o incluso más posiciones.

Por último, conviene resaltar que la mayoría de lo programas existentes en el mercado están adaptados a una codificación decimal.

3. Codificación con múltiplos de 11

La codificación con múltiplos de 11 consiste en asignar un código a cada una de las referencias que es un múltiplo de 11.

La utilización de este código se justifica en la propiedad que cumplen todos los números que son múltiplos de once: la suma de los dígitos en situación impar menos la suma de los de situación par es igual a cero, once o múltiplo de 11.

Así, por ejemplo, los números 80.531, 99.352 y 91.938 son múltiplos de 11, ya que sus resultados son los siguientes:

80.531: $(8 + 5 + 1) - (0 + 3) = 14 - 3 = 11$

99.352: $(9 + 3 + 2) - (9 + 5) = 14 - 14 = 0$

91.938: $(9 + 9 + 8) - (1 + 3) = 26 - 4 = 22$

La utilización práctica de este tipo de código implica, necesariamente, programar que en caso de que se introduzca una referencia que no dé como resultado de estas operaciones lo previsto (0, 11 o múltiplo de 11) sea rechazada por el ordenador.

De esta forma evitamos el error más frecuente en el tecleo de una referencia: *cambiar* una cifra de una referencia por otra (por ejemplo, por estar borroso y no ver correctamente el número) y *bailar* dos cifras consecutivas (cambiando el orden de las mismas).

Estos errores que se dan con gran asiduidad en la introducción de datos comerciales ocasiona cobros indebidos (superiores o inferiores al valor real) con la consiguiente merma en la imagen del establecimiento. Estos errores, cuya localización es extremadamente difícil, se subsanan con el procedimiento de control descrito. Sería muy difícil, por no decir imposible, que una equivocación diese como resultado otro múltiplo de 11 si ésta no se realiza intencionadamente.

La codificación con números múltiplos de 11 tiene como inconveniente que no cumple el requisito de brevedad del código.

8.2.2. Códigos alfabéticos y alfanuméricos

A diferencia de los numéricos, los códigos alfabéticos están compuestos por letras. Es frecuente, también, alternar en las distintas posiciones del código letras y números en este caso, estaremos ante una codificación alfanumérica.

La principal ventaja de los códigos de letras es que cada dígito admite 27 letras (de la A a la Z) distintas, mientras que los códigos numéricos únicamente admiten 10 números (del 0 al 9). Frente a esta ventaja, los códigos alfabéticos presentan una serie de desventajas con respecto a los códigos numéricos: en primer lugar, los números tienen para las personas una mayor significación, con referencia a la ordenación y cantidad, que las letras. En segundo lugar, los números presentan menos errores de pronunciación que las letras, ya que algunas de éstas tienen sonidos semejantes (be, ce, de, pe, te) y, también, menores errores de lectura por la semejanza en la escritura (m, n; p, q).

No es desdeñable pensar en la utilización de códigos de números y letras, por ejemplo, C78A32, ya que este tipo de código recoge ciertas ventajas como la tendencia a la brevedad y, también, al separar números y letras da cierta claridad de interpretación y minimiza los errores de un código monótono compuesto únicamente por una serie de números o letras.

8.3. EL CÓDIGO DE BARRAS[1]

8.3.1. Introducción

Si somos observadores, podemos darnos cuenta que en los últimos años los productos comercializados en los puntos de venta llevan impreso en alguna parte (envase, etiqueta, etc.) un código de barras (véa-

[1] En este epígrafe seguimos el esquema desarrollado por Ruiz, A.: «La codificación comercial. Implicaciones empresariales», en *La Distribución Comercial en Europa,* Escuela Universitaria de Empresariales e Informática Jovellanos, Gijón, diciembre 1986, págs. 233-268.

se figura 8.1) que está formado por una serie de barras separadas entre sí y una serie de números.

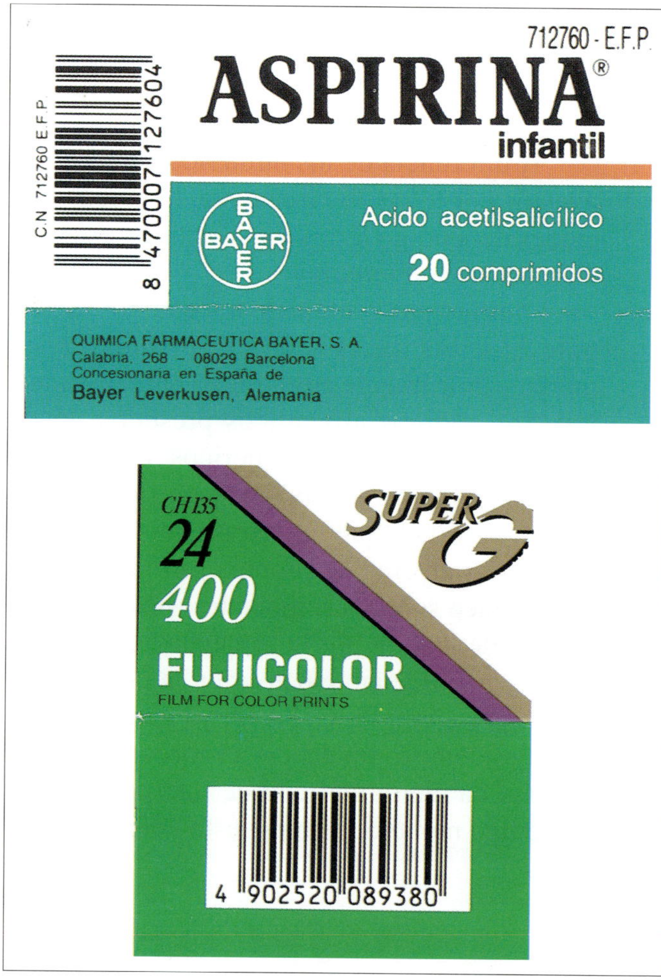

Figura 8.1. Códigos de barras de distintos productos.

En nuestro país la práctica totalidad de los productos alimenticios y una proporción de los productos de consumo restantes llevan impreso este código.

Los códigos de barras nacen y se desarrollan como consecuencia de que tanto proveedores como distribuidores necesitaban usar un mismo lenguaje e identificar las referencias sujetas a transacciones comerciales.

El código de barras normalmente se imprime en los envases, envoltorios o etiquetas por los fabricantes, pero, en su defecto, también puede ser impreso por el distribuidor. Este código tiene como principal ventaja que puede ser leído por escáneres que posibilitan su introducción en los ordenadores, donde a través de los programas convenientes se puede obtener la información sobre el producto cualquiera que sea su procedencia e igualmente proceder al tratamiento de los datos generados.

8.3.2. La codificación UPC

Hay que remontarse a 1960 para comprender el nacimiento del UPC, iniciales de Universal Product Code. En estas fechas las empresas distribuidoras americanas se encontraban con una serie de problemas entre los que destacaban sobremanera los dos siguientes:

1. Procesamiento de la información

La información necesaria para una correcta gestión comercial se iba incrementando con el paso del tiempo y los avances tecnológicos. Era necesario procesar esta información y obtener resultados de forma rápida y a un coste moderado.

La información a tratar versaba sobre productos, precios, beneficios, márgenes, tesorería, stocks, almacenes, etc.

2. Acelerar las salidas de caja en los puntos de venta

Uno de los factores más negativos de un establecimiento es, sin duda, las colas que se forman siempre o a ciertas horas en las cajas de salida de un establecimiento y de forma especial en los que trabajan en régimen de libre servicio. Una buena gestión comercial debe ir encaminada a evitar, en lo posible, estas colas disminuyendo el tiempo necesario para efectuar la facturación y cobro a los clientes.

Para resolver estos dos problemas y otros asociados a los mismos, en 1966 los fabricantes de productos informáticos desarrollan y ponen en venta los primeros sistemas de terminales para la lectura de productos codificados.

Inmediatamente, se ve la necesidad imperiosa de elaborar un código para imprimir en las referencias que tuviese un carácter universal.

Siguiendo esta orientación, en el año 1970 fabricantes y distribuidores deciden crear el Comité UPC. Dos años después, en 1972, este Comité propone la confección de un código de barras de 12 posiciones.

Los primeros códigos fueron dados en 1973 a 370 fabricantes. A partir de entonces la codificación se ha desarrollado de forma imparable, llegando a que, en la actualidad, prácticamente el 100 % de los productos de consumo están codificados. En junio de 1974, en un establecimiento de una cadena de supermercados en Troy (Ohio), se utilizó por primera vez un escáner que leía el código de barras[2].

8.3.3. La codificación EAN

El origen de la codificación EAN se remonta al año 1974, cuando doce países europeos constituyen una comisión de fabricantes y distribuidores. Hasta ese momento únicamente existían en Europa, con cierta importancia, la GENCOD en Francia y la CCG en Alemania.

El objetivo de esta comisión se centra en encontrar un sistema de codificación que tuviese las siguientes características:

1. Obtener un *código universal* para toda Europa, tanto para fabricantes como distribuidores, y que pudiera ser leído en las terminales de los puntos de venta.
2. *Compatibilidad* con los sistemas de codificación ya existentes (de forma especial el UPC americano).
3. El *código* debía ser *numérico* por dos razones: para poder ser tecleado en las máquinas registradoras y para ser traducidos a barras para su lectura de forma óptica.
4. El *código* debía ser lo más *breve* posible, por razones de coste y en aras de eliminar errores.

El Comité finaliza su labor a finales de 1976. Posteriormente, el 3 de febrero de 1977 se crea la *European Article Numbering Association* (EAN) (Asociación Europea de Numeración de Artículos).

La EAN se desarrolla de forma vertiginosa y se van incorporando a la misma los restantes países europeos. A partir de 1981 también se incorporan países no europeos y la asociación cambia de nombre, pa-

[2] Izard, G.: *El sistema EAN y la cadena de producto,* AECOC, pág. 3.

sando a denominarse «International Article Numbering Association», pero manteniendo las siglas EAN.

Cada artículo lleva un código EAN (igual que la huella digital humana) que corresponde únicamente a ese artículo. A través de un lector (pistola, escáner plano, lápiz lector, CCD, etc.) se realiza la lectura que, sin ningún tipo de error, lo identifica.

La EAN está formada por más de 70 países en los cinco continentes[3] (véase el cuadro 8.1) y es la asociación responsable a escala mundial de la simbolización y codificación de los productos.

El código EAN se adapta perfectamente a los lectores ópticos para

CUADRO 8.1

Lista de indicativos de EAN (mayo 1994)		
Prefijos EAN	**Países**	**Organismo**
00-09	Estados Unidos y Canadá	UCC
20-29	Códigos internos	
30-37	Francia	GENCOD
380	Bulgaria	CCI
383	Eslovenia	SANA
385	Croacia	CRO-EAN
400-440	Alemania	CCG
460-469	URSS	UNISCANI
471	Taiwan	CANI
474	Estonia	EAN-Estonia
480	Filipinas	PANC
489	Hong Kong	HKANA
45-49	Japón	DCC

[3] EAN International: *Guía del Usuario, Codificación y simbolización de productos,* AECOC, 1994, pág. 17.

CUADRO 8.1 *(continuación)*

Prefijos EAN	Países	Organismo
50	Reino Unido e Irlanda	ANA Ltd
520	Grecia	HELLCAN
529	Chipre	EAN Chipre
535	Malta	MANA
539	Irlanda	ANAI
54	Bélgica/Luxemburgo	ICODIF
560	Portugal	CODIPOR
569	Islandia	EAN Islandia
57	Dinamarca	EAN Dinamarca
590	Polonia	BCCP
599	Hungría	Cámara de Comercio
600-601	Sudáfrica	SAANA
611	Marruecos	EAN Marruecos
619	Túnez	TUNICODE
64	Finlandia	Cámara de Comercio
690	China	ANCCH
70	Noruega	EAN Noruega
729	Israel	ICA
73	Suecia	Comité EAN Suecia
740-745	Guatemala, El Salvador, Honduras, Nicaragua, Panamá, Costa Rica.	ICCC
750	México	AMECOP
759	Venezuela	CIP
76	Suiza	EAN Suiza
770	Colombia	IAC

CUADRO 8.1 *(continuación)*

Prefijos EAN	Países	Organismo
773	Uruguay	CUNA
775	Perú	APC
777	Bolivia	EAN Bolivia
779	Argentina	CÓDIGO
780	Chile	CNC-DEPCO
784	Paraguay	EAN Paraguay
786	Ecuador	ECOP
789	Brasil	ABAC
80-83	Italia	INDICOD
84	España	AECOC
850	Cuba	Cámara de Comercio
858	Eslovaquia	EAN Eslovaquia
859	Chequia	EAN Chequia
860	Yugoslavia	YANA
869	Turquía	Cámara de Comercio
87	Holanda	STICHTING UAC
880	Corea del Sur	KOREA ANC
885	Tailandia	TANC
888	Singapur	SANC
899	Indonesia	EAN Indonesia
90-91	Austria	EAN Austria
93	Australia	EAN Australia
94	Nueva Zelanda	NZPNA Ltd
955	Malasia	MANC
959	Papúa Nueva Guinea	PNGPNA

CUADRO 8.1 *(continuación)*

Prefijos EAN	Países	Organismo
977	Periódicos y revistas	ISSN
978-979	Libros	ISBN
980	Vales descuento	
98-99	Cupones	

su introducción en los ordenadores y cajas registradoras. Por tanto, las cajas pueden disponer en sus pantallas, instantáneamente, de los datos que se consideren necesarios (referencia, sección, familia, nombre del producto, marca, precio, etc.).

El código EAN es, generalmente, impreso por los fabricantes en los productos, pero en caso de ausencia puede ser impreso por los distribuidores. Actualmente, las empresas de distribución suelen rechazar los productos que no traen impreso de fábrica el código de barras.

El código EAN es totalmente compatible con el código UPC americano, y los productos codificados en UPC son reconocidos, sin ninguna dificultad, por el sistema EAN. El problema se plantea en sentido inverso, ya que el sistema UPC no puede interpretar los códigos EAN. Mientras no se produzca una ansiada unificación de estos dos sistemas de codificación, las empresas que quieren comercializar sus productos en Estados Unidos y Canadá se ven obligadas a codificar los productos destinados a estos países en UPC.

La codificación del producto se hace al nivel de referencia. Cuando un producto se oferta en promoción puede asignársele una referencia diferente a la que tiene cuando no está ofrecido en promoción; de la misma forma, cuando el producto varía en alguna característica (formato, envase, etc.), también debe tener una codificación diferente.

La codificación EAN garantiza que todo producto tiene en exclusiva un código a nivel internacional.

¿Un código de un producto que se deje de fabricar puede volver a ser utilizado? La respuesta a esta interrogante es afirmativa, pero hay que respetar unos plazos estipulados. Supongamos que un producto deja de fabricarse, y el último envío del fabricante se produce el 21 de octubre de 1994. ¿Cuándo puede volver a usarse el código de esta referencia? La contestación sería el 1 de enero de 1998. El proceso de plazos rige de la siguiente forma (figura 8.2):

1. Fin del envío. Último envío del fabricante a los canales de distribución. 21/10/94.
2. Comienzo del bloqueo. A partir del siguiente día al del último envío se produce un bloqueo durante el cual no puede utilizarse el código de la referencia que ha dejado de fabricarse. Para nuestro ejemplo: 22/10/94.
3. Plazo de bloqueo. Este plazo se establece en tres años. En nuestro caso: 22/10/94 a 22/10/97.
4. Bloqueo adicional. Hasta el 31 de diciembre del año que termina el plazo de bloqueo. En nuestro ejemplo: 31/12/97.

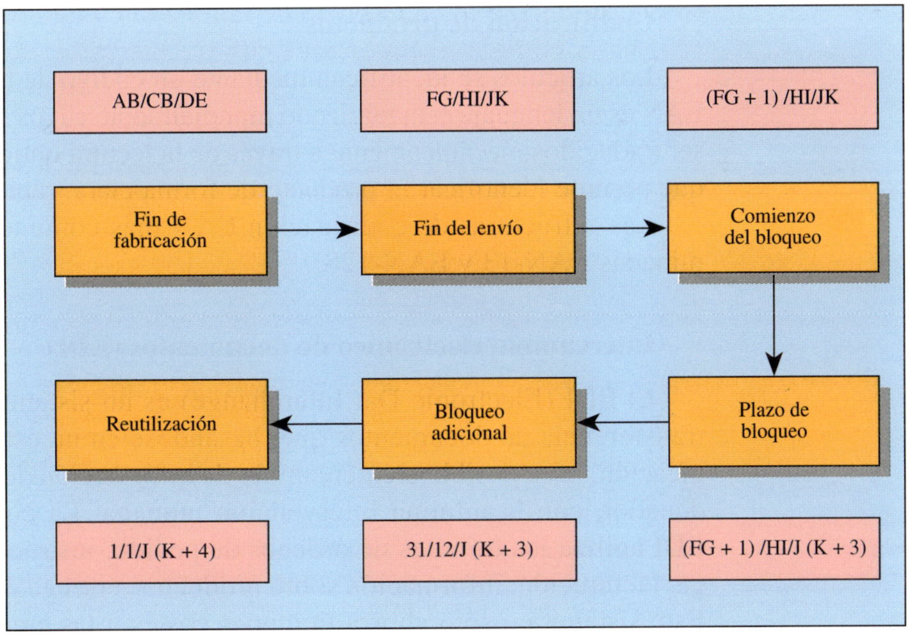

Figura 8.2. Plazo de reutilización de un código de barras.

5. Reutilización. El día siguiente a la terminación del bloqueo, es decir, 1/1/98.

Hemos dicho que los productos en promoción deben llevar una referencia distinta a cuando no están bajo dicha acción de marketing. Las promociones, como todos sabemos, se hacen durante un espacio de tiempo normalmente corto. Una vez finalizada la promoción, ¿cuándo podemos volver a utilizar este código? El proceso es idéntico al descrito de forma general, con la salvedad de que el «plazo de bloqueo» se reduce de tres a un año.

8.3.4. AECOC

AECOC son las iniciales de la Asociación Española de Codificación Comercial y es la representante para España de EAN International. AECOC[4] es un organismo encargado de promover, administrar y mantener los sistemas de Codificación y de Intercambio Electrónico de Documentos (EDI) en nuestro país.

Codificación de productos

Los artículos se identifican mediante un código de barras. El código EAN es un lenguaje estandarizado mundialmente cuyos símbolos pueden ser traducidos mecánicamente a través de la lectura óptica del escáner, lo que permite identificar el producto de forma clara, rápida e inequívoca.

Las estructuras de codificación EAN más comunes son las denominadas EAN-13 y EAN-128.

Intercambio electrónico de documentos (EDI)

El EDI (Electronic Dat Interchange) es un sistema electrónico de transferencia de documentos que, basándose en un estándar de comunicación, hace posible el intercambio de información de ordenador a ordenador, con la mínima intervención humana. La comunicación vía EDI agiliza los trámites de órdenes de pedido, instrucciones de entrega, facturación, información sobre productos, entrega de albaranes, etc. Este sistema no sólo ahorra tiempo y costes a las empresas, sino que

[4] *Código de futuro,* AECOC, págs. 5 y ss.

permite invertir los recursos económicos y humanos en acciones que aporten un valor añadido al producto o servicio. AECOC es una asociación sin fines de lucro cuyo fundamento es el desarrollo, difusión y control de la codificación de productos en España. AECOC forma parte de EAN International y fue creada por fabricantes y distribuidores.

Según AECOC, a finales de 1993 había equipados con escáner 7.017 establecimientos (crecimiento del 16 % sobre 1992), es decir, el 72 % de la superficie de venta en España. El número de terminales instaladas en los puntos de ventas se cifró en 39.084, de las cuales 11.571 se implantaron en 1993[5].

El cuadro 8.2 muestra las principales cadenas de distribución equipadas con escáneres[6].

CUADRO 8.2

Las diez primeras cadenas de distribución por equipamiento de escáner			
Cadena	**Puntos de venta**	**Cadena**	**Aparatos instalados**
1. Día S. A.	1.026	1. Día S. A	2.592
2. Grupo Unigro	210	2. Continente	1.175
3. Más y Más	198	3. Mercadona	1.352
4. Jobac y Consum	181	4. Más y Más	846
5. Mercadona	162	5. Simago	727
6. Simago	95	6. Eroski	703
7. Eroski	86	7. Grupo Unigro	667
8. Hilario Osoro	85	8. Alcampo	599
9. Condal Aliment	70	9. Hipercor	482
10. Valvi, S. L.	57	10. Jobac y Consum	482

[5] Rius, A.: «Más de 7.000 comercios utilizan el escáner», *Código 84,* núm. 45, noviembre-diciembre 1994, pág. 27.

[6] Rius, A.: Art. cit., págs. 29-30.

8.4. PRODUCTOS CODIFICADOS EN ORIGEN

8.4.1. Sistema EAN-13

Las dimensiones normales de los códigos de barras para el sistema EAN-13 son de 37,29 de ancho por 27,26 milímetros de alto. Sin embargo, estas dimensiones estándar pueden aumentarse hasta el doble o reducirse hasta el 80 %. Las variaciones sobre el tamaño base se deben, fundamentalmente, a las condiciones de impresión de los códigos de barras. La calidad de impresión repercute en la lectura de los códigos mediante los lectores ópticos. Por esta razón, una buena calidad de impresión nos permite reducir el tamaño del código, mientras que una mala impresión nos obliga a ampliar su tamaño.

El código de barras (barras y números) hemos dicho que se imprime, generalmente, en los envases, envoltorios y etiquetas; estos elementos juegan un papel decisivo en el comercio moderno (sobre todo cuando el sistema de venta es el autoservicio) sobre el posible comprador. El envase debe ser lo suficientemente atractivo para que el cliente se fije en el producto y decida si compra o no el producto.

La inserción de un código de barras (impuesta por el comercio actual) de color negro sobre fondo blanco merma, en alguna medida, las cualidades de diseño del producto. Para paliar en lo posible estos problemas se pueden adoptar diversas medidas:

1. Poner el código de barras en el lugar menos visible del envase (laterales, parte trasera, etc.).
2. Disminuir el tamaño del código (hasta un máximo del 80 por 100 sobre las dimensiones básicas).
3. Dotar al código de barras de los colores más pertinentes con los utilizados en el envase, de forma que la codificación no haga menos atractivo a la vista el producto.

Estas tres medidas son difíciles de adoptar conjuntamente, ya que en cierta forma están ligadas entre sí y son, por tanto, incompatibles o de signo contrario.

Explicaremos esta afirmación de una forma más amplia. Hemos dicho que la calidad de impresión tiene su influencia en el tamaño del código. Pues bien, la buena o mala impresión viene condicionada por los colores con que se imprime el código de barras.

Siguiendo esta orientación podemos decir que las mejores combinaciones de colores son las siguientes: negro sobre fondo blanco, azul sobre fondo blanco y verde sobre fondo amarillo. No se pueden utilizar, porque los escáneres no podrían leer los códigos, las siguientes combinaciones: rojo sobre fondo blanco y negro sobre marrón oscuro. Sin embargo, este tema no debe preocuparnos en demasía, ya que AECOC ofrece, entre sus servicios, el seguimiento de la calidad de colores y escáner.

El sistema de codificación EAN-13 consta de 13 posiciones y es el más utilizado para codificar productos por fabricantes. Como consecuencia de ello, es la codificación que vemos con mayor frecuencia. Este sistema es totalmente compatible con el sistema UPC americano, que consta de 12 posiciones.

La responsabilidad de la codificación en cada país reside en las asociaciones que componen EAN International; en España es AECOC.

La parte numérica del código consta de tres apartados (véase el cuadro 8.3): indicativo del país, datos sobre el producto y código de control.

CUADRO 8.3

El código EAN-13			
Indicativo del país	**Datos identificativos del producto**		**Código de control**
	Empresa	**Producto**	
84	10086	20801	6

1. *Indicativo del país* (prefijo). Consta de dos o tres dígitos que sirven para identificar el país de origen de la empresa creadora del producto. Así por ejemplo, el número 84 corresponde a España, los comprendidos entre 30 y 37 a Francia, el 520 a Grecia y el 959 a Nueva Guinea Papúa (véase el cuadro 8.1).

2. *Datos identificativos del producto*. Consta de 10 dígitos (nueve en el caso de que el prefijo del país fuese de tres cifras) que se dividen en dos apartados: identificación de la empresa y del producto.

Las cinco (cuatro en el caso de que el indicativo del país fuese de tres cifras) primeras posiciones identifican a la empresa fabricante.

Las cinco posiciones siguientes (de la 8 a la 12) sirven para identificar al producto de la empresa. Estos cinco dígitos permiten que con un solo código de una empresa podamos codificar 100.000 referencias distintas (00000 a 99999), aunque no existe ningún problema para que una empresa disponga de más de un código.

3. *Carácter de control*. La posición 13 está asignada a un número de control cuya misión es la de evitar los errores que se producen cuando se introduce de forma equivocada una referencia en un teclado.

El número de control se basa en el siguiente algoritmo (véase cuadro 8.4): leemos los números del código de derecha a izquierda (con exclusión del dígito 13 o cifra de control). Se suman las cifras que están en posición par y obtenemos un primer sumatorio. Por otra parte, las cifras que están en posición impar se multiplican por tres y se suman los productos obtenidos al realizar estas operaciones, con lo que tenemos un segundo sumatorio. A continuación, adicionamos los dos sumatorios que hemos conseguido. Este resultado constituye el sustraendo de una resta cuyo minuendo será el múltiplo de 10 más cercano por exceso al sustraendo. Efectuamos la resta correspondiente y la diferencia debe coincidir obligatoriamente con el dígito de control.

CUADRO 8.4

Código de referencia	8	4	1	0	0	8	6	2	0	8	0	1	6
Sumatorio de los dígitos en posición par	8		1		0		6		0		0		15
Coeficiente multiplicador		3		3		3		3		3		3	
Sumatorio de los dígitos en posición impar		12		0		24		6		24		3	69
Total													84

Los sumatorios de las cifras en posición impar y la resultante de la suma de productos de las cifras en posición par es igual a 84. El múltiplo más cercano, por exceso, a esta cantidad es 90. La diferencia entre 90 y 84 es 6, que coincide con el dígito de control. Si al teclear una referencia se produce una equivocación, el ordenador realiza esta operación, y como el resultado no coincidirá con el dígito de control, será rechazada de forma inmediata.

Las publicaciones impresas (libros, revistas, prensa, etc.) pueden tener un código de barras impreso en una de las modalidades siguientes:

1. Mediante la codificación EAN-13 que ya hemos descrito (véase la figura 8.3).

Figura 8.3. Codificación EAN-13.

2. Código específico. Utilizando el prefijo 978 o el 979 para los libros (figura 8.4) o el 933 para las publicaciones periódicas (figura 8.5) en sustitución del indicativo del país. Las restantes cifras hasta completar la duodécima posición corresponden al ISBN (caso de los libros) o al ISSN (caso de publicaciones periódicas).
3. Número de control. Lo descrito en el Código EAN-13 tiene validez para este apartado.

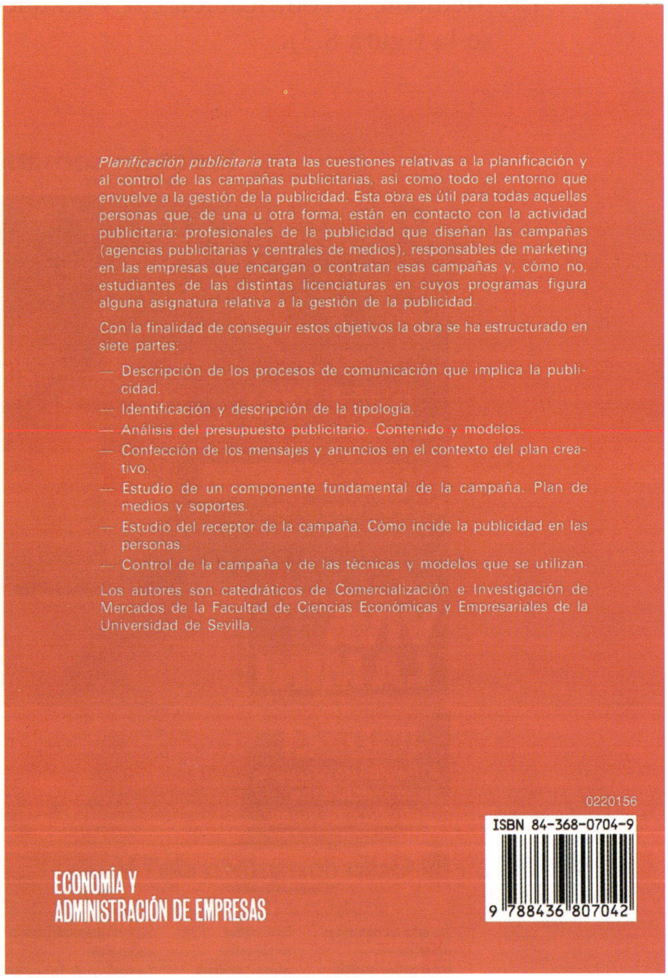

Figura 8.4. Código de barras del libro *Planificación publicitaria* de Ediciones Pirámide.

Figura 8.5. Código de la revista *Mercado*.

De cualquier forma, con independencia del sistema de codificación empleado, observamos que junto al código de barras clásico existe un código de barras «añadido» de menores dimensiones que puede tener de dos a cinco posiciones que se le suele denominar «adendums» o «ADD-ON». Este añadido tiene la misión de establecer el número de la publicación periódica (revista o diario), el número de la edición, etc. La misión de este adendum es facilitar las operaciones comerciales de devolución de los ejemplares no vendidos diferenciando a qué período corresponden (mes, quincena, día, etc.).

8.4.2. EAN-128[7]

El sistema de codificación EAN-128 (figura 8.6) contiene dos tipos de datos: los *primarios,* que identifican únicamente al producto y que intervienen en las operaciones de venta final al detallista, y los *identificadores de aplicación EAN/UCC,* que afectan a los procesos de fabricación, distribución y almacenaje de productos.

(01)08412345678905(10)4512XA

Figura 8.6. Código EAN-128.

El estándar de identificadores de aplicación EAN/UCC no interviene en absoluto en las operaciones habituales del paso por caja. Estos identificadores constituyen un conjunto de herramientas para identificar los artículos, sus atributos, número de referencia y de serie, etc., permitiendo un óptimo control de las expediciones y entregas de mercancías.

La información contenida en el código EAN/UCC 128 responde a las necesidades de cada usuario. Cada dato introducido por la empresa está precedido por un identificador de aplicación único, asignado internacionalmente por las organizaciones EAN y UCC.

La simbología utilizada se denomina EAN-128 porque es capaz de contener 128 caracteres. Las características fundamentales son las siguientes: acepta caracteres alfanuméricos, tiene longitud variable (máximo 48 caracteres) y ahorra espacio (especialmente, si sólo se utilizan números).

[7] Este apartado una transcripción prácticamente literal del folleto divulgativo *EAN UCC-128. Identificadores de aplicación para el código de barras,* publicado por AECOC.

Ejemplos destacables de los identificadores de aplicación (IA) son los siguientes:

1. Código seriado de unidad de envío [IA: (00) de 18 dígitos numéricos]. Identifican embalajes (cajas, bultos, palets, etc.) de envío. Se utilizan en la etiqueta EAN de transporte.
2. Variante de producto [IA: (20) de dos dígitos numéricos]. Identifica las variantes de productos cuyas diferencias no son significativas a su paso por la caja de salida del establecimiento.
3. Medidas y cantidades (varios IA). Identifican medidas, como peso neto, cantidad, longitud, altura, profundidad, etc.
4. Fechas (varios IA). Identifican fechas de producción, envasado, caducidad, etc.
5. Número de lote [IA: (10) de 20 caracteres alfanuméricos como máximo]. De gran utilidad para realizar las tareas de seguimiento de los productos.
6. Identificadores primarios (varios IA). Identifican artículos que no van dirigidos a la venta detallista.

8.5. VENTAJAS DEL CÓDIGO DE BARRAS

Las ventajas de la codificación comercial abarcan a la totalidad de integrantes en el canal de distribución: fabricantes, mayoristas, minoristas y consumidores.

1. Fabricantes y mayoristas

Administrativas. La simplificación del trabajo administrativo se deriva de la utilización de un lenguaje común en las relaciones comerciales de las empresas.

Costes. Las ventajas administrativas tienen su reflejo en el consiguiente abaratamiento de las operaciones administrativas (pedidos, recepciones, facturas, etc.).

Control. El control del negocio estará en función de los programas de gestión adquiridos. Las posibilidades son muy extensas y comprenden todas las facetas fundamentales de la gestión comercial (stocks, contabilidad, rentabilidad, impuestos, etc.).

2. Consumidor

Comprobante de la compra. En principio, la factura de la compra realizada por cualquier cliente en un establecimiento puede ofrecer sin ninguna cortapisa una información tan amplia como sea necesaria a juicio del punto de venta o a demanda del consumidor. Aunque no se haga en la práctica, a nuestro entender los tiques de compra son elementos que pueden ser utilizados como un instrumento añadido del marketing siguiendo dos principios: información al consumidor (básicamente sobre su compra) y como elemento de comunicación del establecimiento.

Eliminación de errores. La utilización del código de barras y escáneres imposibilita los errores de introducir una referencia equivocada, ya que los lectores ópticos no se equivocan y si se introduce manualmente con error, se produce el rechazo por parte del ordenador.

Disminuyen las colas. Una de las principales utilidades de la tecnología asociada a la codificación es que permite una mayor rapidez de atención al cliente, especialmente en el punto más conflictivo: las cajas de salida. De esta forma el consumidor se ve obligado a permanecer un menor tiempo de forma improductiva en el establecimiento, aumentando su satisfacción. No hay nada más irritante para un cliente que cuando termina su compra (generalmente cansado) y, además, llega el momento más difícil (pagar la cuenta), tenga que esperar un tiempo importante en una cola de salida de caja.

3. Detallistas

La codificación entraña múltiples ventajas para los detallistas, que pueden ser divididas en dos grandes grupos: ventajas automáticas de la codificación y las derivadas del tratamiento de la información mediante escáneres.

3.1. *Automáticas*

Productividad en caja. El personal de caja efectúa su trabajo de forma sencilla y con mayor rapidez en la atención de un cliente.

Cambios de precios. Los cambios de precios, cuando las circunstancias lo aconsejen, en un punto de venta son, prácticamente, inmediatos. Es suficiente con cambiar el precio en el lineal del producto y en el ordenador central.

Costes. Esta forma de actuación posibilita reducción de costes en dos apartados: el coste de la etiqueta con que se fija el precio en el producto y el personal necesario para realizar esta tarea.

3.2. *Posteriores*

Control de stocks. Un buen control de inventarios es uno de los aspectos claves del comercio moderno.

Merchandising. La obtención y análisis de la información necesaria para llevar a cabo las acciones oportunas de merchandising se apoyan en la codificación comercial.

Tipología de clientes. La codificación posibilita también realizar estudios sobre las características de los clientes de un punto de venta. Las compras realizadas se convierten en el instrumento clave de este análisis.

Administrativas. Las ventajas administrativas son similares a las que describíamos para fabricantes y mayoristas.

Expuestas las ventajas de la codificación comercial, cabría preguntarse si la misma sólo produce ventajas y no presenta ningún inconveniente. La respuesta a esta pregunta es sencilla: existen inconvenientes y el principal radica en el coste que lleva implícito adquirir las tecnologías asociadas a la codificación. Por eso se recomienda, siempre, que exista una adecuación entre la adquisición de tecnología y las necesidades de la empresa. No obstante, de forma general podremos afirmar rotundamente que las ventajas superan, en gran medida, a los inconvenientes.

Para terminar este epígrafe, vamos a resaltar algunos aspectos en los que la codificación comercial entraña algunos problemas para el consumidor como consecuencia de las ventajas antes enumeradas:

1. Problemas en caja. La rapidez de atención en las cajas de salida es una de las ventajas que proporciona la codificación; sin

embargo, esta rapidez en la facturación suele presentar el inconveniente de que el cliente se encuentra abrumado de productos que debe introducir en las bolsas de forma rápida para dejar paso al siguiente.

2. Precios en el lineal. La decisión de la eliminación del etiquetado de precios en los artículos, colocándolo únicamente en el lineal, tiene consecuencias negativas para el consumidor en aspectos tales como encontrarse abrumado de productos que debe introducir en las bolsas de forma rápida para dejar paso al siguiente.
3. Cambios de precios. Las modificaciones instantáneas de precios producen errores como consecuencia de divergencias entre precios marcados en las estanterías, en el etiquetado de los productos y el ordenador central que tienen aspectos muy negativos en el comercio. Los cambios de precios deben efectuarse con extremo cuidado de variar el precio en todos los lugares donde figure: productos, estanterías y ordenadores.

TÉRMINOS CLAVE

AECOC. Iniciales de la Asociación Española de Codificación Comercial, que es la representante para España de EAN International.

Codificación con múltiplos de 11. Consiste en asignar un código múltiplo de 11 a cada una de las referencias.

Codificación correlativa. Consiste en asignar a cada una de las referencias un número por orden correlativo.

Codificación decimal. Es la que se realiza utilizando los números que componen el sistema decimal (0 a 9).

Codificación del surtido. Consiste en asignar a cada una de las referencias que componen el surtido un código que las diferencia entre sí.

Código alfabético. Es aquel que está compuesto únicamente por letras.

Código alfanúmerico. Es el que alterna, en sus distintas posiciones, letras y números.

Código de barras. Es un código compuesto por una serie de barras de distinto grosor separadas entre sí y una serie de números.

Código númerico. Es el formado únicamente por números.

EAN. Iniciales de la European Article Numbering Association (Asociación Europea de Numeración de Artículos) que, a partir de 1981, sin variar las iniciales, representan a la International Article Numbering Association.

EDI (Electronic Data Interchange). Sistema electrónico de transferencia de documentos que hace posible el intercambio de información de ordenador a ordenador, con la mínima intervención humana.

Sistema EAN-128. Sistema de codificación que contiene dos tipos de datos: primarios, que identifican al producto, y los identificadores de aplicación EAN/UCC, que afectan a los procesos de fabricación, distribución y almacenaje de productos.

Sistema EAN-13. Sistema de codificación de barras que consta de 13 posiciones y es el más utilizado para codificar productos por fabricantes.

Sistema UPC. Sistema de códigos de barras americano que consta de 12 posiciones.

UPC. Iniciales que significan Universal Product Code (Código Universal de Producto).

PROYECTO SUGERIDO

Elija un establecimiento que dispongan de algún nivel de mecanización. Lleve a cabo, en función del tique de compra, una tipología de clientes.

9 La gestión del espacio del lineal

9.1. Introducción
9.2. Método del período de reaprovisionamiento
9.3. Métodos en función de objetivos cuantitativos
9.4. El beneficio directo del producto (BDP)
9.5. Programación matemática
9.6. Programas informáticos de gestión de espacio

9.1. INTRODUCCIÓN

Como hemos afirmado repetidamente, el lineal es el espacio destinado por el establecimiento para la colocación de los productos que se ofrecen la clientela. Hay que distinguir entre lineal a ras de suelo y lineal desarrollado (véase figura 9.1). El lineal a ras de suelo se mide, como indica su nombre, por los metros de lineal disponibles en el establecimiento al nivel del suelo. El lineal desarrollado se obtiene multiplicando el lineal a ras de suelo por el número de estanterías de exposición de productos.

Tres son los principios fundamentales en los que nos apoyamos para la asignación de espacio en el lineal:

1. Consideramos al lineal como un factor limitado, es decir, de longitud fija. Que el lineal no sea extensible supone que para introducir un nuevo producto o aumentar la longitud asignada a un producto haya que eliminar o reducir la longitud asignada a otros productos.
2. Existe una relación entre los resultados conseguidos por un producto y la longitud del lineal asignado para su exposición en el punto de venta. Un incremento del lineal adjudicado a un producto debe producir unos mejores resultados.
3. Los resultados conseguidos deben estar estrechamente correla-

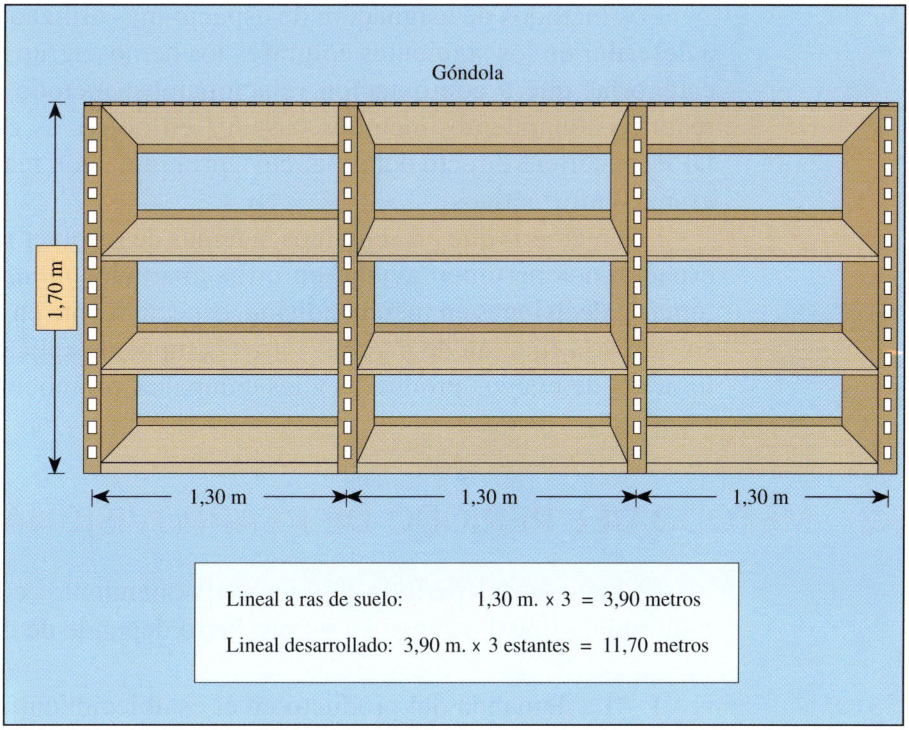

Figura 9.1.

cionados con los objetivos perseguidos. Los objetivos o criterios que guían la toma decisiones en un establecimiento pueden ser divididos en dos grandes grupos: objetivos cuantitativos y cualitativos.

Los principales objetivos cuantitativos son: ventas (en unidades monetarias o físicas), beneficio bruto, margen, rentabilidad, rotación, etcétera. También suelen incluirse en esta categoría unos objetivos temporales que se dan con cierta asiduidad en los puntos de venta: introducir un nuevo producto, eliminar un stock por su pronta caducidad u obsolescencia, etc.

Los objetivos cualitativos más sobresalientes son: imagen, notoriedad, prestigio, calidad, etc.

Para conseguir los objetivos fijados la asignación de espacio a los productos se revela como uno de los instrumentos claves de la gestión del punto de venta.

Los métodos de asignación de espacio más utilizados y que vamos a describir en los siguientes epígrafes los hemos agrupado en las cinco categorías que a continuación relacionamos: método del período de reaprovisionamiento, métodos basados en objetivos cuantitativos, el DPP (beneficio directo del producto), programación matemática y programas informáticos.

Los métodos que presentamos, además de resolver la asignación de espacio, nos permiten ayudar en otros apartados *fundamentales* de la toma de decisiones en merchandising, especialmente en la selección del surtido y la fijación de precios. Otros campos de aplicación son la valoración de nuevos productos y las campañas promocionales.

9.2. MÉTODO DEL PERÍODO DE REAPROVISIONAMIENTO

El método del período de reaprovisionamiento[1] considera que la longitud de lineal asignada a un producto depende de dos factores:

1. La demanda del producto en el establecimiento.
2. El período de reaprovisionamiento fijado para el producto en el lineal.

Por tanto, cuanto mayor sea la demanda de un producto y cuanto mayor sea el período fijado para reponer el producto en las estanterías, mayor será la longitud de lineal que se le asignará a dicho producto.

En la práctica este método configura la gestión del comercio como dos centros de almacenamiento de productos: el almacén (propiamente dicho) y los lineales, donde se exponen las mercancías al público.

Saint Cricq y Bruel afirman que este método considera al lineal como una reserva (un área de almacén de productos del punto de venta), y que una de las funciones del lineal (en cierta medida) está en constituir un «stock-tapón» entre el almacén y la clientela del punto de venta. Sin embargo, este planteamiento no es aceptable ya que desvirtúa los principios de la buena gestión del lineal (ventas, rotación, etc.). Es decir, la gestión del lineal se convierte, siguiendo este método, en una

[1] Saint Cricq, J., y Bruel, O.: *Merchandising,* Pirámide, Madrid, 1975, págs. 215-216.

segunda gestión de stocks para el establecimiento (además de la gestión de stocks del almacén). Consideramos, por consiguiente, desde el punto de vista teórico que este método es totalmente rechazable, aunque su facilidad, en la puesta en práctica, hace que sea utilizado con gran frecuencia.

Supongamos que un producto X tiene un frontal de 10 centímetros de largo (g) por 30 de alto (h) y un ancho (p) o profundidad de 15 centímetros. El volumen de una unidad de producto será de 4.500 cm^3.

$$V_X = g\ h\ p = 10 \times 30 \times 15 = 4.500$$

La demanda diaria del producto (10 horas continuadas de apertura del punto de venta) es de 120 unidades, que se venden de forma uniforme en el horario comercial. El período de reaprovisionamiento del lineal para este producto está fijado fuera de las horas de atención al público. El producto se presenta horizontalmente en el lineal de seis niveles de 30 cm y una profundidad de 60 cm. ¿Cuál será el lineal que debemos adjudicar a este producto? (Por simplificación del problema, no consideramos los stocks de seguridad.)

El lineal que debemos asignar al producto X se obtendrá mediante la siguiente fórmula:

$$\text{Lineal}_X = \frac{\text{Demanda}_X\ V_X}{(\text{Altura del nivel}) \times (\text{Anchura del lineal})} =$$

$$= \frac{120 \times 4.500}{30 \times 60} = 300 \text{ cm}$$

Si el producto se presentase verticalmente, la fórmula a utilizar sería la siguiente:

$$\text{Lineal}_X = \frac{\text{Demanda}_X\ V_X}{(\text{Altura del lineal}) \times (\text{Anchura del lineal})} =$$

$$= \frac{120 \times 4.500}{180 \times 60} = 50 \text{ cm}$$

En el primer ejemplo se precisarían 300 centímetros de lineal a ras de suelo, y en el segundo ejemplo, 300 de lineal desarrollado que equivalen, en este caso, a 50 centímetros a ras de suelo.

Otro planteamiento distinto, pero igualmente utilizado en la práctica, sería determinar el período de reaprovisionamiento del producto bajo el supuesto de que le asignamos un determinado lineal.

Por ejemplo, supongamos que al producto *X* (que se presenta horizontalmente) le hemos asignado un lineal a ras de suelo de un metro. La demanda que podemos satisfacer por período de reaprovisionamiento es de 40 unidades.

$$\text{Demanda}_X = \frac{(\text{Lineal}_X) \times (\text{Altura del nivel}) \times (\text{Anchura del lineal})}{V_X} =$$

$$= \frac{100 \times 30 \times 60}{4.500} = 40 \text{ unidades}$$

Por tanto, debemos reponer la estantería, como mínimo, tres veces durante el día (10 horas), es decir, cada 3,33 horas.

En el mismo ejemplo, con una presentación vertical y para un lineal desarrollado de 30 centímetros, obtendríamos:

$$\text{Demanda}_X = \frac{30 \times 180 \times 60}{4.500} = 72 \text{ unidades}$$

El período de reaprovisonamiento mínimo sería en este caso cada seis horas (72 unidades × 10 horas/120 unidades = 6 horas).

A modo de resumen, podemos afirmar que la principal ventaja de este método radica en su facilidad. No obstante, presenta numerosos inconvenientes que no lo hacen muy recomendable; algunos de éstos los relacionamos a continuación.

Un primer inconveniente estriba en que este método de asignación del lineal no es optimizante. Sirve para asignar la longitud del lineal a cada producto, pero no sabemos qué le pasaría a un producto si le damos 10 centímetros más o le reducimos esa misma longitud. ¿Obtendríamos mejores resultados o peores? Esta duda no la resuelve el método del reaprovisionamiento del lineal.

En segundo lugar, el lineal de un producto se fija en función del volumen del producto y del período de reaprovisionamiento. Es decir, no por criterios de gestión del lineal (ventas, beneficio, rotación, etc.). Por tanto, podemos decir que esta forma de asignar el lineal va en contra de los principios del merchandising.

9.3. MÉTODOS EN FUNCIÓN DE OBJETIVOS CUANTITATIVOS

Un forma muy sencilla y muy utilizada en la práctica para fijar el espacio de un producto en un lineal consiste en determinar la longitud asignada en función de los resultados obtenidos por el producto con referencia a los objetivos fundamentales del punto de venta.

Las empresas de distribución orientan toda su acción comercial para conseguir unos resultados (ventas, rotación, etc.). Cada uno de los productos vendidos en el establecimiento contribuye de manera distinta al logro de esos objetivos. La filosofía del método que exponemos a continuación se fundamenta en que *cada producto debe tener en el lineal el espacio que se merece*.

Vamos a centrar nuestra exposición en tres de los objetivos que se usan con gran asiduidad por las empresas comerciales: ventas, beneficio bruto y participación en el mercado, aunque este procedimiento se puede extender fácilmente a otros objetivos.

9.3.1. Longitud del lineal en función de la cifra de ventas

La hipótesis de partida es considerar que el objetivo prioritario de una empresa comercial es obtener una determinada cifra de ventas. El lineal de un producto se fija en función del volumen de negocio obtenido con respecto al total de la empresa. Es decir,

$$\frac{\text{Ventas producto } i}{\text{Ventas empresa}} = \frac{\text{Lineal producto } i}{\text{Lineal empresa}}$$

Las ventas se consideran en unidades monetarias, aunque podrían (con algunas salvedades) fijarse en unidades físicas. El lineal es a ras de suelo, pero no habría ningún inconveniente en trabajar con lineal desarrollado.

Siendo:

N = Número de productos de la empresa.

$$\sum_{i=1}^{N} \text{Ventas producto } i = \text{Ventas empresa}$$

$$\sum_{i=1}^{N} \text{Lineal producto } i = \text{Ventas empresa}$$

En todo momento podemos valorar si un producto tiene adjudicado la longitud de lineal que se merece, disponiendo de datos sobre las ventas de un período, mediante el siguiente índice:

$$\text{Índice} = \frac{\dfrac{\text{Ventas producto } i}{\text{Ventas empresa}}}{\dfrac{\text{Lineal producto } i}{\text{Lineal empresa}}}$$

Habría que considerar tres situaciones diferentes:

1. Índice = 1. Expresa que el lineal adjudicado al producto es el correcto, siguiendo el criterio de la cifra de ventas.
2. Índice > 1. Indica que el producto está infravalorado; deberíamos dotarle de un mayor lineal.
3. Índice < 1. El producto está supravalorado; debemos reducir su lineal.

La incógnita del problema, por consiguiente, es la longitud del lineal que debe tener el producto *i*, que se obtendrá a través de la siguiente expresión:

$$\text{Lineal producto } i = \frac{(\text{Ventas producto } i)\ (\text{Lineal empresa})}{\text{Ventas empresa}}$$

Caso ilustrativo 1

En el cuadro 9.1 se reflejan las cifras de ventas que obtuvo un comercio textil durante 1995 en las cinco secciones de que consta y los metros de lineal a ras de suelo de cada sección.

La superficie del comercio es de 500 m^2 y el COS (coeficiente de ocupación del suelo), del 40 %.

CUADRO 9.1

Sección		Ventas (u.m.)	Lineal
A	Mujer	300	50
B	Hombre	200	50
C	Niño	160	50
D	Calzado	100	20
E	Complementos	60	30
	Total	820	200

Determinar los metros de lineal que le corresponderían a cada sección para 1996, utilizando como criterio de asignación la cifra de ventas.

Solución

Lineal de la empresa (a ras de suelo) = 500 × 0,4 = 200 metros.
Calculamos los índices para cada una de las secciones:

$$\text{Índice}_A = \frac{\dfrac{\text{Ventas producto } A}{\text{Ventas empresa}}}{\dfrac{\text{Lineal producto } A}{\text{Lineal empresa}}} = \frac{\dfrac{300}{820}}{\dfrac{50}{200}} = 1{,}46 > 1$$

$$\text{Índice}_B = \frac{\dfrac{\text{Ventas producto } B}{\text{Ventas empresa}}}{\dfrac{\text{Lineal producto } B}{\text{Lineal empresa}}} = \frac{\dfrac{200}{820}}{\dfrac{50}{200}} = 0{,}97 < 1$$

$$\text{Índice}_C = \frac{\dfrac{\text{Ventas producto } C}{\text{Ventas empresa}}}{\dfrac{\text{Lineal producto } C}{\text{Lineal empresa}}} = \frac{\dfrac{160}{820}}{\dfrac{50}{200}} = 0{,}78 < 1$$

$$\text{Índice}_D = \frac{\dfrac{\text{Ventas producto } D}{\text{Ventas empresa}}}{\dfrac{\text{Lineal producto } D}{\text{Lineal empresa}}} = \frac{\dfrac{100}{820}}{\dfrac{30}{200}} = 1{,}22 > 1$$

$$\text{Índice}_E = \frac{\dfrac{\text{Ventas producto } E}{\text{Ventas empresa}}}{\dfrac{\text{Lineal producto } E}{\text{Lineal empresa}}} = \frac{\dfrac{60}{820}}{\dfrac{30}{200}} = 0{,}48 < 1$$

Por tanto, podemos afirmar que la única sección que tiene la longitud adecuada, por este criterio, es la sección *B*. Otras dos secciones, la *A* y la *D*, disponen de dimensiones inferiores a las que deberían tener, especialmente la sección *A*. En el polo opuesto, dos secciones, la *C* y la *E*, gozan de dimensiones superiores a las que le corresponden por sus ventas, desajuste que se hace patente sobre todo en la sección *E*.

El lineal que debería tener cada una de las secciones para 1996 sería el siguiente:

$$\text{Lineal sección } A = \frac{(\text{Ventas sección } A)\ (\text{Lineal empresa})}{\text{Ventas empresa}} = \frac{300 \times 200}{820} = 73{,}2$$

$$\text{Lineal sección } B = \frac{(\text{Ventas sección } B)\ (\text{Lineal empresa})}{\text{Ventas empresa}} = \frac{200 \times 200}{820} = 48{,}8$$

$$\text{Lineal sección } C = \frac{(\text{Ventas sección } C)\ (\text{Lineal empresa})}{\text{Ventas empresa}} = \frac{160 \times 200}{820} = 39$$

$$\text{Lineal sección } D = \frac{(\text{Ventas sección } D)\ (\text{Lineal empresa})}{\text{Ventas empresa}} = \frac{100 \times 200}{820} = 24{,}4$$

$$\text{Lineal sección } E = \frac{(\text{Ventas sección } E)\ (\text{Lineal empresa})}{\text{Ventas empresa}} =$$

$$= \frac{60 \times 200}{820} = 14{,}6$$

9.3.2. Longitud del lineal en función del beneficio bruto

La hipótesis de partida es considerar que el objetivo prioritario de una empresa comercial es obtener un determinado beneficio bruto. El lineal de un producto se fija, en este caso, no en función del volumen de negocio, sino del beneficio bruto conseguido por el producto con respecto al total de la empresa. Es decir,

$$\frac{\text{Beneficio bruto producto } i}{\text{Beneficio bruto empresa}} = \frac{\text{Lineal producto } i}{\text{Lineal empresa}}$$

Siendo:

N = Número de productos de la empresa.

$$\sum_{i=1}^{N} \text{Beneficio bruto producto } i = \text{Beneficio bruto de la empresa}$$

$$\sum_{i=1}^{N} \text{Lineal producto } i = \text{Lineal de la empresa}$$

El índice que nos permite valorar si un producto tiene adjudicado la longitud de lineal que se merece tendría la siguiente expresión:

$$\text{Índice} = \frac{\dfrac{\text{Beneficio bruto producto } i}{\text{Beneficio bruto empresa}}}{\dfrac{\text{Lineal producto } i}{\text{Lineal empresa}}}$$

Las consideraciones sobre este índice son semejantes a las mencionadas anteriormente. Si el valor del índice supera la unidad, habría que dotar al producto de mayor lineal y, si es inferior a 1, reducirlo.

La incógnita del problema es, igualmente, la longitud del lineal que debe tener el producto *i*; ahora se obtiene a través de la siguiente expresión:

$$\text{Lineal producto } i = \frac{(\text{Beneficio bruto producto } i)\ (\text{Lineal empresa})}{\text{Beneficio bruto empresa}}$$

Caso ilustrativo 1 *(continuación)*

Los datos del cuadro 9.2 son los mismos que los del cuadro 9.1, con la salvedad, de que le hemos añadido el beneficio bruto de cada una de las secciones.

CUADRO 9.2

Sección		Ventas (u.m.)	Lineal	B. bruto (u.m.)
A	Mujer	300	50	100
B	Hombre	200	50	80
C	Niño	160	50	80
D	Calzado	100	20	30
E	Complementos	60	30	25
	Total	820	200	315

Los índices de las secciones son los siguientes:

$$\text{Índice}_A = 1{,}27 > 1;\ \text{Índice}_B = 1{,}01 > 1;\ \text{Índice}_C = 1{,}01 > 1;$$
$$\text{Índice}_D = 0{,}95 < 1;\ \text{Índice}_E = 0{,}52 < 1$$

Lo que nos pone de manifiesto que solamente dos secciones están desequilibradas por este criterio, la *A* y la *E*. La *A* debería poseer, como por el criterio de ventas, mayor lineal e, igualmente, la *E* un lineal mucho más reducido.

La longitud de los lineales de las secciones (en centímetros) por este criterio serían:

$$\text{Lineal}_A = 63{,}49;\ \text{Lineal}_B = 50{,}79;\ \text{Lineal}_C = 50{,}79;$$
$$\text{Lineal}_D = 19{,}05;\ \text{Lineal}_E = 15{,}88.$$

9.3.3. Consideraciones sobre los métodos de la cifra de ventas y beneficio bruto

Los dos métodos que acabamos de describir presentan como ventaja fundamental la sencillez de cálculo de los lineales y la puesta en práctica subsiguiente. No obstante, tienen inconvenientes notables que pasamos a describir seguidamente.

En primer lugar, son métodos no optimizantes, que solucionan el problema de asignación de la longitud del lineal, pero no nos indican la bondad de la misma. Es decir, de esta forma solucionamos el problema de adjudicación de lineales, pero no sabemos si esta solución es buena, mala o la mejor, ni lo lejos que nos encontramos de la asignación óptima.

En segundo lugar, la asignación del lineal para el período siguiente se basa en los resultados obtenidos en el período anterior. Por tanto, tiene el inconveniente de que no se adelanta a los acontecimientos y a la previsible evolución del mercado. Además, plantea el problema de la introducción en los lineales de los productos nuevos que periódicamente ponen en el mercado las firmas productoras.

Este último inconveniente puede ser eliminado fácilmente en la teoría, cambiando las ventas pasadas por ventas previstas o el beneficio bruto obtenido por el beneficio bruto previsto para el siguiente período. De esta forma estos métodos adquieren la dinamicidad de la que carecían; no obstante, siguen siendo métodos no optimizantes.

Método de las cuotas de mercado

Cuando un comercio comienza su actividad no dispone, evidentemente, de datos pasados para utilizar los métodos de asignación de lineal descritos anteriormente. En estas situaciones, se utiliza el método de las cuotas de mercado para la asignación de la longitud del lineal a cada uno de los productos, familias, secciones, etc.

El método de las cuotas de mercado se fundamenta en considerar que el mercado del punto de venta que se va a abrir es equivalente a otro mercado de características semejantes de nivel igual (el mercado de otro punto de venta de las mismas características) o superior (el mercado del barrio, municipio, región, etc.). El método consiste en reproducir o trasladar el mercado zonal como mercado del establecimiento comercial que va a proceder a su apertura.

$$\text{Lineal sección } i = \frac{(\text{Cuota mercado productos sección } i) \times (\text{Lineal empresa})}{100}$$

La cuota de mercado de los productos de una sección se expresa en tanto por ciento.

Como es lógico, cabe pensar que es muy difícil reproducir dos situaciones idénticas en el ámbito económico —en nuestro caso, mercados—; por tanto, como cada mercado, aunque pueda pensarse que son similares, presenta peculiaridades propias. Este método sólo se recomienda en los períodos iniciales de la apertura del punto de venta. Pasado un plazo determinado, cuando se proceda a la modificación del establecimiento aplicaremos otros métodos como los descritos con anterioridad.

Otro inconveniente inherente al método de las cuotas de mercado consiste en disponer de la información necesaria para su puesta en práctica. Las empresas que proporcionan estos datos (por ejemplo, Nielsen) lo hacen cobrando unas cantidades que pueden ser altas para pequeñas empresas.

Las limitaciones inherentes a todos los modelos, debido a que simplifican la realidad en aras de la practicidad, hacen que si pensamos utilizar los métodos descritos (cifra de ventas y beneficio bruto) para asignar el lineal, debamos tener en cuenta una serie de aspectos complementarios a dichos modelos. Estas reflexiones, básicamente cualitativas, en algunos casos nos inducirán a cambiar los resultados cuantitativos obtenidos mediante el cálculo matemático siempre con el objetivo de mejorar dichos resultados.

Masson y Wellhoff[2] señalan las siguientes:

1. Determinadas marcas gozan de una imagen que las hace imprescindibles en nuestro surtido para mantener una imagen comercial, aunque sus resultados cuantitativos sean pobres.
2. Las marcas del distribuidor gozan de una posición privilegiada, siempre dentro de una estrategia comercial, en lo referente a asignaciones de espacio.

[2] Masson, J. E., y Wellhoff, A.: *El merchandising. Rentabilidad y gestión del punto de venta,* Deusto, Bilbao, 1984, pág. 122.

3. Las condiciones comerciales pactadas con fabricantes o proveedores.
4. La propia evolución del mercado, con los cambios de gustos, hábitos de consumidor, nacimiento de nuevos productos, etc.
5. El diseño del lineal, para dotarlo de un mayor atractivo para la clientela.

9.4. EL BENEFICIO DIRECTO DEL PRODUCTO (BDP)

En los últimos años se habla con gran frecuencia, por diversos autores expertos en distribución, de la aparición de un nuevo sistema de medición de costes desconocido en España que se ha denominado DPP (direct profit product) o en Francia PDP (profit direct produit), es decir, beneficio directo del producto, por lo que nosotros utilizaremos las siglas BDP.

El modelo de BDP o rentabilidad directa del producto nace en Estados Unidos en los años sesenta[3]. Es en la década de los ochenta cuando se convierte en un instrumento operativo debido a que el Food Marketing Institute (FMI), en colaboración con fabricantes, mayoristas, minoristas y consultores de distribución, elabora una metodología para el cálculo del BDP y desarrollan un software apropiado para su utilización práctica.

Posteriormente, en Europa, en 1987, el Reino Unido y Francia desarrollan un modelo de BDP para sus países respectivos. En 1988 AECOC, siguiendo esta línea, crea un grupo de trabajo integrado por veinte empresas con el objetivo de desarrollar un modelo unificado de BDP que recogiera las especificidades de la distribución comercial española. De esta forma AECOC añadía un nuevo modelo de DPP al numeroso mosaico europeo de métodos BDP.

El paso siguiente lógico fue crear un modelo unificado europeo de BDP. El modelo europeo de BDP (fruto del trabajo de empresas de distribución y consultores de toda Europa) se concreta en un manual que contiene la metodología europea de cálculo del BDP para los productos de alimentación seca y el software de aplicación. Por tanto, la labor de AECOC ha sido decisiva para el desarrollo e implantación del

[3] Rius, A.: *Nuevas tecnologías al servicio del merchandising,* AECOC, pág. 28.

modelo BDP (rentabilidad directa del producto) entre las empresas españolas.

Tradicionalmente, para la asignación de espacio en los lineales, como hemos visto anteriormente, se ha utilizado el criterio del «beneficio del producto» (figura 9.2). El BDP propugna sustituir el «beneficio bruto del producto» por el «beneficio directo del producto».

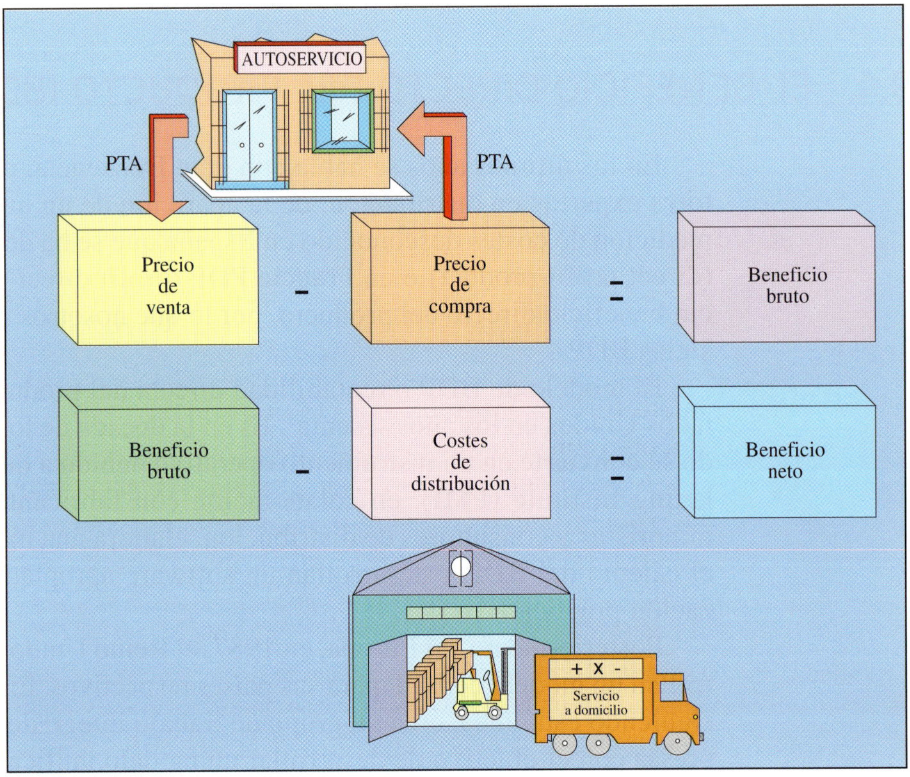

Figura 9.2.

El proceso de obtención del BDP es el que aparece reflejado en el cuadro 9.3.

El proceso de obtención del BDP pasa por calcular el beneficio bruto del producto. Las ventas netas de un producto se consiguen por diferencia entre las ventas brutas y los descuentos que el punto de venta concede a su cliente. Las ventas netas menos el coste total de compra[4] del producto se denomina beneficio bruto del producto.

[4] Díez, E. C.: *Política de precios en la empresa,* CUR, Huelva, 1983, pág. 32.

CUADRO 9.3

Cálculo del BDP (beneficio directo del producto)
Ventas brutas de un producto (–) Descuentos a clientes
(=) Ventas netas del producto
(–) Coste total de la compra del producto
(=) Beneficio bruto del producto
(+) Condiciones especiales obtenidas del proveedor (=) Beneficio bruto ajustado (–) Costes directos del producto
(=) Beneficio directo del producto (BDP)

El precio total de la compra es la suma del coste de compra del producto (precio sobre factura del proveedor) y el coste de aprovisionamiento (conjunto de gastos de transporte).

A partir del beneficio bruto, podemos llegar al beneficio bruto ajustado del producto mediante la adición de las condiciones especiales obtenidas del proveedor: descuentos (por cantidad, acumulativos, especiales, etc.), comisiones, obligación de realizar promociones, compra de cabeceras de góndola, venta de espacio, etc.

El siguiente y decisivo paso consiste en sustraer del beneficio bruto ajustado todos los costes directos que el producto ocasiona, desde la entrada en almacén hasta el momento en que se le cobra al cliente. La diferencia obtenida se denomina BDP (beneficio directo del producto).

Por tanto, para aplicar el BDP es necesario dividir la totalidad de los costes de un punto de venta en dos apartados: costes directos e indirectos.

Costes directos son los que se corresponden con un producto, una sección o un centro de coste según el objetivo perseguido con su determinación. Los costes indirectos, también denominados comunes o generales, se corresponden con varios productos, secciones o centros de coste y, por tanto, son sólo imputables por vía indirecta (mediante criterios de distribución) al coste del producto, sección o centro de coste[5].

[5] Díez, E. C.: Ob. cit., págs. 29-30.

Para llegar a los costes directos se parte de dividir los costes del punto de venta en cuatro apartados:

— Costes de almacén.
— Costes de transporte.
— Costes de la sala de ventas.
— Costes de administración.

Los principales componentes de estos costes, según Homedes, así como un porcentaje medio de lo que representan sobre el total de cada categoría de costes[6], se relacionan en el cuadro 9.4.

CUADRO 9.4

Costes de almacén		Costes de sala de ventas	
Mano de obra	64 %	Espacio ocupado	38 %
Espacio ocupado	20 %	Mano de obra (envasado)	18 %
Costes operativos	11 %	Mano de obra (cajas salida)	16 %
Energía	5 %	Mano de obra (carnicería)	12 %
Costes de administración		Mano de obra (frutas-verduras)	8 %
Personal de administración		Gestión del producto	8 %
Gastos de administración		**Costes de transporte**	
Costes financieros		Mano obra directa	49 %
Amortizaciones		Costes operativos	43 %
Restantes costes		Mano de obra indirecta	8 %

Los costes de almacén, transportes y del punto de venta se consideran directos y se asignan a cada uno de los productos. Los costes de administración se consideran indirectos y se llevan directamente a la cuenta de resultados de la explotación (figura 9.3).

La figura 9.4 es ilustrativa de los costes directos de una empresa minorista.

[6] Datos presentados por D. Adams en las primeras jornadas sobre la *Rentabilidad Directa del Producto*, 1986.

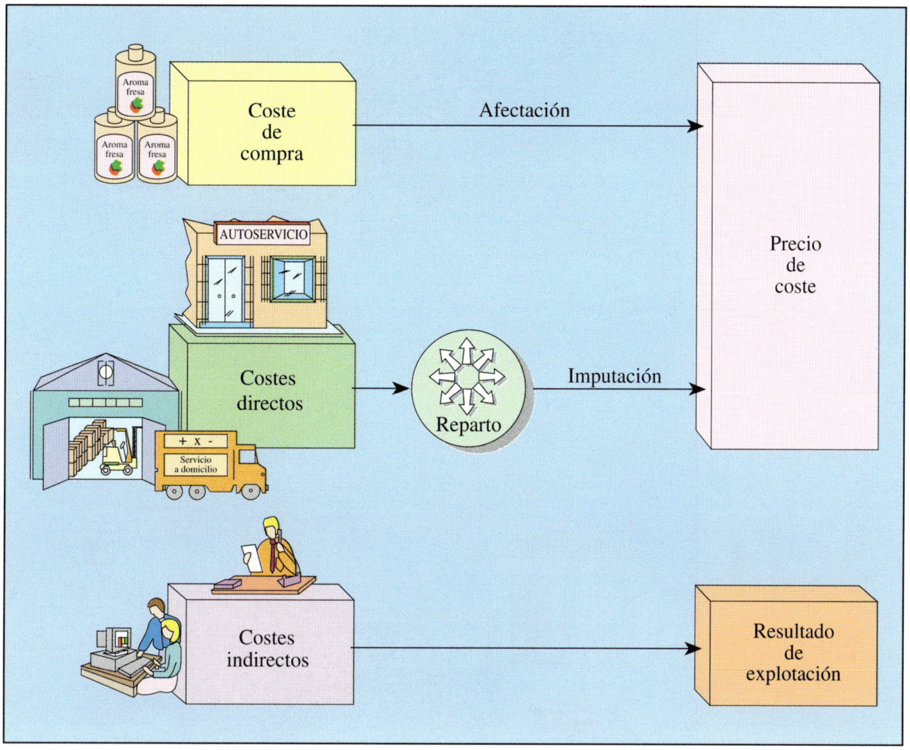

Figura 9.3.

Costes de almacén[7]

— Recepción de mercancías.
— Movimientos internos en almacén.
— Selección.
— Proceso de carga al camión.
— Ocupación del almacén.
— Financiación del inventario.

Costes de transporte

— Transporte de almacén a sala de ventas.

[7] Narros, M. J.: «El merchandising de los 90: La gestión informática del lineal», *Investigación y Marketing,* núm. 46, dic. 1994, pág. 37.

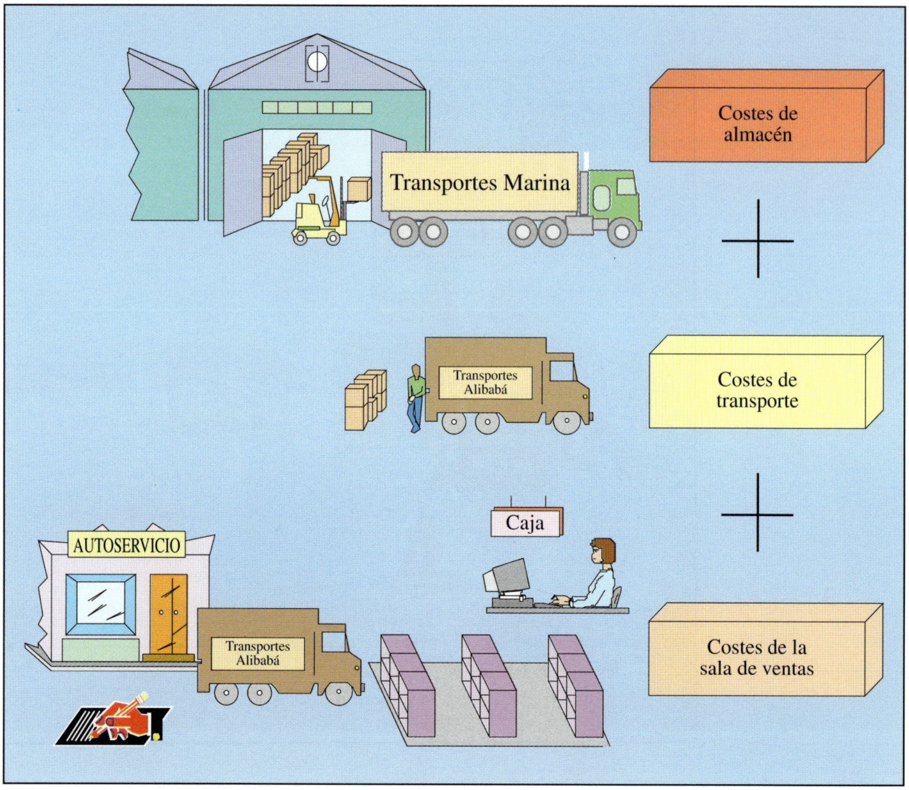

Figura 9.4.

Costes de sala de ventas[8]

— Tramitación del pedido.
— Recepción del producto.
— Selección.
— Manipulación.
— Movimiento en la sala de ventas.
— Ocupación en la trastienda, expositores y estantería.
— Cobro y embolsado.
— Financiación del inventario.

El BDP calculado se puede expresar de distintas formas en función del objetivo que se pretenda conseguir: *BDP por unidad, BDP/se-*

[8] Narros, M. J.: Art. cit, págs. 37-38.

manal (o mensual) en pesetas o *BDP/metro cuadrado de lineal ocupado*[9].

Salén[10] recoge un estudio realizado en tiendas de descuento y que ilustra la composición de los costes directos (cuadro 9.5).

CUADRO 9.5

Costes directos de una empresa minorista		
Costes directos		
1. Costes de almacén	Inventario................ 55 % Espacio .... 37 % Manipulación.......... 8 %	22 %
	Subtotal.......... 100 %	
2. Costes de transporte		3 %
3. Costes de tienda	Inventario................ 9 % Manipulación.......... 4 % Espacio .... 87 %	75 %
	Subtotal.......... 100 %	
Total		100 %

Sin embargo, este planteamiento que teóricamente no parece presentar dificultades es muy laborioso en la práctica, lo que puede hacerlo inviable. Realmente, el BDP no es una nueva técnica de medición de costes, sino únicamente la puesta en práctica de una auténtica contabilidad de costes en el comercio. El objetivo del BDP es conocer, en la mayor medida posible, el verdadero coste de cada uno de los cientos o miles de productos que comercializa un establecimiento. La dificultad estriba en cómo asignar y repartir los costes que se generan en un establecimiento a cada uno de los productos. Si no existieran estos problemas, podríamos mejorar el BDP de un producto repartiendo los costes indirectos y obteniendo el coste completo *(full-cost).*

---

[9] Salén, H.: *Los secretos del merchandising activo o cómo ser el número uno en el punto de venta,* Díaz de Santos, Madrid, 1994, pág. 279.

[10] Salén, H.: Ob. cit., pág. 275.

Hay que advertir que intentar fijar el coste de un producto, mediante el coste completo o BDP, cuando no disponemos de información o criterios que reflejen la verdadera utilización de los recursos objeto de estos costes, implica que los precios de coste obtenidos serán irreales. Por consiguiente, más que servir de ayuda, estos costes van a influir negativamente en la toma de decisiones.

9.5. PROGRAMACIÓN MATEMÁTICA

La programación matemática se revela como una técnica útil en la toma de decisiones sobre la gestión de espacio en un punto de venta.

Si utilizamos la siguiente notación:

BBu_i = Beneficio bruto unitario del producto i.
i = 1, 2, 3, ..., N.
N = Número de productos.
Ui = Número de unidades vendidas del producto i.
L = Lineal total disponible.
$Lmin_i$ = Lineal mínimo del producto i.
$Lmax_i$ = Lineal máximo del producto i.
L_i = Lineal óptimo que debemos asignar al producto i (incógnitas del problema).

el programa matemático tendría la siguiente formulación.

1. Función objetivo

Planteamos como objetivo conseguir el máximo beneficio bruto posible.

Función objetivo = Máx. [M]

$$M = \sum_{I=1}^{N} BBu_i \times U_i$$

En donde el número de unidades vendidas de cada producto está en función del lineal asignado a cada producto, es decir:

$$U_i = f(L_i)$$

por tanto,

$$M = \sum_{I=1}^{N} BBu_i \times f(L_i)$$

2. Restricciones

Existen tres tipos de restricciones ineludibles en este programa:

1. El lineal concedido a un artículo no puede ser inferior a un mínimo y superior a un máximo fijado en función de las políticas del punto de venta.

$$L_{min_i} \leq L_i \leq L_{max_i}$$

L_{min} se puede fijar de las siguientes formas:

a) En función del período de reaprovisionamiento del producto.
b) El mínimo de longitud que necesita un producto para ser visto en un punto de venta concreto (30 centímetros en un hipermercado[11]).
c) La longitud ocupada por el número mínimo de frontales *(facings)* en exhibición para un producto fijados en el punto de venta.

L_{max} podría consistir en alguna de las siguientes longitudes:

a) La experiencia ha demostrado que hay una *longitud máxima* por encima de la cual, aunque aumentásemos la longitud del lineal adjudicado a un producto, las ventas permanecerían inalterables.
b) La política del punto de venta puede fijar un lineal máximo que se pueda asignar a un producto.
c) La disponibilidad de espacio puede marcar la decisión sobre el lineal máximo.

[11] Dayan, A., y otros: *Le merchandising,* Presses Universitaires de France, París, 1990, página 69.

2. La suma de los lineales otorgados a los distintos productos no debe superar la longitud del lineal total disponible.

$$\sum_{i=1}^{N} L_i \geq L$$

3. Las variables no pueden ser negativas.

$$L_i \geq 0$$

Se podrían incorporar otras restricciones que recogiesen las distintas políticas de asignación de lineal por parte de la empresa, como, por ejemplo, que el lineal asignado a una subfamilia no debería superar una cierta longitud o que exista una determinada proporción entre los lineales de ciertos productos.

Análisis de la función: $U_i = f(L_i)$

Para resolver el programa matemático, se precisa conocer la forma de la función de ventas (U_i) ante variaciones en el lineal asignado (L_i) al producto.

Saint Cricq y Bruel[12] observan que la curva de ventas en función de la longitud del lineal asignado tiene la forma descrita en la figura 9.5.

Como se puede observar, hasta una determinada longitud del lineal (un metro, aproximadamente) las ventas (en unidades físicas) aumentan menos que proporcionalmente ante un incremento del lineal. A partir de aquí la curva de ventas se transforma en una curva en forma de S. A partir de dos metros un aumento del lineal asignado no consigue ningún aumento de las ventas del producto.

Lo importante de la curva descrita en la figura 9.5 es que se trata de una curva muy general que se repite para la mayoría de los productos; ahora bien, los valores que determinan los puntos de inflexión son distintos para diferentes productos y hay que determinarlos en cada caso.

La hipótesis de trabajo más sencilla consiste en considerar que la curva $U_i = f(L_i)$ es lineal, luego el programa matemático es de programación lineal.

[12] Saint-Cricq, J., y Bruel, O.: *Merchandising*, Pirámide, Madrid, 1975, pág. 223.

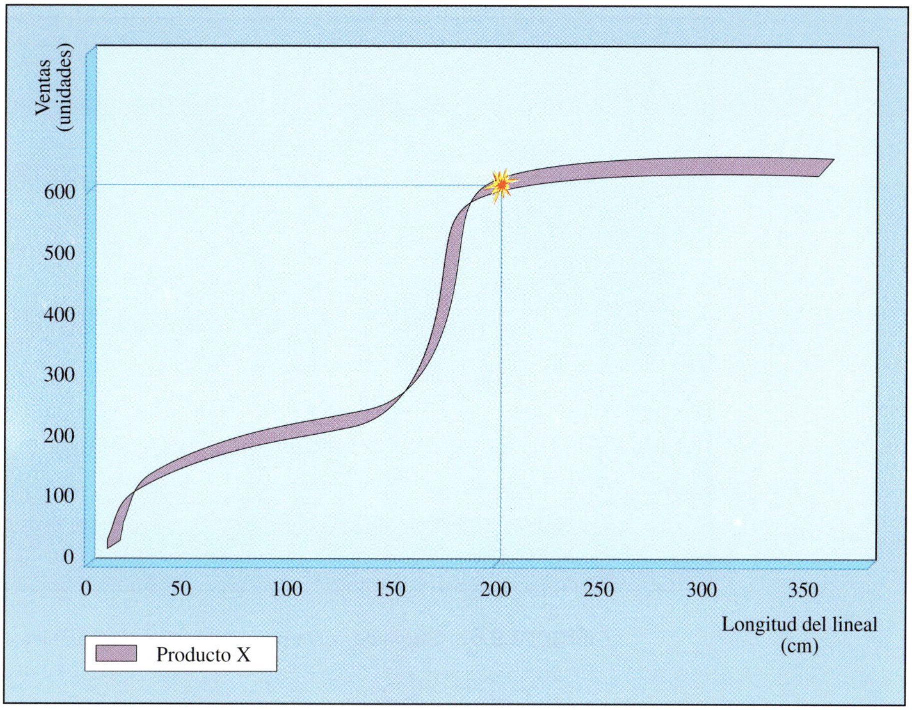

Figura 9.5. Curva de ventas en función del lineal.

Brown y Tucker[13] proponen tres tipos de curvas que se corresponden a tres tipos de productos:

1. *Productos no sensibles al lineal* (figura 9.6)

Son los productos de compra planificada (sal, aceite, harina, etc.) y los productos especializados (pan sin sal, aceite de baja acidez, etc.). Estos productos no varían significativamente sus ventas ante los lineales otorgados. Si los consumidores no ven estos productos, los buscan.

2. *Productos de compra frecuente* (figura 9.7)

Para estos productos, un aumento en la longitud del lineal produce fuertes incrementos de ventas, pero el límite de estos incrementos se produce con prontitud.

---

[13] Brown y Tucker: «Vanishing shelf space», *Atlanta Economic Review,* vol. 9, oct. 1961, páginas 9-13. Citado por Fady, A., y Seret, M.: *Le merchandising techniques modernes du commerce de détail,* Vuibert, París, 1985, págs. 121-122.

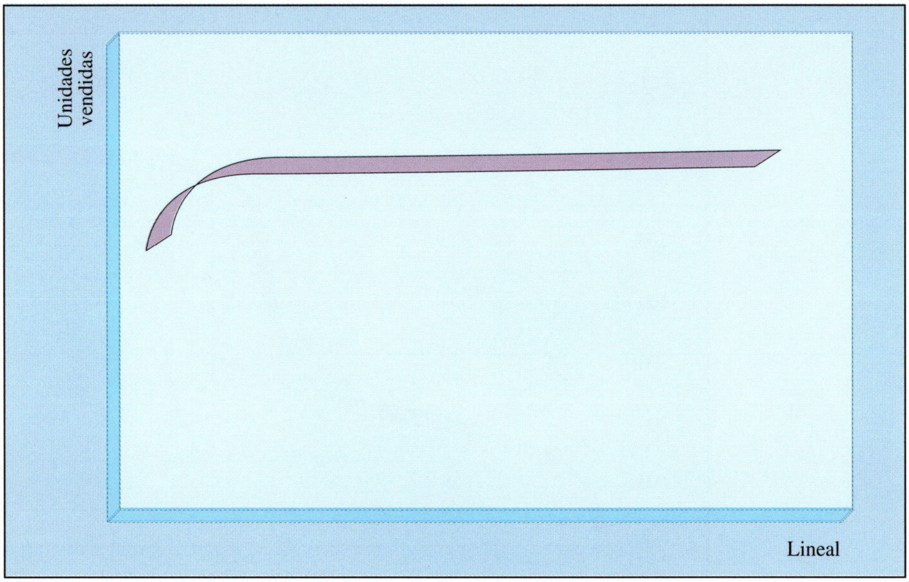

Figura 9.6. Curva de venta para productos no sensibles al lineal.

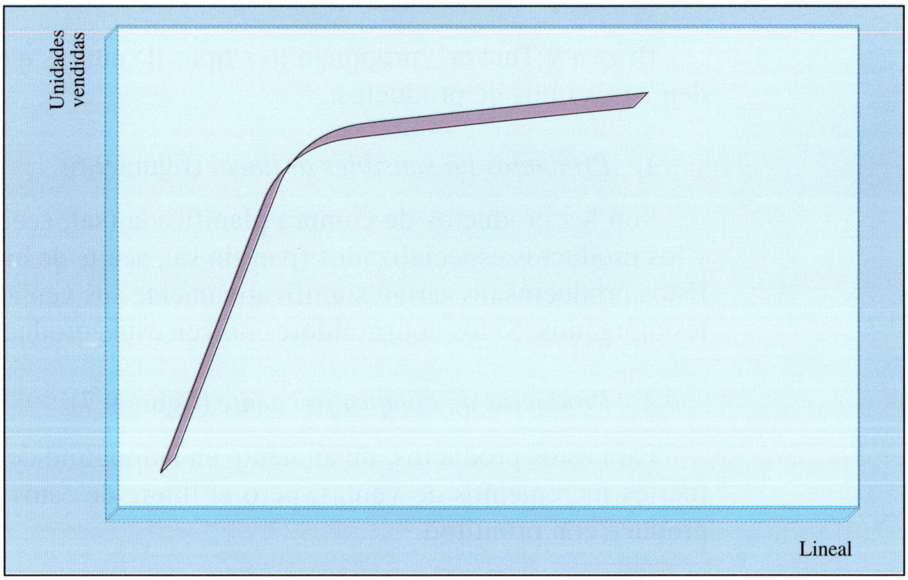

Figura 9.7. Curva de ventas en función del lineal para productos de compra corriente.

3. *Productos de compra ocasional* (figura 9.8)

Son productos que se adquieren de forma ocasional (con poca frecuencia y con un proceso de decisión de compra no reglado). Se precisa, por tanto, un lineal suficientemente elevado para atraer la atención del consumidor. A partir de aquí las ventas aumentan de forma importante con las variaciones de lineal hasta la saturación.

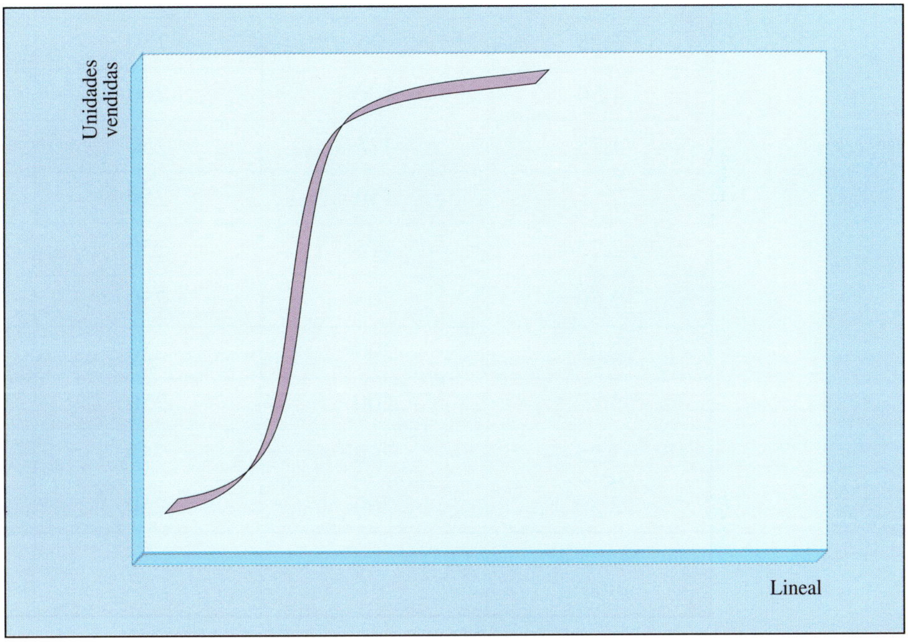

Figura 9.8. Curva de ventas en función del lineal para productos de compra ocasional.

Caso ilustrativo 2

Una góndola de 6 metros de longitud contiene tres productos, A, B y C. Las estadísticas referentes a estos productos nos proporcionan las siguientes informaciones:

CUADRO 9.6

Metros lineal	**Unidades vendidas**		
	Producto A	**Producto B**	**Producto C**
0	0	0	0
0,25	0	0	0
0,50	0	0	0
0,75	25	50	0
1	50	100	0
1,25	75	150	0
1,50	100	200	25
1,75	125	250	50
2	150	250	75
2,25	175	250	100
2,50	200	250	125
2,75	200	250	150
3	200	250	175
3,25	200	250	175
3,50	200	250	175
Margen unitario	5	3	4

Solución

Representamos gráficamente (figura 9.9) la curvas correspondientes a cada uno de lo productos.

Observamos que, entre ciertos límites, para los tres productos la relación entre ventas (en unidades) y el lineal asignado es una recta.

Por tanto, el planteamiento del programa lineal que resolvería el problema sería el siguiente:

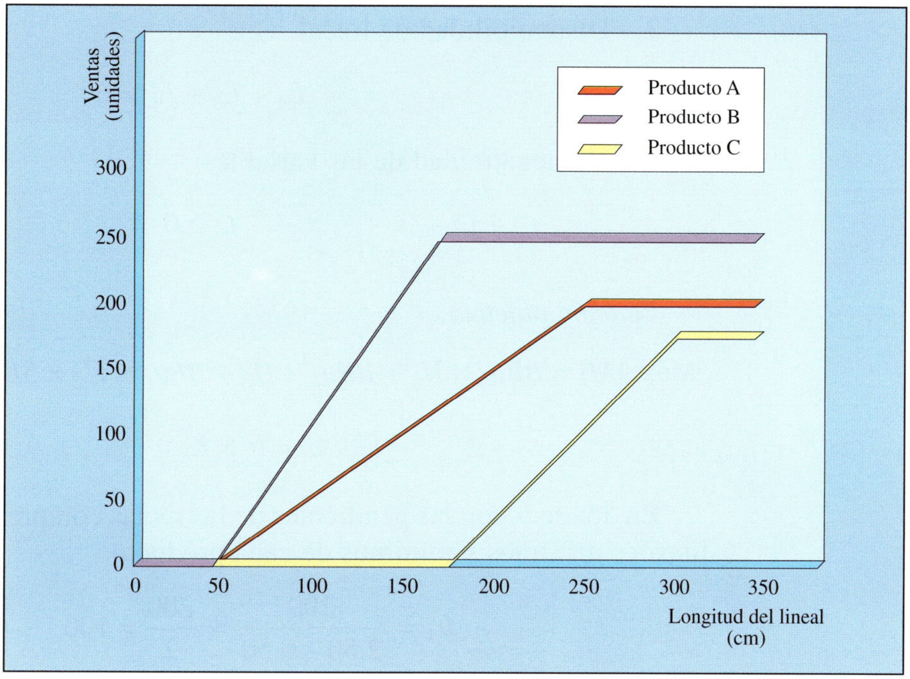

Figura 9.9.

Notaciones:

$BBu_A = 5$
$BBu_B = 3$
$BBu_C = 4$
$N = 3$
$L = 6$
L_A, L_B y L_C = Incógnitas del problema.

Restricciones:

1. Lineales mínimos y máximos.

$$0{,}5 \leq L_A \leq 2{,}50$$
$$0{,}5 \leq L_B \leq 1{,}75$$
$$1{,}25 \leq L_C \leq 3$$

2. Disponibilidad de lineal.

$$L_A + L_B + L_C = 6$$

3. No negatividad de las variables.

$$L_i \geq 0$$

Función objetivo

$$\text{Máx. } [M] = BBu_A \times U_A + BBu_B \times U_B + BBu_C \times U_C = 5U_A + 3U_B + 4U_C$$

$$U_i = b_i \times L_i$$

En donde b_i son las pendientes de las rectas comprendidas entre los lineales máximos y mínimos de cada producto.

$$b_A = \frac{200}{2{,}50 - 0{,}50} = \frac{200}{2} = 100$$

$$b_B = \frac{250}{1{,}75 - 0{,}50} = \frac{250}{1{,}25} = 200$$

$$b_C = \frac{175}{3 - 1{,}25} = \frac{175}{1{,}75} = 100$$

Por tanto, la función objetivo quedaría de la siguiente forma:

$$\text{Máx. } [M] = 500L_A + 600L_B + 400L_C$$

La solución a este programa lineal sería la siguiente:

$$L_A = 2{,}5;\ L_B = 1{,}75;\ L_C = 1{,}75$$

Si la función U_i no es lineal, habría que determinar el tipo de función que se puede asimilar a la curva de ventas en función del lineal asignado y sustituir esta función en la función objetivo del programa matemático.

Si el ajuste no es lineal conduce, normalmente, a la programación matemática no lineal, cuya resolución entraña una mayor complejidad.

Así, por ejemplo, en el caso ilustrativo 2 para el producto *B* obtenemos los datos que reflejamos en el cuadro 9.7.

CUADRO 9.7

Metros lineal	Unidades vendidas		
	Producto A	Producto B	Producto C
0	0	0	0
0,25	0	10	0
0,50	0	20	0
0,75	25	35	0
1	50	70	0
1,25	75	150	0
1,50	100	200	25
1,75	125	240	50
2	150	250	75
2,25	175	250	100
2,50	200	250	125
2,75	200	250	150
3	200	250	175
3,25	200	250	175
3,50	200	250	175
Margen unitario	5	3	4

La figura 9.10 representa gráficamente las curvas correspondientes a cada uno de los productos.

Las restricciones del programa matemático permanecerían inalterables y lo que sí cambiaría sería la función objetivo.

La función de ventas (en unidades) del producto B la ajustamos a la siguiente curva:

$$U_B = Q_M\, a^{b^{L_B}}$$

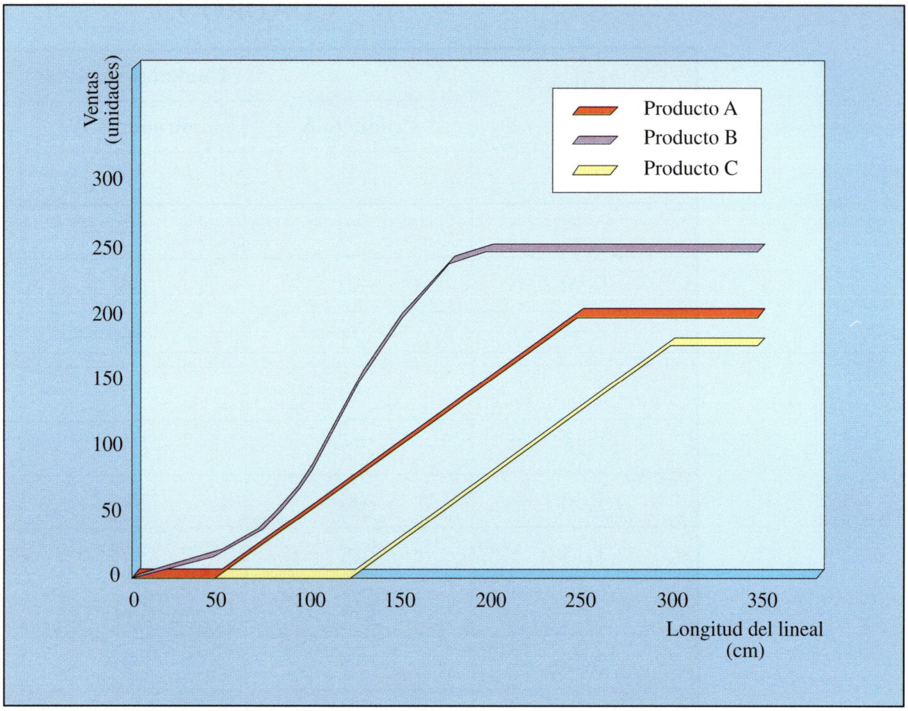

Figura 9.10.

Siendo $Q_M = 250$, el ajuste estima el valor de los parámetros en los siguientes niveles: $a = 0{,}3$; $b = 0{,}4$. Entonces:

$$U_B = 250 \times 0{,}3^{0{,}4^{L_B}}$$

Por tanto, la función objetivo se expresaría:

$$\text{Máx. } [M] = 500L_A + 750 \times 0{,}3^{0{,}4^{L_B}} + 400L_C$$

Una solución local del nuevo problema de programación matemática obtenida mediante la herramienta «solver» de la hoja de cálculo Excel 5.0 es la siguiente:

$$L_A = 2{,}5;\ L_B = 0{,}5;\ L_C = 3.$$

9.6. PROGRAMAS INFORMÁTICOS DE GESTIÓN DE ESPACIO[14]

Crouch y Shaw[15] afirman que los programas informáticos de gestión de espacio proporcionan un soporte en la toma de decisiones sobre la disposición de los productos en el mobiliario de presentación y el espacio a asignar a cada uno de ellos. Estos programas generan detallados informes que analizan y comparan el comportamiento de los productos y categorías de productos. Asimismo, tienen en cuenta el estilo visual y creativo, tan esencial en las decisiones de merchandising desde el punto de vista de la presentación.

Estos programas informáticos analizan básicamente dos tipos de datos:

1. Datos específicos del producto: dimensiones, codificación (EAN, UPC), precio, etc.
2. Datos de la sala de ventas: lineal disponible, número de góndolas, estanterías, etc.

A partir del análisis de estos datos y según los objetivos del detallista, los programas de gestión de espacio generan soluciones en forma de planogramas o representaciones gráficas de los productos ubicados en la estantería. La figura 9.11 representa el planteamiento de actuación mediante un programa informático[16] y la figura 9.12 esquematiza su proceso operativo.

El término *remerchandising* hace referencia a la solución propuesta por el programa informático respecto al reparto de espacio y presentación, de acuerdo con los objetivos planteados por el detallista. En este sentido, podría ser traducido como «rediseño».

Por tanto, dichos programas permiten, según Covino[17], diagnosticar y analizar cualquier surtido, constituyendo un método tangible para mejorar los resultados.

---

[14] María Pilar Zorrilla es la autora de este epígrafe.

[15] Crouch, G., y Shaw, R.: «Microcomputer-based merchandising management systems: A new approach», *International Journal of Retailing,* vol. 4, núm. 1, 1989, págs. 5-18.

[16] Salén, H.: Ob. cit., pág. 295.

[17] Covino, R.: «Space management software: A retail X-ray», *Discount Merchandiser,* enero, 1992, págs. 60-61.

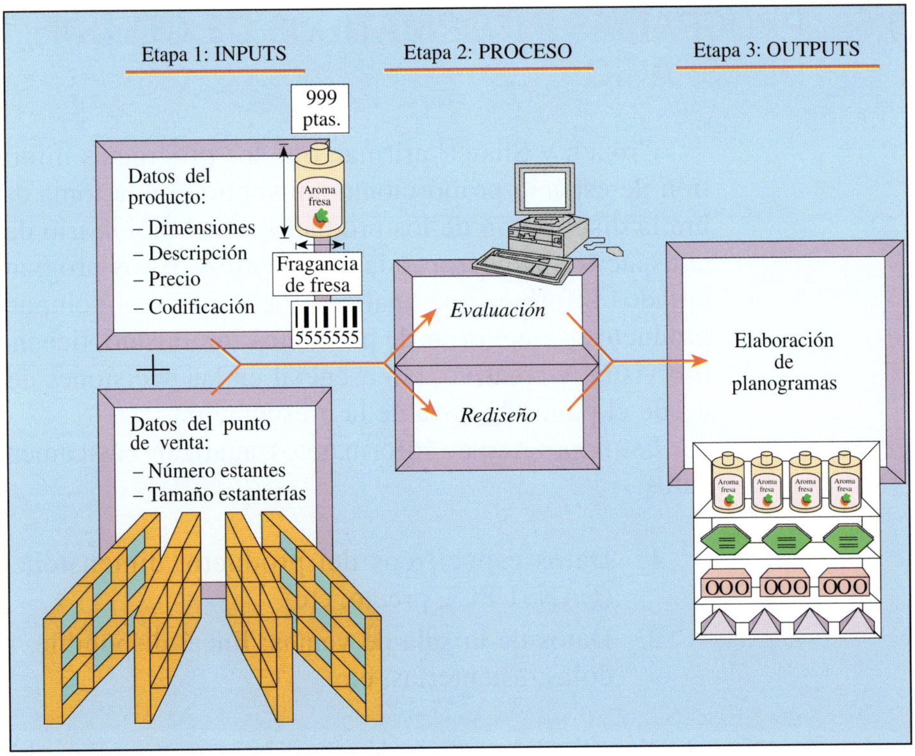

Figura 9.11.

Por otra parte, tal y como ya señalábamos, estos programas están diseñados para ofrecer la representación visual y creativa de los productos en la estantería. En definitiva, suponen un soporte no sólo de gestión en el ámbito de merchandising, sino también de presentación. Sin embargo, si bien la capacidad de estos programas es considerable, no pueden modelizar directamente la relación entre el espacio u otras variables internas del establecimiento, tales como la localización del producto o el nivel de ubicación en la estantería, y la demanda de los productos[18].

Ello constituye, pues, la principal deficiencia en su capacidad para optimizar la actuación de las categorías de productos como una de las prácticas de merchandising en la estantería.

Pese a lo indicado, a nuestro juicio y desde el punto de vista práctico, el desarrollo de estos sistemas proporciona una herramienta bási-

[18] Covino, R.: Ob. cit., pág. 14.

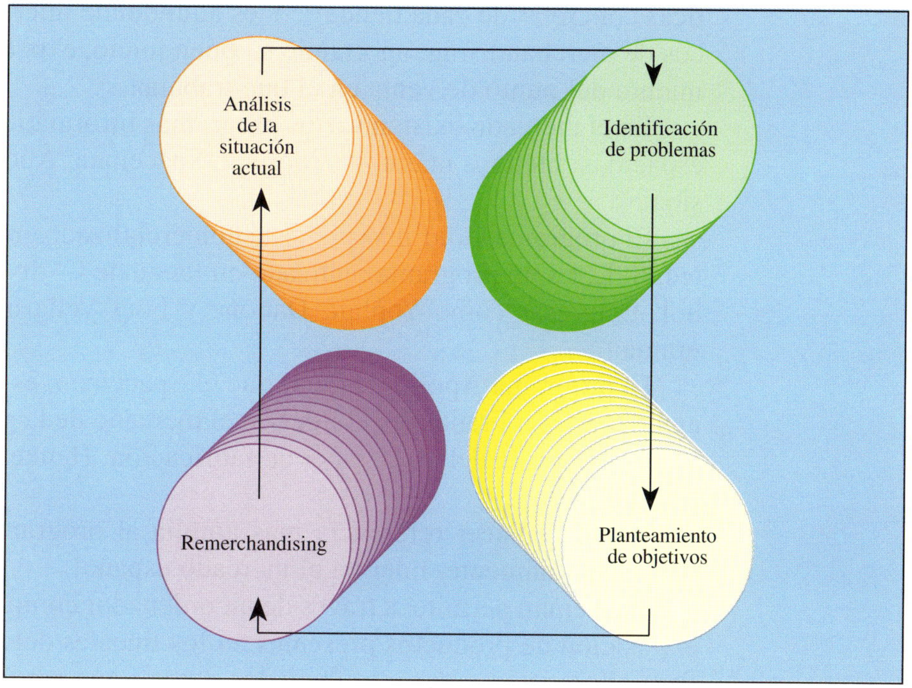

Figura 9.12.

ca para el detallista en las decisiones sobre espacio, aunque no la única. En este sentido, es necesario apuntar que las decisiones deben ser tomadas, en última instancia, considerando no sólo la base objetiva que, a partir de una serie de datos, proporcionan los programas informáticos, sino también el criterio y la experiencia del decisor.

Respecto a esta cuestión debemos indicar que existe una cierta resistencia inicial a este tipo de programas por parte de los técnicos de merchandising, precisamente por su temor ante el hecho de que su función sea relegada por un ordenador. Por tanto, es importante destacar la labor de información que debe realizarse para con ellos, indicándoles que estos programas están diseñados para constituir una ayuda en la toma de decisiones, pero en ningún caso para sustituir su juicio y experiencia.

Los argumentos para ello pueden fundamentarse en el hecho de que será necesario realizar un ajuste de las propuestas gráficas (planogramas) enviadas desde el centro de decisión, con base en las características concretas de cada tienda[19]. Y es aquí donde intervienen los técnicos de merchandising, aportando su buen juicio, experiencia y conocimiento del punto de venta en el que trabajan.

En el mercado existen varios programas informáticos de gestión de espacio, si bien los más conocidos son Spaceman, Apollo y Gold'n Vision.

El programa Gold'n Vision está comercializado en España por Paltec, S. L. Es un programa realizado en lenguaje C^+ disponible en español. Empresas como Yoplait, Danone y Font Vella utilizan este programa[20].

El programa Apollo, al igual que el Spaceman, es de origen norteamericano. En Francia es el líder en el mercado de la gran distribución y con una cuota del 40 % en el de fabricación. Henkel Ibérica lo utiliza en España[21].

Vamos a hacer referencia más amplia al programa Spaceman ya que es, actualmente, líder en el mercado español.

Spaceman permite, a través de un ordenador compatible, evaluar la exposición de productos presentes en los lineales del establecimiento. Para ello es necesario introducir los datos[22] que agrupamos en los siguientes apartados:

1. Datos del mobiliario.
2. Datos de productos.
3. Datos de demanda.
4. Datos de reposiciones.
5. Filosofía de merchandising.

La introducción de datos puede ser manual (lo que no es recomendable, ya que implica un laborioso proceso), a través de programas habituales de gestión como Lotus o dBASE, etc., mediante escáneres, ter-

[19] Las soluciones que este tipo de programas informáticos proponen parten de los datos de una tienda piloto elegida entre los distintos establecimientos de la empresa detallista. En consecuencia, es evidente la necesidad de ajuste de tales soluciones, teniendo en cuenta las características propias de cada punto de venta.

[20] Rius, A.: *Nuevas tecnologías al servicio del merchandising*, AECOC, págs. 10-15.

[21] Rius, A.: Ob. cit., pág. 41.

[22] Miralles, A.: *Curso de gestión de espacio,* Instituto Universitario de Gestión Empresarial 91-92, Valencia, pág. 65.

minal portátil o a través del sistema que maneje el distribuidor (DPP) u otro más casero que ya contenga esa información[23].

A partir de esta información, y de acuerdo con los objetivos que persigue el detallista, Spaceman realiza un rediseño de los lineales.

En la última fase, el programa proporciona representaciones gráficas de los lineales: los llamados «planogramas». Éstos son el soporte básico que el técnico de merchandising puede emplear para tomar decisiones sobre el espacio.

Los planogramas son representaciones gráficas del lineal, la góndola con sus estanterías y los productos que va a contener.

Por otra parte, tal y como se desprende de las declaraciones realizadas por ejecutivos de Logistics Data Systems International, se pueden considerar como verdaderos vehículos de comunicación de objetivos desde la central a los distintos puntos de venta[24].

Sin embargo, respecto a esta cuestión debemos volver a insistir en el papel asesor, y no de ley, que los planogramas, en nuestra opinión, deben desempeñar. Por tanto, las soluciones que Spaceman proporciona deben ser cuidadosamente evaluadas por el técnico de merchandising, constituyendo un puente entre los meros datos y la simple intuición.

Una de las ventajas más importantes de este programa es su facilidad de uso, ya que no requiere conocimientos de informática, si bien el usuario necesita un lógico entrenamiento. Asimismo, puede ser empleado para cualquier tipo de producto siempre que se trate de venta en autoservicio, donde, como ya veíamos, el lineal cobra especial relevancia.

Otra de las ventajas que se le atribuyen a este programa, aunque podría estar referida a cualquier programa de gestión de espacio, es la de servir como elemento de negociación entre fabricantes y detallistas.

En principio, parece lógico pensar que, ya que ambos van a disponer de datos prácticamente iguales, puede servir para establecer una relación más transparente. Sin embargo, a nuestro juicio los objetivos de los detallistas no tienen por qué coincidir con los objetivos de los fabricantes, con lo que las soluciones propuestas en forma de planogramas pueden ser bastantes diferentes en uno y otro caso. En definitiva,

---

[23] Narros, M. J.: Art. cit., pág. 38.

[24] Logistics Data Systems International es una de las divisiones con que cuenta en España Nielsen Marketing Research, empresa creadora de Spaceman.

su utilidad se reduciría a servir como base para el diálogo, pero no para llegar a una solución común desde el inicio.

Son varias las versiones que existen de Spaceman y que han ido surgiendo para incorporar mayores niveles de capacidad analítica en los sistemas. Así, cabe destacar Spaceman II y Spaceman III, este último denominado «Cadillac de los sistemas de merchandising», que en realidad hace lo mismo que Spaceman II, pero con un mayor nivel de sofisticación y realismo[25].

Por otra parte, hoy día Nielsen ya no se refiere a Spaceman como un programa de gestión de espacio, sino de gestión por categorías[26]. La gestión por categorías es un proceso que supone gestionar las categorías de producto como unidades de negocio individuales y adaptarlas tienda por tienda. En este sentido, los planogramas son un importante elemento de ayuda para dicha gestión.

El programa actuará considerando la categoría de productos globalmente y analizando si tiene asignada la cantidad adecuada de espacio, lo que parece más adecuado que un enfoque micro o de evaluación de espacio artículo por artículo.

[25] Covino, R.: «Space management for category management», *Discount Merchandiser,* volumen 32, enero 1992, págs. 56-58.

[26] Chain Store Age Executive: «Spaceman changes subtly: Category, not space, is managed now», *Chain Store Age Executive,* agosto 1992, pág. 60.

TÉRMINOS CLAVE

Apollo. Programa de merchandising, disponible en español, comercializado en España por Paltec, S. L.

COS. Iniciales de coeficiente de ocupación del suelo.

DPP (Direct Profit Product). Iniciales que significan beneficio directo del producto. En Francia se utilizan las iniciales PDP y nosotros proponemos, lógicamente, para España, BDP.

Gold'n Vision. Programa de merchandising de origen norteamericano.

Lineal. Es el espacio destinado por el establecimiento para la colocación de los productos que se ofrecen a la clientela.

Lineal a ras de suelo. Son los metros de lineal disponibles en un punto de venta medidos a nivel del suelo.

Lineal desarrollado. Es el producto del lineal a ras de suelo y el número de estantes de exposición del producto.

Planograma. Son representaciones gráficas del lineal: la góndola con sus estanterías y los productos que va contener.

Productos de compra frecuente. Son productos para los que un aumento del lineal produce fuertes incrementos de ventas, pero el límite de estos incrementos se produce rápidamente.

Productos de compra ocasional. Necesitan un lineal suficientemente amplio para atraer la atención del consumidor. Son productos que se adquieren con poca frecuencia y con un proceso de decisión de compra no reglado.

Productos no sensibles al lineal. Comprenden los productos de compra planificada y los productos especializados. Estos productos no varían significativamente sus ventas ante la longitud de los lineales concedidos.

Remerchandising. Término que podría ser traducido por «rediseño» y que hace referencia a la solución propuesta por el programa informático respecto al reparto de espacio y presentación, de acuerdo con los objetivos planteados por el detallista.

Spaceman. Programa de merchandising que permite a través de un ordenador compa-tible evaluar la exposición de productos presentes en los lineales de un punto de venta.

PROYECTO SUGERIDO

Con los datos de las variables cuantitativas más significativas de una sección, realice un análisis sobre la gestión del espacio del punto de venta en cuestión.

Obtenga y analice las curvas de ventas de diferentes productos en función del lineal asignado en un punto de venta.

10 Gestión de colas

10.1. Introducción
10.2. Aspectos sobre la teoría de colas
10.3. El entorno y el sistema de colas
10.4. Análisis del modelo de colas con un punto de atención o servicio
10.5. Análisis del modelo de colas con varios puntos de atención o servicios
10.6. La simulación en los problemas de colas

10.1. INTRODUCCIÓN

En anteriores capítulos de este libro hemos puesto de manifiesto que las colas en el comercio son un instrumento considerado como nefasto desde el punto de vista del merchandising. Hemos hecho referencia, por su importancia, a las colas que se producen en las cajas de salida de un establecimiento en libre servicio. Sin embargo, las colas en un comercio no se producen únicamente en los puntos de venta en libre servicio ni solamente en las salidas. Las colas se forman en distintos lugares del comercio como los que a continuación relacionamos:

1. En el acceso a la entrada de los aparcamientos.
2. En las secciones de devolución de envases, entrega de vales promocionales, reclamaciones, etc.
3. En las secciones de ventas tradicionales (charcutería, frutería, pescadería, carnicería, etc.).
4. En los probadores del punto de venta.
5. En las cajas a la hora de abonar los artículos adquiridos.

Por tanto, la riqueza de colas diferentes dentro de un mismo comercio es evidente y, también, que un mismo cliente pueda y deba soportar una o varias colas en su visita a un punto de venta y sufrir las consecuencias inherentes a las mismas.

Las soluciones a este problema se encuadran en las siguientes alternativas:

1. Reducir el tiempo dedicado a atender a un cliente

Reducir el tiempo que se tarda en atender al cliente puede ser conseguido de formas diversas:

1. Con un mejor adiestramiento del personal encargado de estas tareas.
2. Disponiendo de personal auxiliar. Este personal, perfectamente adiestrado en su labor, estaría encargado de agilizar el tiempo de prestación del servicio. En Estados Unidos existe un personal a las salidas de caja que es el encargado de colocar en bolsas las compras de los clientes. También podría extenderse esta medida a otras secciones como pescadería, charcutería, etc.
3. Utilizando los avances tecnológicos que se van produciendo. Actualmente el que goza de una mayor implantación son los escáneres en las cajas de salida que posibilitan una mayor eficiencia del personal encargado.

No obstante, permanentemente se están ensayando aplicaciones tecnológicas que resuelvan o minoren los problemas de colas en los establecimientos y especialmente en las cajas de salida. El *Anuario de la Distribución*[1] hace mención del autoescáner y describe los tres siguientes:

1. *El Check-Robot*

El Check-Robot es un sistema de autoescáner de origen americano. En los establecimientos equipados de esta forma, los clientes realizan sus compras de forma normal, pero cuando se enfrentan con las cajas de salida, pueden optar por una calle con autoescáner. Entonces, el cliente coloca su carro de compras en el extremo de la caja de salida y va sacando uno a uno todos los artículos. Los productos pasan sobre un escáner de campo plano a una cinta móvil. Al final de esta cinta un empleado auxiliar introduce en bolsas los artículos comprados.

[1] *Anuario de la distribución,* Madrid, 1992, págs. 38-39.

Existe un dispositivo de seguridad ubicado en el camino de la cinta móvil que comprueba, por las dimensiones de los productos, que éstos han sido identificados por el escáner.

2. *El sistema Scan-Tower*

Este sistema ideado por Nixdorf es similar al anterior. Los Scan-Tower están dotados de una pantalla de vídeo que muestra los precios de los productos identificados por el escáner. El cliente debe hacer pasar sus artículos por un escáner de campo plano colocado en la caja de salida y los va situando en el carro de compra. En este último, una balanza comprueba su peso para ver si coincide con el producto identificado por el escáner. Una vez terminada esta operación se acude a la caja central del punto de venta donde se efectúa el pago por el cliente.

3. *El sistema Albert Heijn*

Este sistema ha sido puesto en práctica en Holanda en el grupo de supermercados Heijn. Existe dos tipos de carros de compra: los normales y otros especiales que permiten la incorporación de un autoescáner.

Los clientes que han optado por este último acuden a una caja especial donde depositan su tarjeta de identificación y reciben el escáner. Las compras se llevan a cabo, por tanto, con un carro dotado de autoescáner que posee cuatro partes: un escáner portátil, un botón de suma, un botón de resta y una pantalla electrónica.

El escáner permite identificar los productos mediante su código de barras y el precio del mismo se visualiza en la pantalla electrónica durante unos segundos. El botón *suma* supone la aceptación del artículo y la inclusión en el carro por el cliente; el botón *resta* es para eliminar un artículo incluido en la compra debido a un cambio de decisión. La pantalla electrónica muestra el montante total de la compra efectuada.

Cuando el cliente termina sus compras se dirige a la caja especial para efectuar el pago de sus adquisiciones.

2. Abrir cajas suplementarias

Una medida bastante fácil de poner en práctica consiste en dotar al punto de venta de mayor personal para atender las cajas de salida. Sin embargo, el gran problema de esta actuación radica en el coste añadido inherente a la misma.

Igualmente, puede suceder que esta medida lleve implícita la necesidad de ampliar el número de cajas del establecimiento. Si esto ocurriese se incrementaría el coste y, además, se perdería espacio en la sala de ventas.

3. Personal flexible

Una medida alternativa a la anterior y que supone costes inferiores consiste en disponer de un personal flexible que esté formado para realizar distintas misiones en el punto de venta. Por ejemplo, cajas y almacén o cajas y merchan, etc. De esta forma, cuando se producen colas no previstas se puede recurrir a este personal, que está realizando sus tareas normales en su área, y abrir cajas supletorias que permitan recuperar el ritmo normal en las cajas de salida.

4. Política del punto de venta para uniformar las ventas en el tiempo

Los clientes de muchos establecimientos no realizan sus compras de manera uniforme durante la semana, sino que acuden con mayor profusión un día de la semana (el sábado, generalmente). Por tanto, en ciertos días a ciertas horas se suele producir una mayor concentración de clientes en la sala de ventas que producen colas muy importantes en distintas secciones del establecimiento.

La solución a este problema es difícil y, a nuestro entender, no se hace gran cosa, por parte de los puntos de venta, para evitar esta situación. Las formas más comunes para conseguir que los clientes acudan al punto de venta de una forma más regular durante la semana sería utilizando adecuadamente la política de comunicación. Unas promociones específicas para los días considerados como de compra floja y la comunicación a través de la publicidad de las ventajas de comprar fuera de los días de máxima afluencia podrían paliar (nunca eliminar) las aglomeraciones que se producen en un establecimiento.

5. Gestión de colas

Una de las formas fundamentales de lograr la solución de los problemas de colas en el punto de venta consiste en una adecuada gestión de ellas. Para ello es requisito imprescindible la utilización de las técnicas de gestión al efecto, siendo la más conocida y aplicada la teoría de colas que describimos en epígrafes sucesivos.

6. Combinación de las formas anteriores

La forma de evitar las colas en el comercio no se puede concretar en utilizar uno de los apartados relacionados anteriormente; por el contrario, creemos necesario y recomendable la utilización conjunta de los mismos.

Una buena gestión comercial debe llevar consigo la puesta en práctica de todas las herramientas necesarias para eliminar las colas en el punto de venta, ahora bien, siempre desde la óptica de la rentabilidad, es decir, que los costes que introducimos no superen las ventajas comerciales obtenidas.

10.2. ASPECTOS SOBRE LA TEORÍA DE COLAS

Es normal que en muchas de las actividades que se realizan, bien de tipo económico, bien de tipo social o de cualquier otra índole, se produzcan unos desfases entre la capacidad de absorción prevista en la estructura de tales actividades y la verdadera capacidad absorbente de la misma.

Esperar ante un despacho de billetes para entrar a un cine, a cualquier otro espectáculo, ante una gestión bancaria o para poder pagar los artículos escogidos al realizar las compras en un supermercado, etc., constituyen actividades habituales en el modo de vida de los ciudadanos de muchos países o lugares del mundo.

Esa espera viene determinada por la incapacidad del sistema para poder dar respuesta de forma simultánea a las necesidades que se le presentan. *El hecho de esperar da origen a una cola o línea de espera.*

Podemos clasificar las líneas de espera en razón a cuatro aspectos[2]:

1. Según la ley de probabilidad de los intervalos entre llegadas sucesivas de elementos a la cola o línea de espera.
2. Por la ley de probabilidad del tiempo que se tarda en servir a los elementos que permanecen en la cola.

[2] Parzen, E.: *Procesos estocásticos,* Paraninfo, Madrid, 1971, pág. 17.

3. En atención al número de canales de servicio, esto es, el número de puntos del sistema que atienden a los elementos que van a formar la línea de espera.
4. En consideración a la forma en que los elementos que forman la cola van a ser atendidos. Al primero que llega se le atiende; existe una manera aleatoria para elegir a los elementos que se van a atender; se establece algún sistema de prioridades.

La combinación de estos cuatro aspectos o la simple acción de uno de ellos da lugar al origen de las esperas.

Si los medios para atender a los elementos que pueden llegar a conformar una cola son insuficientes, entonces la línea de espera se formará, sin lugar a dudas. Por ejemplo, si la cajera de un hipermercado puede atender a un cliente cada dos minutos por término medio, mientras que por cada minuto que transcurre hay un cliente que ha terminado de comprar y se dispone a pagar el importe de los productos. En este caso la capacidad de absorción del sistema es la mitad de lo que se requiere. Se producirá una línea de espera formada por clientes de ese hipermercado.

Puede ocurrir también que, siguiendo con el ejemplo anterior, el gerente de ese hipermercado ponga a disposición de los clientes un número de cajas tal, que los mismos no tengan que esperar, pero se manifieste la circunstancia de que algunas de las cajas permanezcan ociosas y, por tanto, en espera de que algún o algunos clientes utilicen sus servicios. En este caso se producirá una cola o línea de espera de los servicios puestos a disposición de los clientes.

El problema a resolver es el de describir y utilizar el modelo más adecuado de manera que se minimice el tiempo y el coste de la línea de espera.

10.3. EL ENTORNO Y EL SISTEMA DE COLAS

En la introducción hemos descrito que se pueden dar dos tipos de líneas de espera, la de los clientes o personas que esperan ser atendidas y la de los servicios puestos a disposición de esos clientes o personas. Normalmente el segundo caso se soluciona estableciendo horarios distintos entre los trabajadores que deben atender esos servicios.

Es habitual observar cómo al terminar de realizar la compra en un supermercado, dependiendo del momento del día en que se realicen, existen algunas cajas cerradas al público o están todas abiertas. El estar todas abiertas obedece a que se espera una gran afluencia de clientes y, por tanto, se debe prestar, en términos cuantitativos, el cien por cien del servicio. Si existen algunas cajas cerradas es porque se tiene la seguridad de que las que permanecen abiertas podrán absorber la demanda de servicio que las mismas prestan, con una eficacia aceptable desde el punto de vista del decisor.

En cualquier caso, el número de elementos que prestan el servicio es limitado y, además, es una variable estructural, puesto que incrementar ese número supone ampliaciones que en muchas ocasiones es imposible, debido a las características del espacio, y en otras, aunque posible, supone la realización de inversiones que pueden no ser consideradas. Ello implica que la variable, *elementos que componen los servicios puestos a disposición de los clientes,* actúa a corto plazo como una constante (se dispone de *n* elementos de atención al público) y dentro de ese corto plazo funciona como una variable táctica (se puede emplear desde un elemento de atención hasta los *n* elementos de que se dispone) dependiendo su variabilidad estructural a largo plazo. De esta forma, con los elementos de que se disponga en un momento determinado del tiempo, se podrá actuar abriendo más o menos puntos de atención (servicio al cliente), y se producirá: 1) ociosidad de los mismos; 2) saturación o utilización total, y 3) deficiencia numérica de esos elementos. El primer caso se resolverá en términos de coste, manteniendo cerrados los puntos ociosos en los momentos de mínima afluencia; la solución para el segundo caso pasará por la realización de un estudio sobre la conveniencia de invertir en la apertura de nuevos puntos de atención al cliente, y en el tercer caso será necesario tomar la decisión de abrir nuevos elementos de servicios si se desea mantener la prestación adecuada a las necesidades de los clientes.

Por tanto, el problema de formación de líneas de espera de los elementos de servicio o de ociosidad de los mismos es más controlable por el decisor que el que se produce cuando la línea de espera es formada por los clientes o personas que desean ser atendidas. Ambos casos están totalmente relacionados, aunque sean estudiados por separado. Y además, conociendo la dinámica de formación de líneas de espera de los clientes, se puede conocer el número de puntos de atención que se requieren para obtener la máxima eficacia y eficiencia del sistema de líneas y de su entorno.

La formación de una línea de espera de clientes o personas que desean ser atendidas (en adelante, clientes) puede ser de morfología diferente.

La manera en que se origina un sistema de colas y la posibilidad de que el mismo sea minimizado, en términos de tiempo y de coste, depende de numerosas circunstancias, pudiendo afirmar que existen teóricamente tantos entornos y sistemas de líneas de espera como situaciones distintas se puedan producir.

En términos generales, el proceso se puede describir de la siguiente manera:

1. *Existe un entorno original al de la línea de espera de clientes, formado por esos mismos clientes.* Por ejemplo los clientes que están realizando las compras en un hipermercado. Mientras están escogiendo los productos, forman parte de ese entorno original. Esos clientes constituyen una población calificada como el origen de entrada a la cola.

La población formada por los clientes que van a dar origen a la cola puede ser finita o infinita. La consideración más adecuada, desde el punto de vista de simplificación del análisis y de la generalización de los casos, es la de población infinita.

Se hace la consideración de finita si de una manera clara y expresa la realidad establece que el número de personas que están en la cola afecta significativamente al proceso de integración de más clientes a esa cola, provenientes del entorno original. Establecer en un problema real que la población es finita se debe a que la observación o cualquier otro tipo de técnica de investigación ha permitido concluir que el acceso a la línea de espera es de tipo limitado, esto es, existen condicionantes por los cuales cuando un cliente desea incorporarse a la línea de espera, no puede hacerlo; depende de que la propia línea de espera le permita su incorporación. Este supuesto no es el más normal, aunque si se da en la realidad es necesario considerarlo al establecer el modelo de comportamiento de la línea de espera y de su entorno.

Si se considera a la población de ese entorno original como infinita, la entrada a la cola es ilimitada, esto es, las personas se pueden ir incorporando a la línea de espera en el momento que lo estimen conveniente. Es el caso más normal y generalizado. Si suponemos, dentro de esta consideración de población del entorno original infinito, que los clientes llegan a la línea de espera de manera totalmente aleatoria, y que la probabilidad de una llegada en cualquier momento permanece constante, entonces estas incorporaciones obedecen a la ley de probabilidad de Poisson[3]. Y en este caso, la distribución del tiempo entre dos sucesivas incorporaciones a la línea de espera será una variable exponencial[4, 5].

2. *Del entorno original, cuya población de tipo finito o infinito está formada por los clientes, se pasa a la formación de la cola o línea de espera*. Las personas que van terminando sus compras en el supermercado de nuestro ejemplo irán a las cajas para abonar los productos escogidos. A partir del momento en que los elementos de servicio (las cajas de ese supermercado) no sean capaces de absorber simultáneamente a los clientes que se van acercando, se producirá la cola. Al igual que indicábamos al tratar el apartado anterior sobre el entorno original, la cola puede ser de carácter finito o infinito. El caso más generalizado es el de tratamiento infinito, esto es, trabajar en el supuesto de que a la cola no se le pone un límite superior, el cual no puede ser rebasado. Realmente no es normal observar en ningún tipo de prestación de servicios el que se indique que la cola no puede estar formada por más de un número determinado de elementos. En la generalidad de los casos las personas se van incorporando a las colas sin más restricciones. No obstante, si la restricción sobre el límite superior de la cola existiera, entonces sería necesario introducir en el modelo de colas este aspecto.

La formación de la cola se realiza de una forma determinada, es lo que se *llama disciplina de la cola*. La disciplina de la cola indica si las personas se incorporan a ella mediante un sistema de preferencias, de manera aleatoria, en atención a que el primero que llega es el primero que se le atiende, o de cualquier otra forma que pueda ocurrir.

3. *Las personas que forman la cola serán atendidas por los elementos de servicio*. Puede existir un grupo o más de un grupo de ele-

[3] Coquillat, F.: *Estadística descriptiva: Metodología y cálculo,* Tebar Flores, Madrid, 1991, pág. 148.

[4] Parzen, E.: Ob. cit., págs. 162-163.

[5] Es conveniente matizar que la ley de probabilidad que describe el proceso de incorporación a la línea de espera no tiene que ser necesariamente de Poisson, puede ser cualquier otra. Hacemos la suposición de esta ley de probabilidad porque es la más frecuente.

mentos de servicio. A su vez, cada grupo de servicio estará integrado por un número determinado de puntos de atención. En una gran superficie, pueden existir, por ejemplo, dos grupos de elementos de servicio, el que se dedica a la atención de personas que adquieren electrodomésticos y mobiliario en general, y el que se dedica a la atención de los clientes que realizan compras de productos perecederos. A su vez, cada uno de estos dos elementos de servicio contendrá un determinado número de cajas dispuestas para el cobro de los productos. En la realidad se puede dar cualquier situación a este respecto.

Es fácil intuir que el problema que plantea la posibilidad de que se produzcan colas o líneas de espera por parte de las personas que desean ser atendidos, o incluso por parte de los propios elementos de servicio que atienden, da lugar a multitud de combinaciones en función de la realidad que se esté observando o describiendo. Podemos encontrarnos con que se produce una cola que va a ser atendida por un solo elemento de servicio, que esta cola se ha formado de manera aleatoria (disciplina de la cola), que la distribución entre dos sucesivas incorporaciones es exponencial. Pero puede ocurrir que la cola sea atendida por más de un elemento de servicio, que la incorporación a la cola se haga mediante una regla prefijada, que la distribución entre incorporaciones a la cola no sea exponencial, sino de otro tipo. En definitiva, insistimos en que las posibilidades que ofrece la realidad son numerosas y cada caso en concreto requiere un estudio previo.

10.4. ANÁLISIS DEL MODELO DE COLAS CON UN PUNTO DE ATENCIÓN O SERVICIO

La utilización de este modelo, como la de cualquier otro, se realizará en función de la realidad observada[6].

Las llegadas a la línea de espera seguirán una ley de probabilidad de Poisson (las llegadas se producen de manera aleatoria y además la probabilidad de que alguien llegue en cualquier momento, es constante), siendo (δ) la tasa media de llegadas por unidad de tiempo. Por ejemplo, $\delta = 5$ significa que por cada unidad de tiempo contemplada (cada

[6] Hillier, F. S., y Lieberman, G. J.: *Introducción a la investigación de operaciones,* McGraw-Hill, 1991, págs. 611 y ss.

cinco minutos, cada hora, cada ocho horas, etc.), se incorporan a la línea de espera cinco personas.

Debido a ello, $(1/\delta)$ significa que por cada tanto por uno de esa unidad de tiempo, se produce una llegada. En el ejemplo, sería $(1/\delta) = (1/5) = 0{,}2$, lo que indica que por cada 20 % que transcurre de la unidad de tiempo que se establezca, se produce la llegada de una persona a la línea de espera. El modelo de comportamiento entre llegadas, dado lo anterior, seguirá una ley de tipo exponencial. Además, el requisito de incorporación a la cola (disciplina de la cola) es la del primero que llega es el primero en ser atendido y no se irá ese cliente del sistema de colas hasta que sea atendido realmente. Hay un solo punto de atención al cliente, esto es, un único servidor.

Denominemos como (μ) al número medio esperado de servicios realizados en un unidad de tiempo, la capacidad de absorción o el número medio de servicios que pueden ser atendidos en una unidad de tiempo. Si $\mu = 20$, significa que en una unidad de tiempo se pueden atender a veinte personas. En este caso, el recíproco $(1/\mu) = (1/20) = 0{,}05$, significa que cada 5 % de la unidad de tiempo total se puede atender o se esta atendiendo a un cliente, de manera que éste pueda abandonar el sistema de colas.

Para que en el sistema de líneas de espera el número de clientes que desean ser atendidos no aumente de manera permanente, se requiere que $\delta < \mu$. En otro caso sería necesario adoptar medidas que pasarían, sin lugar a dudas, por aumentar el número de servidores o de cajas o, en definitiva, de puntos de atención al cliente.

La capacidad del sistema se puede definir en razón al siguiente cociente: $Z = (\delta/\mu)$. Es fácil observar que Z (capacidad del sistema) nos indica si el propio sistema es capaz de absorber la cola o línea de espera. Si utilizamos los datos del ejemplo anterior, tendríamos lo siguiente:

$\delta = 5$ personas que se incorporan la línea de espera en la unidad de tiempo.

$\mu = 20$ personas que pueden ser atendidas en la unidad de tiempo.

$Z = 5/20 = 0{,}25$ capacidad de absorción.

El resultado obtenido se puede leer indicando que el tiempo de atención al público es del 25 % del tiempo total en el que se mantiene abierto el servidor (por ejemplo, la caja de un hipermercado). Es aceptable esta lectura, ya que de las veinte personas que se pueden atender o que se tiene capacidad para atender, tan sólo es necesario hacerlo con cinco de ellas.

De igual manera, podemos indicar que la probabilidad de que un cliente tenga que esperar en la cola es del 25 %.

Si el punto de servicio permanece atendiendo a los clientes el 25 % del tiempo total, significa que el 75 %, esto es, el resto del tiempo, permanecerá desempleado.

De esta forma, si Z indica la capacidad de absorción o el tiempo que permanece activo un punto de servicio, $D = (1 - Z)$ indicará el tiempo, expresado en tantos por uno, que permanece desempleado. O también indica la probabilidad (P_0) de que un cliente no tenga que aguardar en una cola para ser atendido, en definitiva, de que no tenga que esperar en la cola.

Este y otros modelos de líneas de espera son, en definitiva, procesos descritos en las cadenas de Markov de tipo continuo, en el que se transita de un estado inicial a uno final[7].

Si D es la probabilidad de que un cliente no tenga que aguardar cola para ser atendido y Z la probabilidad de que un cliente tenga que aguardar cola para ser atendido, entonces la probabilidad de que en el sistema se encuentren exactamente 0 clientes será:

$$P_0 = D\,Z^0 = (1 - Z)Z^0$$

De igual forma, la probabilidad de que se encuentre exactamente un cliente en el sistema será:

$$P_1 = D\,Z_1 = (1 - Z)Z^1$$

y así sucesivamente hasta llegar a obtener la probabilidad de que en el sistema se encuentren exactamente n clientes ($n \geq 0$):

$$Pn = D\,Z^n = (1 - Z)Z^n$$

Utilizando de manera adecuada todos los parámetros y probabilidades enunciadas, podemos conseguir algunos valores teóricos de utilidad en el modelo tales como:

---

[7] Hillier, F. S., y Lieberman, G. J.: Ob. cit., pág. 607.

1. Número total medio esperado de los clientes en el sistema:

$$M = \frac{Z}{D} = \frac{\frac{\delta}{\mu}}{1 - \frac{\delta}{\mu}} = \frac{\delta}{\mu - \delta}$$

2. Longitud media de la línea de espera:

$$L = Z\,D = \frac{\delta^2}{\mu(\mu - \delta)}$$

3. Tiempo medio que un cliente está en el sistema:

$$S = \frac{1}{\mu - \delta}$$

4. Tiempo medio que un cliente está en la línea de espera:

$$C = Z\,S = \frac{\delta}{\mu(\mu - \delta)}$$

Caso ilustrativo 1

Tras una serie de observaciones, en un supermercado se determina que cada cuatro minutos se agregan por término medio tres personas a una línea de espera o cola. Y que en ese mismo tiempo son atendidas por la caja y salen del supermercado 3,5 personas.

Considerando este conjunto de observaciones, se pide:

1. Probabilidad de que un cliente tenga que hacer cola.
2. Probabilidad de que un cliente no tenga que aguardar cola para ser atendido.
3. Probabilidad de que en el sistema se encuentre determinado número de clientes (n = 1, 2, 3, 4).
4. Número total medio de clientes esperado en el sistema.
5. Longitud media de la línea de espera.
6. Tiempo medio en el que un cliente se encuentra en el sistema.
7. Tiempo medio en el que un cliente se encuentra en la línea de espera.

Solución

1. Como cada cuatro minutos se agregan tres personas, significa que por cada minuto lo harán 0,75 personas. De igual forma, si cada cuatro minutos son atendidas 3,5 personas, implica que cada minuto se atenderá a 0,875 personas. Luego podemos resolver de dos formas diferentes, bien trabajando en la unidad de tiempo minuto o bien en la unidad de tiempo «cuatro minutos».

$$Z = \frac{\delta}{\mu} = \frac{0{,}75}{0{,}875} = 0{,}8571 \text{ , } 85{,}71 \text{ \%}$$

$$Z = \frac{\delta}{\mu} = \frac{3}{3{,}5} = 0{,}8571 \text{ , } 85{,}71 \text{ \%}$$

2. Es la probabilidad de formar una cola con ningún cliente, esto es, de que un cliente sea inmediatamente atendido.

$$P_0 = D\,Z^0 = (1 - Z)Z^0 = 1 - 0{,}8571 = 0{,}1429 \text{ , } 14{,}29 \text{ \%}$$

3. Probabilidad de que se encuentren en el sistema 1, 2, 3, 4 clientes.

   $P_1 = D\,Z^1 = (1 - Z)Z^1 = 0{,}1224$, 12,24 % de probabilidad de que un cliente espere solo en la cola.
   $P_2 = D\,Z^2 = (1 - Z)Z^2 = 0{,}1049$, 10,49 % de que un cliente sea el segundo en la cola.
   $P_3 = D\,Z^3 = (1 - Z)Z^3 = 0{,}0899$, 8,99 % de que un cliente sea el tercero en la cola.
   $P_4 = D\,Z^4 = (1 - Z)Z^4 = 0{,}077$, 7,71 % de que un cliente sea el cuarto en la cola.

   Al absorber la caja más personas de las que se van incorporando a la cola en la unidad de tiempo contemplada, la probabilidad del número de clientes en el sistema va disminuyendo.

4. Aplicando la expresión adecuada, tenemos.

$$M = \frac{Z}{D} = \frac{\frac{\delta}{\mu}}{1 - \frac{\delta}{\mu}} = \frac{\delta}{\mu - \delta} = \frac{0{,}75}{0{,}875 - 0{,}75} = 6$$

   luego son seis clientes

5. La longitud media de la cola será.

$$L = Z\,D = \frac{\delta^2}{\mu(\mu - \delta)} = 5{,}14 \text{ clientes}$$

6. El tiempo medio en el que un cliente se encuentra en el sistema.

$$S = \frac{1}{\mu - \delta} = 8 \text{ minutos}$$

7. El tiempo medio que un cliente está en la línea de espera.

$$C = Z\,S = \frac{\delta}{\mu(\mu - \delta)} = 6{,}85 \text{ minutos}$$

En función de los resultados obtenidos, el decisor tendrá que adoptar las medidas adecuadas si no le satisface la manera en que tiene organizado el sistema. Por ejemplo, puede pensar que el hecho de que una persona tenga que esperar en la cola un promedio de 6,85 minutos es mucho tiempo y entonces tendrá que decidir si aumenta el número de puntos de atención al cliente (en este caso, las cajas del supermercado) o adquiere algún mejor sistema de caja que haga más rápida la función de cobro de los productos. En definitiva, las soluciones pueden ser tan variadas como la capacidad de *saber hacer marketing* del individuo que gestiona.

10.5. ANÁLISIS DEL MODELO DE COLAS CON VARIOS PUNTOS DE ATENCIÓN O SERVICIOS

Este modelo tiene su aplicación cuando se dan las mismas condiciones que hemos descrito para el anterior. La única diferencia entre estos dos modelos consiste en que el expuesto a continuación contempla la existencia de al menos más de dos puntos de atención al cliente[8].

Al definir la capacidad del sistema debemos tener en consideración que existe más de un punto de atención al cliente; por lo demás, este modelo persigue los mismos objetivos que el anterior en relación al tipo de respuestas que un decisor requiere en su planteamiento sobre opti-

[8] Desbazeille, G.: *Ejercicios y problemas de investigación operativa,* ICE, Madrid, 1969, páginas 200 y ss.

mización de los fenómenos de espera. De esta manera, tenemos lo siguiente[9]:

1. Capacidad de absorción del sistema o también probabilidad de que un cliente tenga que aguardar en la línea de espera:

$$Z_p = \frac{\delta}{p\,\mu}$$

p = Número de puntos de atención al cliente o puntos de servicio.

$p \geq 2$.

La condición para que la cola pueda llegar ser absorbida es que el denominador de la fracción anterior sea mayor que el numerador.

$$p\,\mu > \delta$$

2. La probabilidad de que en el sistema se encuentren exactamente n clientes vendrá definida en función de que el número de clientes sea menor o igual que el número de puntos de atención a los mismos, o de que el número de clientes en el sistema sea mayor o igual que los puntos de atención. En el primer caso, esto es, cuando existan más o igual puntos de atención a los clientes que estos últimos, no tendrá por qué producirse línea de espera, puesto que los clientes pueden ser atendidos de manera inmediata. No obstante, eso no implica que no se puedan encontrar clientes en el sistema, ya que el sistema acoge a los que esperan y a los que están siendo atendidos y, por tanto, la probabilidad de que eso ocurra se define como:

$$P_n = \frac{(\delta/\mu)^n}{n!} P_0$$

n = Número de clientes.

$n \leq p$.

Si el número de puntos de atención al cliente es menor o igual que el número de clientes que desean ser atendidos, en-

[9] Utilizaremos la misma nomenclatura que para el modelo anterior, incorporando las nuevas notaciones que requiere el desarrollo de este modelo.

tonces la probabilidad de encontrar n clientes en el sistema vendrá definida por:

$$P_n = \frac{(\delta/\mu)^n}{p!\, p^{n-p}} P_0$$

$n \geq p$.

Obsérvese que si $n = p$ estaríamos en el caso anterior, cuando el número de clientes es menor o igual al de puntos de atención al cliente.

3. La probabilidad de que en el sistema se encuentren exactamente cero clientes, dada la condición de que $Zp < 1$, es:

$$P_0 = \frac{1}{\left[\sum_{j=0}^{p-1} [(1/j!)(\delta/\mu)^j]\right] + \left[(1/p!)(\delta/\mu)^p \{p\,\mu/(p\,\mu - \delta)\}\right]}$$

Observemos que j, que es la variabilidad de los clientes en el sistema, puede hacerlo desde cero hasta, como máximo, el número de puntos de atención a disposición de los clientes menos uno. Así, un cliente no tiene por qué esperar cola para ser atendido, o lo que es igual, P_0 nos indica la probabilidad de que los p puntos de atención al cliente permanezcan inactivos.

4. Al disponer de p puntos de atención al cliente, y siendo n el número de clientes que contempla el sistema, la línea de espera debe tener como máximo $(n - p)$ personas o clientes, supuesto que todos los puntos de atención permanezcan activos. A partir de esto, podemos definir la probabilidad de que una persona que se incorpora a la cola tenga que esperar para ser atendido.

$$P_h = \frac{\mu(\delta/\mu)^p}{(p - 1)!\, (p\,\mu - \delta)} P_0$$

h = Número de clientes o personas comprendidos entre n y p.

5. Utilizando la expresión anterior se puede deducir la longitud media de la línea de espera, al multiplicar la probabilidad de que una persona tenga que esperar, al incorporarse a la cola, por la

razón resultante de dividir la tasa de incorporación entre la variación de la línea de espera, esto es, por el factor $\delta/(p\ \mu - \delta)$.

$$L = \frac{\delta\,\mu(\delta/\mu)^p}{(p-1)!\,(p\,\mu-\delta)^2}\,P_0$$

6. Si a la longitud media de la cola se le suma la proporción de llegadas a la cola que deben esperar, tendremos el número total medio de clientes en el sistema.

$$M = \frac{\delta}{\mu} + L$$

7. Una persona que se incorpora a la cola permanecerá en la misma el tiempo necesario que se tarde en atender a las personas que le preceden. Esto se puede manifestar en términos de la longitud de la cola. Si a esa longitud de la cola se le multiplica por el tiempo que, por término medio, se producen incorporaciones a la cola, se obtendrá el tiempo medio que un cliente está en la línea de espera.

$$C = \frac{\mu(\delta/\mu)^p}{(p-1)!\,(p\,\mu-\delta)^2}\,P_0$$

8. Si al tiempo medio de espera en la cola se le suma la tasa o tiempo medio de servicio, obtendremos el tiempo medio que un cliente está en el sistema.

$$S = \frac{1}{\mu} + C$$

Caso ilustrativo 2

En un supermercado hay instaladas cuatro cajas de atención al público. Después de varios días de observación, se llega a la conclusión de que dos personas por minuto terminan sus compras y se incorporan al sistema de colas y que cada caja atiende por minuto a una persona. Con estos datos se pide:

1. Capacidad de absorción del sistema.

   Probabilidad de que no haya cliente alguno en el sistema o de que las cuatro cajas permanezcan inactivas, y probabilidad de que haya tres clientes en el sistema o de que una caja permanezca inactiva.

3. Longitud media de la cola, excluidos los clientes que ya son atendidos.
4. Número total medio de clientes en el sistema.
5. Tiempo medio que un cliente está en la línea de espera.
6. Tiempo medio que un cliente está en el sistema.

Solución

1. Utilizando la expresión definida para el caso, tenemos:

$$Z_p = \frac{\delta}{p\,\mu} = \frac{2}{4 \times 1} = 0{,}5$$

Las cajas se mantienen activas el 50 % del tiempo.

2. Averiguaremos primero la probabilidad de cero personas en el sistema y después la de tres personas, considerando *n*.

$$P_0 = \frac{1}{\left[\sum_{j=0}^{4-1} [(1/j!)(2/1)^3]\right] + \left[(1/4!)(2/1)^4 \{4/(4-2)\}\right]} = 0{,}1317,\ 13{,}17\ \%$$

$$P_3 = \frac{(2/1)^3}{3!}\ 0{,}1307 = 0{,}1742,\ 17{,}42\ \%$$

se puede entender el resultado como que la probabilidad de que una caja quede inactiva es del 17,42 %

3. El resultado que obtendremos nos indica que por término medio existe menos de una persona en la cola. En una sola observación esto no tendría sentido, pero al realizar varias observaciones el resultado obtenido se adapta a la realidad, puesto que es un valor medio.

$$L = \frac{2(2/1)^4}{(4-1)!(4-2)^2}\ 0{,}1307 = 0{,}1742$$

Son 0,1742 personas por término medio.

4. El número total medio de clientes en el sistema será:

$$M = \frac{2}{1} + 0,1742 = 2,1742 \text{ clientes del sistema}$$

5. El tiempo medio que un cliente está en la cola es igual a:

$$C = \frac{1(2/1)^4}{(4-1)!(4-2)^2}\, 0,1307 = 0,0871 \text{ minutos}$$

6. Por último, el tiempo medio que un cliente está en el sistema será:

$$S = 1/1 + 0,0871 = 1,0871 \text{ minutos}$$

A la vista de estos resultados, parece que el sistema funciona bien, aunque tal y como venimos indicando a lo largo de este capítulo, será el gestor o decisor el que establezca el grado de bondad que requiere.

10.6. LA SIMULACIÓN EN LOS PROBLEMAS DE COLAS

Hemos indicado a lo largo de este capítulo que la realidad que se puede presentar al establecerse un sistema de líneas de espera puede ser muy variada y, por tanto, las distribuciones de probabilidad de los tiempos de incorporación a la cola y de atención al cliente o de servicio pueden ser tan variados que, en ocasiones, se puede manifestar una dificultad de difícil superación en lo que se refiere al comportamiento probabilístico del sistema de colas. Esto significa que en ocasiones no es fácil establecer la ley de distribución de probabilidad de los fenómenos de espera. Si se da esta circunstancia, es conveniente emplear la simulación al objeto de determinar el comportamiento probabilístico del sistema de colas. La simulación como método estadístico relacionado con probabilidades aleatorias es una buena manera de resolución de este tipo de problemas, aunque necesite de numerosas observaciones para conseguir la distribución de probabilidad que mejor se ajuste a la realidad.

Para comprender cómo se aplica la simulación, que suponemos conocida por el lector, expondremos un ejemplo con su correspondiente resolución aplicando en concreto la denominada simulación de Monte Carlo.

Caso ilustrativo 3

En un hipermercado se realizan diferentes observaciones al objeto de plantear un modelo que represente el sistema de colas que se da en la realidad.

Después de todas las observaciones, los expertos consideran que tienen gran dificultad en establecer cuáles son las leyes de distribución, tanto de los tiempos de llegadas a las colas como los de servicio. Por ello, deciden solucionar el problema aplicando un procedimiento de simulación.

De las observaciones realizadas concluyen en que un día cualquiera ocurre lo siguiente:

Primero. La frecuencia del número de personas que realizan sus compras en la unidad de tiempo contemplada y pasan a engrosar la cola es la siguiente:

(1)	(2)	(3)
30-40	0,1	0,1
40-50	0,6	0,7
50-60	0,2	0,9
60-70	0,1	1,0

(1): Intervalo de personas que se integran en la cola.
(2): Frecuencia relativa del intervalo.
(3): Frecuencia acumulada.

Segundo. La frecuencia de personas que son atendidas en una caja en la unidad de tiempo contemplada se resume en el siguiente cuadro:

(1)	(2)	(3)
00-10	0,2	0,2
10-20	0,7	0,9
20-30	0,05	0,95
30-40	0,05	1,00

(1): Intervalo de personas que pasan a ser atendidas por una caja, en la unidad de tiempo que se contempla.
(2): Frecuencia relativa del intervalo.
(3): Frecuencia acumulada.

El número esperado de personas que en una jornada pasan a engrosar la cola será:

$$E_1 = 35 \times 0{,}1 + 45 \times 0{,}6 + 55 \times 0{,}2 + 65 \times 0{,}1 = 48 \text{ personas}$$

El número esperado de personas que en una jornada serán atendidas por la caja será:

$$E_2 = 5 \times 0{,}2 + 15 \times 0{,}7 + 25 \times 0{,}05 + 35 \times 0{,}05 = 14{,}5 \text{ personas}$$

El problema para un día podría solucionarse fácilmente, ya que si la esperanza de personas que entran en la cola es de 48 y las que son atendidas en una caja es de 14,5, habría que poner cajas suficientes para poder atender a todos los clientes. En este caso bastaría con poner en funcionamiento cuatro cajas.

Con cuatro cajas se producirá ociosidad de las mismas y con tres cajas no se podrá garantizar la atención requerida, puesto que en realidad se necesitan 3,31 cajas.

Pero veamos qué sucede si simulamos muchos días, en el supuesto de que empleáramos cuatro cajas. En realidad, muchos días puede entenderse como más de cien, pero al tratarse de presentar en este contexto un ejercicio, nos limitaremos a simular diez días.

La simulación con los números aleatorios obtenidos y considerando cuatro cajas (lo que implica multiplicar por cuatro la marca de clase obtenida al observar la capacidad de absorción de las cajas) queda expuesta en el cuadro de la página siguiente.

Si atendemos a la columna (5), podemos indicar que en las diez simulaciones realizadas han aparecido un total de 30 personas (suma de la columna) que no iban a ser atendidas, ya que la capacidad de las cajas que se corresponde en sus simulaciones correspondientes estaba saturada. El promedio expresa que del conjunto de los diez días simulados no podrán ser atendidas por término medio tres personas.

La columna (6) nos indica la capacidad, expresada en personas, no usada de las cajas. En el conjunto total podemos indicar que hay una capacidad no usada de 320 personas, que entre los diez días supone por término medio una inactividad de las cajas de 32 personas. Ello significa que las cajas pueden atender diariamente 32 personas más.

De lo expuesto se puede deducir que la capacidad de atención de las cajas es más que suficiente en relación a las necesidades que se presentan. Existe ociosidad en las cajas. Lo que es necesario a partir de

(1)	(2)	(3)	(4)	(5)	(6)
850	55	262	60		5
230	45	353	60		15
422	45	019	20	25	
090	35	876	60		25
352	45	422	60		25
287	45	976	140		95
321	45	989	140		95
643	45	928	100		55
986	65	492	60	5	
825	55	576	60		5

(1): Número aleatorio que sirve para simular las personas que pasan a la cola.
(2): Número de personas simuladas que pasan a la cola en cada día que se simula.
(3): Número aleatorio que sirve para simular las personas que son atendidas por las cuatro cajas que se han supuesto.
(4): Número de personas que son atendidas en cada día que simula
(5): Número de personas no atendidas en la simulación.
(6): Capacidad no usada de las cajas expresada en persona

esta conclusión es si esa ociosidad es realmente necesaria que se produzca o, por el contrario, se puede reducir. Se recomienda, por tanto, realizar la simulación suponiendo la existencia de tres cajas. Si con tres cajas se absorben las necesidades de la cola, entonces se reducirá el número de cajas de cuatro a tres. Si con tres cajas no se absorbe esa necesidad, entonces es complicado poner un número de cajas comprendido entre tres y cuatro. Lo más razonable será emplear tres cajas al cien por cien del tiempo y la cuarta caja el porcentaje de tiempo necesario para poder cubrir la necesidad de la cola eficaz y eficientemente. En todo caso, insistimos de nuevo, la palabra la tiene el que realiza la gestión, tiene capacidad de decisión y decide.

PROYECTO SUGERIDO

Aplicando la teoría de colas diseñe el número óptimo de cajas de un punto de venta.